ケースメソッド教授法入門

理論・技法・演習・ココロ

名古屋商科大学ビジネススクール 教授
慶應義塾大学名誉教授
髙木晴夫 監修

名古屋商科大学ビジネススクール 教授
日本ケースセンター 所長
竹内伸一 著

慶應義塾大学出版会

監修者のことば

ケースメソッドをケースメソッドで教える

授業方法を教える科目として「ケースメソッド教授法」を慶應義塾大学ビジネス・スクール（以下、ＫＢＳ）に設置して、すでに一五年ほど経つ。「講義」形式の授業のやり方を教える科目さえ聞いたことがないので、ましてや「討議」形式の授業のやり方であるケースメソッドを教える科目はきわめてめずらしい。しかし、ＫＢＳがケースメソッドをその授業方法の中核においている以上、私たち教員はたんにケースメソッドを実践するだけでなく、その授業方法を自ら洗練し、多くの教育者や教育機関に広める責務を持つ。

本書では、この目的のために、ケースメソッドを文章で解説することに加え、ＤＶＤを付属させて、実際の討議授業の様子と、討議運営スキルの「すべきこと、すべきでないこと」の映像解説を見られるようにした。これが、本書の大きな特徴となっている。こうすることで、ケースメソッドをケースメソッドで教える現場に、本書を少しでも近づけようとした。ＫＢＳの校舎で教えている「ケースメソッド教授法」科目は、教室という場で、まさにケースメソッドをケースメソッドで教えているのだ。

ハーバード・ビジネス・スクールとの違い

ＫＢＳの創設が一九六二年なので、ＫＢＳはすでに半世紀近くにわたりケースメソッドで教えている。創設期にはハーバード・ビジネス・スクール（以下、ＨＢＳ）へ教員が派遣され、ケースメソッドを学び、持ち帰って、実施していた。その後、ケースメソッドをＫＢＳ自身の手で洗練し、広く学外へも提供する努力を始めたのは、学内でこのことを課題とする委員会が一九九二年に設置されたのが端緒になっている。私の手元には、その委員会の議論の成果として教授会に提出した報告書が残っている。この中で、ＫＢＳは経営者の能力をどのように考え、その養成はいかにあるべきかを述べている。多少長い文章であるが、ここに再掲し、監修者の言葉とする。

＊　＊　＊

慶應義塾が、ＨＢＳを範としてＫＢＳを設立したとき、経営能力の育成に向けて特にケースメソッドの重要性に注目した。その理由は、ＨＢＳのケースメソッドが経営上の意思決定プロセスを重視するからであり、意思決定とその実施に必要な力こそが経営能力の中核的な存在になっているからである。経営者は行動しなければならず、行動する前に、様々な事柄についてその性格上短期および長期の双方の観点から考慮し、経営上の問題に関連ある事柄を互いにウエイトづけしなければならない。そして、いかなる場合にあっても一つの意思決定を下してそれを実施しなければならない。

この経営能力を実践的側面での経営能力とすれば、それを支える精神的側面での経営能力もある。それは強い精神（tough-mindedness）であり、知的能力の強靭さ、精神の頑健さである。それは本質的には様々な事実を把握し、我々がそれらを知的で大胆な行動の基盤として用いることを可能とするような態度、資質、および訓練を意味している。強い精神の持ち主は困難な問題に対して関心を寄せている。彼らは未知の事柄に敢然と取り組み、頑固な新しい事実から有用な真理を奪い取ろうと努力する。また彼らは変化に直面してもあわてふためくようなことはない。なぜなら、彼らは次第にその速度を速めていく変化こそが日常生活のパターンであること、そしてこのパターンに基づくことによってのみ、行動が成功を収めうることを知っているからである。さらに、彼らは伝統の安易な教訓あるいは様々な規則への単なる適合に身を委ねることはない。それは、彼らが様々な解決案が書物の中では発見されえないことを知っているからである。

ＫＢＳが慶應義塾にあって実践的学問たるべき経営学を教え、経営能力の育成をはかるのは、福沢先生の「実学」の考え方が根本にあるからである。上に示したＨＢＳにおける経営能力の考え方は、ＫＢＳにあってはこの「実学」の考え方にたった解釈をしておく必要がある。実学とは「古風なる漢学にあらず、小少の時より苦学勉強して成業の後にいたり、その勉強中に得たる知識見聞を実地に施して独立の生計をなし、心身の安きを得てもって人生の目的を達せんと欲するもの」である。実践に用いる学問こそが実学であり、経営における実践とはさまざまな経営問題を検討して意思決定し実行することである。慶應義塾の基礎をなす思想に実学あるがこそ、ＨＢＳのいう経営能力の考え方をＫＢＳのものとすることができる。

さらに重要なこととして、実学の考え方のなかでは、実践的経営における定石や形の重要性を指摘していることである。すなわち「学問の大切なるは、これを例えば碁将棋に定石あるがごとく、槍剣術に形あるがごとし」である。これこそが実学を行う経営者の能力の基礎とならなければならないものである。実践的定石や形を学術的に言い換えるならば、その普遍性を成り立たせている理論的基礎が背後に存在しているものである。理論を基礎にもつ意思決定の定石や形を教授することがケースメソッドの中で重要な位置を占めていなければならない。この点は上述したＨＢＳのいう経営能力のなかでは明確に示されていなかったものである。

しかもそのような理論的基礎のある定石や形を実践で活用するには鍛練が必要であり、鍛練を経ない実学の弱さは「学校を去り、そうそう社会に出身してそうそう人事にあたるは、かの定石を学び形を稽古したるものが、始めて実地の勝負を試みるに等しく、千差万別虚々実々の掛け引きに目を奪われて、容易に勝を制すること能わず」と述べられている。この困難さを乗り越える力こそ「碁将棋の定石、槍剣術の形は、この芸道の根拠本義にして、実地にあたり縦横無人の活動もそのもとは一なり」の信念から生まれるものであり、強い精神こそがその別名としてふさわしい。

平成二二年九月
髙木晴夫

まえがき

本書はケースメソッドで教えたいと考える大学教員・セミナー講師に向けて、そのために必要な理論・技法・演習・ココロを届けるために書かれている。近年、ケースメソッド教育の実践を目指す大学教員が増えており、ケースメソッドという授業方法への理解と、その実践の糸口となる教科書が久しく望まれていた。筆者にとって「ケースメソッドで教えるための教科書はどのようにあるべきか」という試行錯誤はまだ続いているが、現時点での一つの回答として本書を上梓した。

筆者に本書を執筆する道筋を与えてくれたのが、授業運営技術を訓練するための科目「ケースメソッド教授法」であった。「ケースメソッド教授法」は慶應義塾大学大学院経営管理研究科の博士課程・修士課程併設科目として開講されており、監修者である高木晴夫教授とともに筆者が授業を担当している。本書はこの「ケースメソッド教授法」の履修を、紙上で疑似体験できる本として構成した。また本書では、文字による解説に加えて、補完的ではあるが二枚のＤＶＤ映像による解説も行っている。ＤＶＤ映像を有し、それを本書に添付できるのは、筆者らがケースメソッドで教えたいと欲する人たちを、ケースメソッドで教える「現場」を持っているからこそである。

「ケースメソッド教授法」は現在、一日五時間半の内容を隔週土曜日開催の五日コースで開講している。この授業に参加すると、ケースメソッドでの教え方を「実際にケースメソッド授業を動かしながら」学ぶことができる。このような機会は少なくともわが国で唯一のものであろうし、参加者がディスカッションリーダー（教師）役を実際に体験して学ぶ機会として見ると、世界を見渡しても希少な訓練の場になっている。

ケースメソッドでクラスを教えるためには、ケースメソッド授業の運営に関する理論的知識の理解に加えて、実践的能力を必ず求められる。すなわち、参加者の討議を適切に運営するべく、授業者の身体がきちんと動くかどうかが問われる。そこでは「分かる」を超えて、「できる」が実現されなければならない。一般に書籍は「分かる」を求めるには向くが、「できる」を求めるには不向きだと言われる。この定説を覆すのは難しいが、本書によって読者は、「ケースメソッド教授法」の受講を疑似体験することになる。そこでは、本書に登場する教師たちの気持ちが手に取るように分かる場面もあるだろうし、読者自身が「自分ならこうするのに」と呟いてしまうこともあるだろう。

本書は三部構成になっており、それぞれ「理論」「技法」「演習」に割り当てている。「ココロ」は本書全編にわたって、底流にあるテーマとした。第Ⅰ部と第Ⅱ部では、ケースメソッド授業が始められるようになるための基本情報について、順を追って整理した。しかし、ケースメソッドで教える教室の教壇に立つには、ここを読むだけでは不十分であり、「場数を踏む」必要がある。本書は、読者が「場数を踏む」ところまでは代行できないが、それでも、筆者がこの科目を担当するようになってからの六年間にどのようなドラマがあったかを紹介することはできる。それが第Ⅲ部の「ディスカッションリード演習」であり、教師役になる履修者と科目担当教員である筆者が二週間かけて計画する授業準備のプロセスと、本番当日の演習授業を描写している。これも、本書の大きな特徴と言えるだろう。

「ケースメソッド教授法」で行うディスカッションリード演習では、討議参加者の主体性が十分に尊重された授業が計画され、実践されなければならない。しかし、これは必ずしも容易ではなく、演習者にとっては大きなチャレンジである。練りに練ったプランが討議参加者からの支持を得たり得なかったりしながら、ある部分が実現され、またある部分は未実現に終わる。このような演習指導を指導する側にいる筆者も悩みながら行っている。本書にはそのような教える側の独白もかなり盛り込んだ。そこでは、参加者の成長を真に願う心情とともに、教える側のエゴも弱みも顔を出すが、現職の教員には共感してもらえる部分もあるのではないかと思う。

その意味で、筆者にとって本書は、授業方法の理論的解説書として書き始め、「人が人に何かを教える道」を記して書き終えたという意識もある。「ケースメソッドで教える道」とは「教える側が学ぶ側の何倍も悩み、より多く学ぶ道」でもある。本書を通して、読者とそんな「道」を共有できれば幸いである。

平成二二年九月
竹内伸一

本書の初刷出版時には、監修者と著者はともに慶應義塾大学ビジネス・スクールに勤務していたが、第四刷出版と時を同じくして、両者は揃って名古屋商科大学ビジネススクールに移った。しかしながら、本書にはケースメソッド教授法の普遍的なことがらばかりを記述しているので、第四刷においても本文は初刷時のままにしている。

平成三〇年四月
竹内伸一

ＤＶＤビデオについて――本書の最大のチャレンジ

ＤＩＳＫ：１【教育プロセス Demonstration】
ＤＩＳＫ：２【授業運営 Dos & Don'ts】

「百聞は一見に如かず」と書いてしまうと、本書の意味が薄れてしまう気もするのだが、それにしても「映像は強し」であり、見てもらわないことには伝わりにくいことも多々ある。

本書を最後まで読み終えて、ＤＶＤの再生ボタンを押すというのが、もっともストイックな視聴の仕方ではあろうが、多くの人は真っ先にＤＶＤを見ていることだろう。ここで本書に添付したＤＶＤについて少し説明しておこう。

本書には二種類のＤＶＤビデオを付けた。これは本書の最大の特徴であり、チャレンジでもある。

ＤＩＳＫ：１【教育プロセス Demonstration】は、ケースメソッド教育の全プロセス――すなわち、個人予習、グループ討議、クラス討議の様子をダイジェストで収録したものである。クラス討議は九〇分授業を約三〇分に編集したものだが、本書の監修者である髙木晴夫教授の授業運営をじっくり見ることのできる貴重な映像である。

この映像は二〇〇五年度に開講した「ケースメソッド教授法」の第四会合を収録したものであり、参加者の大半はケースメソッドで教える教師を目指す人たちである。この年の履修者全員が、わが国におけるケースメソッド授業の啓発を目的とする映像制作意図に共感してくれ、授業中の発言やその板書に対して発生する著作権および肖像権を譲渡してくれるという幸運があった。そして、そのようなチャンスに、ケースメソッド授業の映像と音声を効果的に収録するための技術開発が間に合ったという幸運も重なり、永年の夢が実現した。収録された討議に使用しているケース教材は「ベンチャー電子工業株式会社」（髙木晴夫、一九八五）。ケース本文は本書には添付していないが、DVD中にあらすじと設問を紹介している。このケース教材はKBSのケース購入サイトで入手可能である。

DISK：2【授業運営 Dos & Don'ts】は、いわば反面教師集とでも呼ぶべき内容の教育用映像で、ケースメソッドで教えようとしたときに教師が頻繁に直面する難題への対応について、映像で例示したものである。この映像の作り方について紹介しておくと、脚本を作り、出演者がそれを覚えて演技するというお芝居ビデオである。この映像の出演者は、プロの役者、現役MBA学生、現職教員の混成で、演じるプロ、学ぶプロ、教えるプロがすべて揃っているという点ではたいへん理に適った、しかし奇妙な、「芝居の共同体」が織り成す絶妙なコラボレーションとなった。誰がプロの役者で誰が現役MBA学生なのかを推理しながら視聴するのも一興であろう。この短編映像集は、ケースメソッドの教室でしばしば見かける日常的な場面をコミカルに編集したつもりなのだが、「ケースメソッド教授法」の授業中に視聴すると「まさに自分のことであり、笑えない」とつぶやく現職教員履修者も少なくない。ということは、視聴者にとっては「痛いところを突かれる映像」になっているのかもしれない。DISK：2の内容は、本書の第7章とおおむね対応している。

どちらのＤＶＤも、もともとは本書に添付する目的で制作したものではないために、本文の内容との一体感は不十分かもしれない。その上、デジタルマスターも残っていないため、映像によっては画像の荒さが気になるかもしれない。しかし、映像と文章とを組み合わせて「ケースメソッド教授法」を伝えるというのは、おそらくわれわれにしかできない読者サービスに違いないと考え、ＤＶＤ二枚を添付した。読者の授業運営能力の向上に、ぜひ役立てていただきたい。

目次

第Ⅱ部　ケースメソッド授業の準備と運営の技法

第8章 評価とそのための技法

本文イラスト：河井純子

CASE METHOD

THEORY

第Ⅰ部
ケースメソッド教授法の理論

まずは、ケースメソッドで教えるための基本原則を理解しよう。第 1 章ではケースメソッド教育の概論を、第 2 章以降では討議型授業の運営で特に重要になる諸視点を整理する。

Introduction Reading

ケースメソッドによる経営能力の育成

日本国内における、少なくとも慶應義塾大学ビジネス・スクールにおけるケースメソッド教育の普及と高度化に向けた議論は、このリーディングを起点にして始まった感がある。本書で扱っている論点の数々も、このリーディングから出発し、探求してきた成果だと言える。読者とともに「はじめの一歩」を踏み出すために、まずはこのリーディングの読み合わせをしよう。

ケースメソッドとは何か

慶應義塾大学ビジネス・スクール（ＫＢＳ）は設立当初よりハーバード・ビジネス・スクール（ＨＢＳ）で開発されたケースメソッドを導入し、この教育方法で授業を行っている。

ケースメソッドとは、ケースに書かれている内容を討議する形式で進める授業のやり方である。ハーバード・ビジネス・スクールで一九三〇年代に開発され、その後、世界へ広まった。そもそものケースメソッドの起源は、ハーバード大学ロースクールで行われていた討議形式の授業にある。判例研究を用いる模擬裁判などの討論授業から、ビジネススクールに必要な経営事例（ケース）を討議する形式の授業へと発展した。現在ケースメソッドは、実践的な教育方法の一つとして世界中の教育機関で用いられている。

ケースメソッドには、私たちが今まで受けてきた伝統的な講義形式の授業方法と比較して、二つの点で際立った特徴がある。第一は講師の役割である。ケースメソッドでは講師は自説を述べず、講義をしない。教室にいる参加者や学生が講師と一緒になっていろいろな意見や考えを発言し合い、討論授業を構成していく。講師の役割は、討議にきっかけを与え、舵取りをすることである。第二に、ケースを教材として用いる。ケースは講義形式の授業で用いる教科書とは異なる性質をもつ。ケースには、記憶すべき理論や公式は書かれておらず現実の経営活動の様子がありのままに述べられているだけである。

大学で教える二種類の学問

講師が自分の知識を話し学生がそれを聴くという講義形式の授業と、ケースをもとにした討議形式の授業のどちらか一方だけが絶対的に優れているとは言えない。しかし、何を教えるのかという点に立ったときには、その違いを理解しておくべきである。

大学で教える学問には二種類ある。一つは理論学問であり、もう一つは実践学問である。前者は理論知識を重視し、後者は理論知識だけでなく実践知識も重要とする。このことについて、ビジネススクールで扱う経営学を取り上げて考えてみよう。

実践学問としての経営学には、戦略、財務、会計、マーケティング、組織、などに関する理論知識が存在している。一方、理論だけでは尽くせない現実の企業経営に必要な叡智としての知識も重要である。どのように戦略的に発想し、不確実な状況下でどのように判断し、どのように意思決定し、目的達成への行動をいかに実現していくか、という現実に即したきわめて具体的な実践知識である。これら二種類の知識の重要性は、経営学に限らず、実践学問としての度合いの高い法学や医学でも同様であろう。あるいは社会福祉学や国際関係学などでもそうであろう。

一般的に言って、理論学問が目指すのは問題を理解することであり、あるいは分析することである。しかし実践学問においては単に問題を理解し分析するだけでは不十分である。その問題を何らかの具体的な形で解決する行動が必ず求められる。理論知識を用いることで理解し分析し、そして実践知識の活用によって実行する。

では、講師はどのような授業をすることで、理論知識に加え、それ以上の実践知識を習得させられるのだろうか。この点が実践学問の教育方法として非常に重要になる。実践学問を学ぶ参加者は実践家にならんとする人々なのであるから、理論知識が得られるだけでなく実践力を養成できるようにすることこそ大学のあるべき姿である。このような目的のために最も適した教育方法の一つが、ケースメソッドである。

経営能力のヨコ軸とタテ軸

大学を構成する教育機関の一つとしてのビジネススクールは、経営学を教えることで経営能力の育成を目指している。もちろん、経営学が教えんとするすべてが経営能力の育成を目指しているという意味ではないが、経営実務家の養成を第一目的とするビジネススクールで教える経営学は、経営能力の向上を目指すものでなければならない。KBSはケースメソッドという討議型の授業を重視しており、その理由は経営能力の育成を目指す教育機関であることと関係がある。このことを説明するため、経営能力を二つの軸で表現してみよう（次頁）。

まずヨコ軸は、経営能力の重要な一部としての「専門知識」である。企業経営における専門知識は、例えば、経理の専門知識、マーケティングの専門知識、あるいは組織・人事の専門知識など、職能的な業務で要求される知識である。これら専門知識がなければ経営能力は成り立たない。これらは、前項で述べた理論知識に相当すると言ってもよい。

さらに、専門知識は特定の職能領域に対応しており、その領域だけで役に立つ度合いが強い。例えば、異動で経理部門からマーケティング部門に移ったとしたら、前の領域の専門知識は新しい職場では役に立たない。すぐにそこで必要となる新しい専門知識を身につけなければならない。そのようなときに役に立つ教育方法が講義型であろう。

講義型の知識の学び方は、整理された正しい知識を持っている人から、まだ持っていない人に情報を一方通行で注入するという方法である。ほとんどの場合、それらの知識は文字で記述することが可能であり、例えば教科書やマニュアルを作ることができる。それを学ぶ者（読む者）にとっては記憶が必要になる。もちろん記憶だけ

タテ軸：統合力／洞察力／戦略力 etc.

・職能横断的に要求される力
・文字では伝達しにくい種類の力
・本人の内面にのみ保有される属人性・個人性の高い力
・討議形式授業が有効

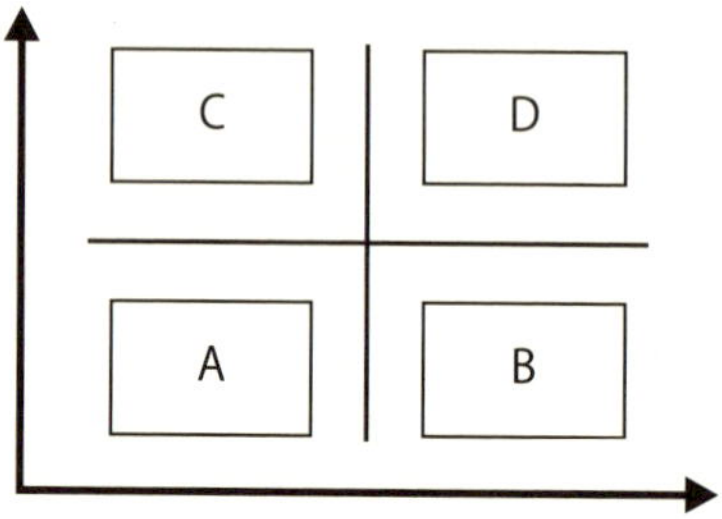

ヨコ軸：専門知識

・ある職能領域で特定的に有効
・整理され文字化される知的情報
・高度保有者から初学者へ移転できる
・講義形式授業が有効

経営能力のタテ軸とヨコ軸

が重要ではなく、身につけた専門知識を十分に使って熟練することも必要である。しかし、経営能力の中でも専門知識に属する部分については、整理され記述された正しい知識を早く身につけるという意味で、記憶に依存することも多い。

つぎにタテ軸を見よう。専門知識に比べると、その呼称として一つの名前では表しにくい。いくつかの言葉で表すほうが理解しやすい。例えば「統合力」、あるいは「洞察力」、さらには「戦略力」という言葉でも表現すると、経営能力のある重要な一群のものを指し示していることを理解していただけるであろう。

ここで注意したいのは、統合力、洞察力、戦略力などはみな「力」という言葉を使っていて、「知識」という言葉をあえて使っていないことである。もちろん、経営学における理論的な説明として、「統合力に関する理論知識」、「洞察力に関する理論知識」、「戦略力に関する理論知識」というものを文字で書き表すことはできる。だから講義をすることで、統合力とはどういう力か、洞察力とはどういう力か、戦略力とはどういう力かを理論的に講義して聴かせることができる。しかし、この講義を受けたところで、理論的な知識は得られるだろうが、経営の実践に役立つ真の「力」が身につくとはけっして言えない。このような力は前項で述べた実践知識に相当するのであろうが、むしろ実践力と言う方がふさわしい。

加えて指摘すると、タテ軸の力はある職能領域に特定的ではない。なぜならば、統合力・洞察力・戦略力などは、一言で言えばリーダーに要求される力である。一つの小さいチームをまとめていくリーダー、大きな事業部門を引っ張っていく事業部長、あるいは会社全体にリーダーシップを発揮する社長に求められる力である。これは領域横断的な力である。このような力は、知識を与える講義形式で育成できるとはとても言えない。だからこそ、この力は個人に属する度合いが非常に高く、本人の内面に存在する属人的な力である。

ヨコ軸で行う講義形式の授業の本質が「記憶」にあるとすると、タテ軸はどのようなことをねらう授業であるべきか。記憶とは、情報を頭の中に入れて、整理して、出し入れがなめらかになるような種類の活動である。これに対比して、タテ軸の活動は、頭の中に入っている情報あるいはこれから入ってくる情報を如何様《いかよう》にでも組み合わせを変え、またそこから新しい情報を創る活動である。これを情報の記憶に対比させて「情報のネットワーク化」の力と呼ぶことにする。

修羅場経験の意味するもの

このタテ軸の力を高めるには、どのようなことをすればよいのであろうか。これこそが経営能力の育成のためのきわめて重要な部分である。そのことに関して現実の経営現場で我々が経験的に知っている事実は、「修羅場」を数多く踏むことである。修羅場とは自分の将来がかかる大きな、そして困難な、成功時には大きく成長できる種類の仕事経験のことである。

修羅場経験の教育的な本質は次の点にある。すなわち、自分の今までのやり方の不備を自覚し、あるいは他の人が持っていて自分が持っていない新しい情報ネットワーク化の力を目の当たりにして、それに触れていくことによる教育的効果である。

ビジネススクールで経営能力の育成を目指すには、この修羅場経験の持つ教育的効果を教室の中で実現することが必要となる。ケースメソッドはそれを可能とする一つの方法である。ケースをクラスで討議する際、自分の意見を発言すると、誰かからそれとは異なる考え方が出てくる。あるいは、誰かの意見を聞いた途端に思いもよらなかったことを自分で気がつく。そこで自分の考え方を組み直して、また発言する。ケースメソッドによるクラス討議とは、このようなことを繰り返す授業である。この方法によって、我々は、修羅場の持つ教育効果の一部でも教室で実現できると考えている。

当然だが、経営能力にはタテ軸だけでなくヨコ軸も同時に必要である。だから、授業では、タテ軸の向上を目指す討議だけでなく、ヨコ軸の専門知識を与える講義も同様に重要である。図で言うならば、これから学ぼうとする者は、今いるAの領域から、タテ軸とヨコ軸のどのようなバランスの経営能力の向上を目指したいかでB、C、Dの領域に向けて勉強のやり方のベクトルをセットするであろう。講師の側からすれば、教えんとする授業内容やテーマに応じて、タテ軸・ヨコ軸の授業で扱う分量のバランスを変え、B、C、Dのいずれかの領域に入るような授業を構成することができる。

ケースとはどのようなものか

さてここで、ケースメソッド授業で教材となるケースについて、少し詳しく説明しておく。ケースは文字で書かれた冊子のことを言う。その内容は、実際の会社で起きた経営の出来事を物語的に記述したものである。このようなものは日本語では事例とも言うが、ケースメソッドではケースと呼んでいる（教材としてのケースをケーススタディと呼称する人もいる。経営活動をスタディした成果物という意味である。一方、ケースメソッドのことをケーススタディと呼ぶ人もいるが、こちらは授業方法という意味ではないので、ふさわしくない）。

KBSでは、教員あるいは研究者が実際の経営の場面を取材することでケースを作成している。つまり、経営活動の当事者にインタビューし、また現場の経営情報を入手することで、出来事を記述しケースとするのである。そこには事実がそのままの形で描かれている。ページ数の制約から編集してはいるが、内容は事実なのであって架空ではないということが重要である（もちろん、授業の目的によっては架空のケースも作られる）。

注意すべきなのは、単に事実が記述してあるだけでは教材としてのケースにならないということである。ケースとなるためには、さらに次の条件を具備していなければならない。経営教育で取り上げる何らかの訓練主題を含んでいること。その訓練に必要な情報が盛られていること。訓練を受ける者を登場人物の立場に立たせ、その責任において意思決定を迫るように表現されていること。これらの条件が揃って初めて、ケースメソッドに必要な教材としてのケースとなる。

したがってケースは、企業経営の適切な事例や不適切な事例を描いたものではない。あるいは、典型的な事例でもない。また、理論を深めるための演習問題でもない。ケースには、最終的に正解が得られるように人工的につくられた問題は入ってないのである。ケースメソッドの授業は一つの正解や正しいやり方を知らしめるためのものではない。つまり、教材であるケースは現実の状況のままであり、特定の理論が前提となって記述されたものではないのである。

討議による学習

だからこそ、ケースを読んで気づいたことを言い並べていくことで、あたかも「答え」や「正しいやり方」を抽出し得たような気持ちになる授業の受け方はケースメソッドで目指すものではない。ケースから考えられる経営問題を洞察し、その問題への意思決定と実行への責任を果たそうとすることが、ケースメソッドで目指すものである。そのために、参加者がさまざまな意見を出し合う討議が必要となる。

ケースメソッドでの討議は、ディスカッションのことを指す。討議のことをディベートと呼ぶ場合があるが、ケースメソッドでの討議は、ディベートではない。ディベートは、極端に言えば勝ち負けを決める議論の仕方であり、優位の論と劣位の論が帰結する。しかし論の優劣を決める授業のやり方をしてしまうと、目先の勝ち負けに意識が集中してしまい、経営能力の重要な部分である統合力・洞察力・戦略力などを高めることにつながらない。だからこそ、ケースメソッド授業では、いろいろな意見や考え方に触れながら、「自分はこうだ」という考えを持たねばならぬ場面を何回も教室につくり出せるような討議方法――ディスカッションが採用されるべきなのである。

さらにケースメソッドでは個々のケースの分析の結論を記憶することを目的としない。将来、ケースと似た問題が生じることはあるだろうが、全く同じ問題が生じることは皆無であろう。ゆえに「答え」を憶えても役に立たない。似た問題でも条件や状況が微妙に異なるのであり、本質的な差を秘めていることすらある。だからこそ、慎重な新しい分析と判断が要求される。

経営教育にとって重要なことは、問題の解決に到達するまでの思考の過程である。現実をつぶさに把握した合理的かつ建設的な思考努力である。各自が試みる問題解決のしかたは各自の経験や思想を反映して、それぞれ特色がある。ケースメソッドによる討議とは、これら特色ある各自の考え、判断、意見を持ち寄り、発言しあい、思考を重ね合わせることで、相互の成長に資することである。参加者は相互に自分の思索結果を披露し、検討しあう。こうして触発されながら自らの考え方に修正を加え、自らの判断と意思決定を再構築していく。これこそが自律した経営者の育成である。クラスによる討議を欠いては、ケースメソッドの意義はない。

個人予習、グループ討議、クラス討議

次に、クラスでどのような討議を行うか、ケースメソッド授業に向けた予習の仕方、準備の仕方について簡単に説明をしておく。ケースメソッド授業では、通常、次の三つのステップを踏む。

(1) 個人予習

最初に個人予習のステップがある。個人予習では、ケースを読み、何が書いてあり、どういう状況で、何が問題になりそうなのかということを自分なりに判断し、自分ならどうするかという実行案を考える。参加者は、自分自身を登場人物の立場に置き、自分に意思決定が迫られていると考えながらケースを読まなければならない。当然、ケースには完全な情報は記述されていない。実際の経営の場面であっても、完全情報を入手して意思決定することはありえないことも留意すべきであろう。

(2) グループ討議

クラス討議がうまく展開するためには、前段階の準備が必要である。それがグループ討議である。クラスをいくつかの小グループに分け、クラス討議の前に時間を与え、グループ討議をする。通常、グループ討議に講師は加わらないので、インフォーマルな形での討議になる。講師のいない状況で、参加者だけで議論する。この意味は、クラス討議の前段階として、とにかく声を発して自

分の意見を言う練習になるということである。そうすると、自分の考えていることと、他の参加者が考えていることを知ることができる。参加者はこのような準備作業をしておくことで、クラスという全体討議の場に入りやすくなる。

(3) クラス討議

参加者全員がクラスで一堂に会し、講師のディスカッション・リーダーシップで全体討議をする。グループ討議以上に参加者の多様性が増し、さまざまに意見を出し合うことが新たな検討課題の発見になり、思考のコラボレーションを高める。この全体討議を通じて、参加者は、自らの意思決定の再検討を行い、自分で判断し行動を提案するという思考実験を絶えず行っていく。あくまでもクラス討議は参加者の主体的な発言で構成され、そこから参加者の主体的な学びの形成を目指す。

講師は討議の交通整理役だが、場合によっては講師自身も意見を述べ、クラス討議を活発化させる。クラス討議の後にまとめとして短い講義を付加し、理論的な知識を補う場合もある。

当然ながら、使用するケースや担当する講師によって異なるディスカッション授業が展開される。

講師は討議の単なる聞き手ではない

すでに述べたように、ケースメソッドでは、参加者は講師から知識を「教わる」のではない。この理由は二つある。第一は、経営問題には数学と違って唯一最終の正解と言うべきものはあり得ない。講師がケースに関する自分の考えや判断を述べたとしても、それは解答でもなく、最終的なものでもない。その意味で講師は参加者に「教えるべき正解」を持ち合わせていない。参加者各自が討議を通じて自ら構築したものが各々の正解であり、その数だけの正解があるとも言える。第二は、ケースメソッドは参加者の自主的判断と行動の能力を啓発するのが教育目的であるから、もし講師が、これが自分の答えであるとして述べたならば、参加者はそれに依存する傾向に陥る。これはケースメソッドが目指す効用ではない。

そうすると、講師は参加者に自分の解答を示さないのだから、参加者ほど深くケースを事前予習する必要はないかもしれない。ケースの内容を一通り記憶しておいて、討議の座が白けそうになったら記憶の中にある若干の問題点らしきものをたぐり出して「この点はどうですか」と問いかけ、討議が停滞しないようにしてさえいれば、講師の任は果たせるものとなるかもしれない。しかし、これはケースメソッドの理念から外れている。

ケースには唯一の解答こそ予定されていないが、講師は一定の教育計画と特定の訓練すべき主題のもとにそのケースを取り上げている。したがって、ケースを討議する場合は、そこに予定されている訓練の主題が参加者に対して有効に課されるように、討議を誘導する任務を講師は負っている。

その主題の中には、例えば経営者として必要な専門的な知識や技術の修得も含まれる。したがって講師には、参加者以上にそれら知識や技術をケースに対して駆使することの十分な準備が必要である。また、参加者の進めている討議を聴きながら、彼らの行っている分析、評価、決断の過程を不断に自分の頭の中で検討しつつ、彼らの思考が予定の主題から外れたり、誤っていたり、主題に含まれている要件が議論の進展で看過されそうな場合には、あくまでも参加者の自主的思索に訴えつつ、その訂正を求めねばならない。したがって討議が、その方向や内容はとにかく、ただ発言数が多くなるよう誘導しさえすれば講師の任務が果たされると見るのは誤りである。

一方で、講師はあらかじめ計画した順番に従って討議を型通り進めようとしてはならない。むしろ参加者に自由に発言させ、それを支持的に受けとめるべきである。講師は、参加者の考え方と表現のしかたの弱点を探り出し、明確に、現実的に、そして創造的に物事を考えるように手助けし、効果的な自己表現を助長しなければならない。

第1章　ケースメソッドを理解する

1　最初のハードルを越える

みなさんは、どのような動機で本書を手にしてくれたのだろうか。筆者は主に次の三層を想定している。第一に、ケースメソッド教育について「とにかく知りたい」という人たち。この人たちには、ケースメソッド教育の枠組みを理解してもらうための基本情報が必要である。第二に、「知る」という段階はすでに超えたので、次は「自分でケースメソッド授業を行ってみたい」という人たち。この人たちには、教壇で討議型の授業を運営するための実践情報が求められている。第三に、ケースメソッド授業をすでに取り入れているのだが、なかなかうまくいかないので「改善したい」「もっと先に進みたい」という人たちである。この人たちには、実践者たちが日々取り組んでいる授業改善の歩みを生々しく届けたい。本書は、これら三層に限らず、ケースメソッド教育に関心を持つすべての読者に役立つように構成したが、それでも「強いて言えば、どの読者層のための本か」と問われれば、二番目に挙げた「自分でやってみたい人のための指南書として性格付けした」本であると答える。

本書の第一目的は、読者がケースメソッド授業を始めるためのよきツールとなることである。ケースメソッド授業では「やってみないと分からないこと」が多いので、本書では「やってみるとどうなるか」を積極的に紹介している。

ケースメソッド授業を運営するスキルは、伝統的な講義型授業を運営するためのスキルとは重ならない部分も多く、ケースメソッドという授業方法で教え始める際のハードルは決して低くはない。このことは、ケースメソッド教育の普及史を振り返ると、おぼろげに理解できる。一九三〇年代に米国のハーバード・ビジネス・スクール（以下、ＨＢＳ）で始まった事例討論型授業をケースメソッド教育の起源と考えるならば、この教育方法はすでに八〇年の歴史を持ち、世界中の実務家養成機関に広がった。筆者が所属する慶應義塾大学ビジネス・スクール（以下、ＫＢＳ）でも、一九六二年からケースメソッド教育を採用しているが、初代の教員たちはこの授業方法の基礎をＨＢＳに学んだ。直近では経済成長著しい中国のビジネス・スクールが、ケースメソッド教育の組織的実践に熱心だと聞く。このように、ケースメソッドが「世界中に広がった」というのは世の定説であり、事実でもあるのだが、逆に「その広がりの度合いは思ったほどでもない」という見方もできる。慶應義塾大学名誉教授の石田英夫先生は「世の中には普及しそうでいて、なかなか普及しないものがいくつかあるが、その最たるものの一つにケースメソッド教育がある」と語る。筆者もこれに同意する。ケースメソッドの普及と高度化をミッションとする筆者の目には、ケースメソッドは「移転困難性を伴う教育方法」と映っている。どこかに移転上のハードルがあり、その克服が意外に難しいということだろう。そのハードルには、学校全体で実施するために組織を挙げて越えるべきものもあるだろうし、教員個人のスキル獲得上のハードルもあるだろう（図１－１）。

ただし、多くのハードルを一度に見ると目がくらむので、本書では教師個人が跳ぶべきハードルを中心に扱う

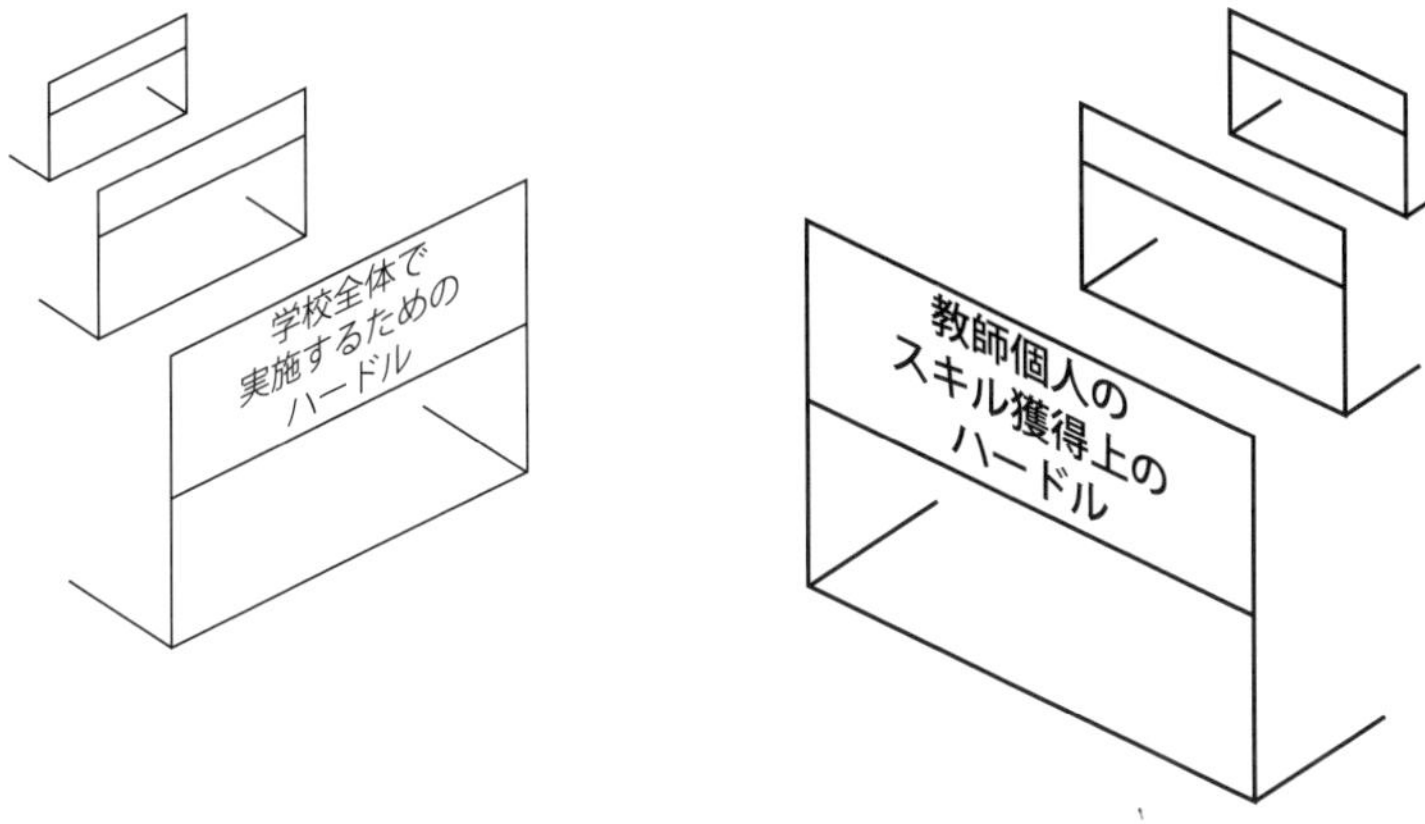

図１−１　２種類のハードル

ことにする。そこで本書には、「ハードルに足を引っ掛けて転んでいる人」をたくさん登場させ、このハードルの存在を日々感じている読者が、自分と等身大の登場人物たちと出会って学べるようにした。また、第Ⅰ部、第Ⅱ部では、読者が跳ぶべきハードルそのものに加え、ハードルが置かれている競技場全体（人が人に何かを教える場全体）についての解説もできるだけ充実させた。

安定してハードルを跳び続けるランナーになるためには「場数を踏む」ことが必要だが、本書によって「とにかく一回跳び越える」ことはできるはずなので、ひとまずはご安心を。そして、大いに期待をしていただきたい。

２　ケースメソッド教育の必要性がなぜ高まっているか

今日におけるケースメソッド教育の必要性や重要性は、知識付与型の教育では身につかない能力が、社会の随所で必要とされていることから生じている。もちろん、知識付与型の教育はこれまで人間社会における教育に偉大なる貢献を重ねてきたのであり、その必要性や重要性は今後も決して色褪せないであろう。しかし、知識付与型の教育だけでは、今日の社会が求める人材の育成には限界があることも多方面から指摘されている。

これまで、大学の主たる役割は、知識を付与した学生を社会に送り出すことだと考えられてきた。つまり、大学では理論知識を教えることに焦点を当て、それが実践に生かされる段階は卒業後の実社会だという想定である。しかし、今日の大学教育事情では、この基本想定がもはや維持できなくなっている。

例えば、専門職大学院のような社会人の再教育場面では、社会人大学院生の多くは過去に大学で学んでいることに加え、これまでの職務経験を通して、自分の職務に関する知識も豊かに持っている。彼らが持っている知識は、どうしても内容面での偏りがあり、体系的な理解が得られていない可能性もあるが、少なくとも実務に支障があるという水準ではない。このような学生たちが集まる教育現場が輩出すべき人材像は、より高度な専門知識に加えて、深い洞察力を持ち、周囲の支持を作り出しながら自律的に行動できる人材である。こうした自律型人間を育成したいときは、育って欲しい人材が自律的に参加できる教室環境を作り、実際にそこで試行錯誤してもらうことで実践のリハーサルができるように、教師はクラスを運営すべきである。そのためには、社会人学生たちがこれまでに得てきた知識と積み重ねてきた経験をもとに、自発的に学ばせるという貴重なチャンスがあることに大学教員は目を向けなければならない。専門職大学院による社会人の再教育が社会から期待されている今日、このチャンスをどのように、そしてどこまで生かすかが、大学に求められている重要課題の一つである。

このような教育チャンスは経営学領域に限らず、医学、看護学、法学、教育学、社会福祉学、工学などの多様な教育領域に広がっており、現職者教育、実務者教育の機会と必要性の増大に呼応するようにケースメソッド教育が採用され始めている。こうした多様な教育領域への広がりは二〇〇〇年代後半からの傾向であり、まだ新しい動きとも言えるが、このトレンドとモメンタムに応えつつ後方支援をすることも、本書の役割の一つだと筆者

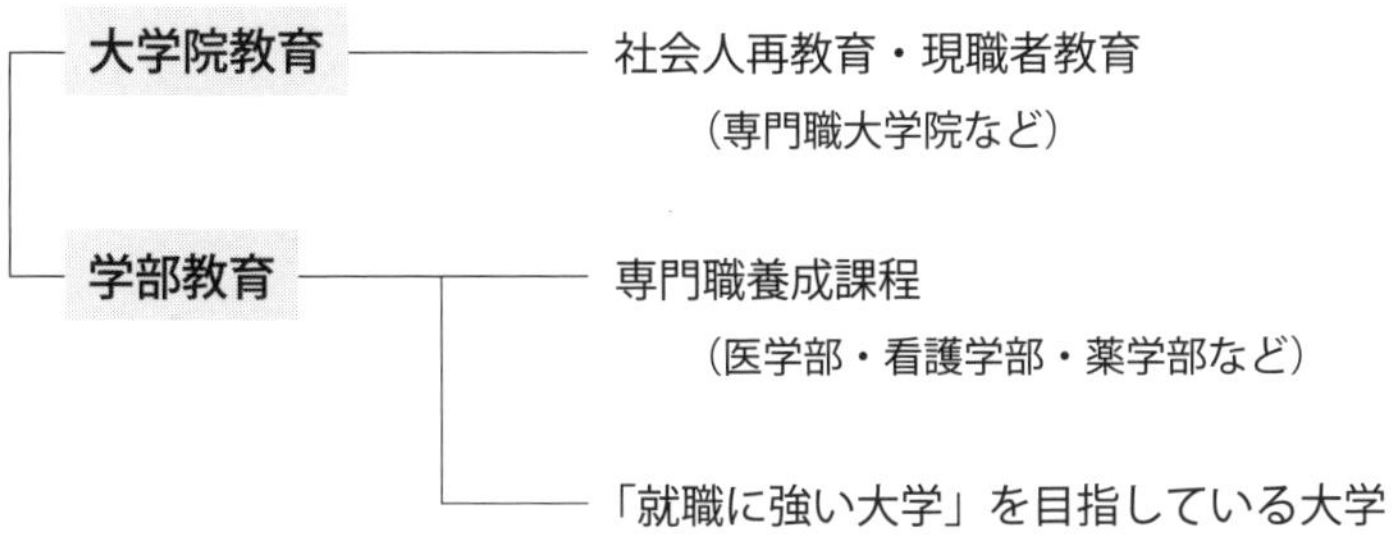

図1－2　ケースメソッド教育を求める教育現場

は考えている（図1－2）。

一方、学部学生に対する教育も再考を迫られている。一つは、学部教育を終えたら「その道のプロ」として独り立ちしないといけない専門職養成教育課程（医師、教諭、図書館司書、薬剤師など）の教育現場である。各々の専門職に求められる知識は広範に及ぶが、そのすべてを学生に詰め込むこと自体は比較的たやすい。しかし、卒業後直ちに訪れる実践の現場では、これらの知識が個々別々に活用される場面は少なく、必ず統合的に求められる。しかし、学部教育では知識を統合的に活用する学習まではカバーされないことが多いので、就業初期の職務能力がどうしても不足しがちになる。

もう一つは、「就職に強い大学」を目指さなければならない事情であり、この背景には少子化時代における大学の生き残りという文脈がある。大学が増え、大学進学率が高まったため、今日では学卒者の就職率が学生本人や親の期待値に届いていない。この現状を受け、学生本人や親が期待する教育は、暗黙のうちに「就職に強い」ものに向かっている。大学教育がこの求めにどのように応えるかは議論されるべきだが、就職準備への注力とそのための授業方法がクローズアップされるのは自然の成り行きであろう。大学教育は研究と教育を両輪とする最高学府だが、時代とともに変遷する社会のニーズには応えるべきだから、就職の場面で「売れる学生」を育てようと意識して取り組めば、そのような強みも構築可能である。事実、いわゆる入試偏差値にようらずに「就職に強い大学」が誕生し、社会に認知されている。また、こうした強みの確立を目指す大学がケースメソッドに着目し、大学内にケースメソッド授業を導入し始めていることもまた事実である。

3　ケースメソッド教育とは

◆言葉の定義と用法

私たちが日常的に使う「ケースメソッド」という言葉は、一義的には授業方法を表す用語である。英文中では、“casemethod of instruction”，“casemethod of teaching”と書き表されることが多く、「教える」という意味を明示する語を“of”の直後に従えて用いられる。“casemethod of research”という表記もときおり見かけるが、この場合は「事例研究」という研究方法を強調するために“casemethod”という語が用いられており、一般には「事例研究」は“case study”である。

このように“casemethod”という語は英語であれ日本語であれ、ほぼ授業方法を指し示していると考えてよい。英文中では“casemethod”と一語で登場する用例は少ないが、日本語では「ケースメソッド」が一語の名詞となり、「行う」などの動詞を付して「ケースメソッドを行う」と用いられている例も見かける。本書では、ケースメソッドを「ケース教材をもとに、参加者相互に討議することで学ばせる授業方法」と定義する。また、その定義をより正確に日本語表記上の語感に反映させるために、本書ではできるだけ「ケースメソッド授業」「ケースメソッド教育」のように、意味が明確になる日本語と組み合わせて使用することにした。

	teaching（教育）	research（研究）
methodology（方法論）	casemethod of instruction（ケースメソッド教授法）	case study casemethod of research（事例研究）
printed material（印刷された資料）	cases as teaching material（ケース教材）	case studies as research outcomes（事例研究論文）（ケーススタディ）

図１－３　「ケースメソッド」と「ケーススタディ」

◆ケースメソッドとケーススタディ

この二つの言葉は、特に日本語で用いられる際に、しばしば混同されている。「ケースメソッド」とは前述のように「メソッド」を伴うので、文字通り「(授業の)方法」を表しているのだが、「ケーススタディ」の語尾にある「スタディ」には「学習や研究による成果物」「学習や研究活動そのもの」「学習や研究のための物理的空間」などの意味があり、「メソッド」よりも多義であるために、意味上の守備範囲は広い。しかし、「ケーススタディ」と言えば、一義的には事例研究という研究方法かその成果物（論文や報告書）を指すので、「ケースメソッド」と「ケーススタディ」の違いは、「授業方法」と「研究方法」の違い、あるいは「授業方法」と「研究成果物」の違いとなり、そもそも相互に代用されるべきものではない（図１－３）。

さらに、「ケースメソッド」と「ケーススタディ」のどちらからアプローチしても書き物が生まれてくるので、その書き物の中で「事例」がどのように扱われているかを比較してみよう。これ以降、本書ではケースメソッド授業で用いるケースを、例によって分かりやすい日本語とつなぎ合わせて

「ケース教材」と表す。一方の「ケーススタディ」はこの言葉を研究方法の名称と捉えても、成果物と捉えても、いずれも「ケーススタディ」と呼べるので、そのまま「ケーススタディ」と表記する。

ケースメソッド授業で用いる「ケース教材」には、客観的事実（主に問題状況）が事例として描かれているが、そこには教材作成者の分析や考察は一切書かないことになっている。分析や考察はケース教材の読者に委ねられるべき作業だからである。したがって、ケース教材の読後感は「これはたいへんだ。何とかしなければ」「自分だったらこうしたいが、この解決方法は状況に本当に適しているだろうか」というものになり、読者をさらなる思考に追い込む。

一方、ケーススタディはそれ自体が論文の体裁になっているので、研究者が立てた問い、問題意識、先行研究、問いを解く方法とプロセス、結論が一定の研究手順に則って述べられている。その中には当然、研究者の分析と考察が含まれ、読者は「なるほど、これはよい研究だ」「分析方法がユニークですばらしい（あるいは「問題含みである」）」「この結論の導き方は秀逸だ（あるいは「強引だ」）」などの読後感を抱くであろう。

ケース教材では、作成者と学習者は異なり、作成者が教材を完成させた後に学習者による学習活動がスタートするが、ケーススタディの作成者は研究者自身なので、その作成が完了すると研究活動も完結している、という理解も可能であろう。もちろん、ケーススタディを第三者が学習教材として利用することも十分に可能である。ただし、ケースメソッド授業で用いるケース教材は、ディスカッションを誘発するための道具なので、学習者を読了後に討議に向かわせる働きが重視されている。

また、これはＫＢＳでは頻繁に行われていることだが、ケーススタディはケース教材に書き直す（変換する）ことができる。すなわち、ケーススタディから研究者の分析や考察をすべて削除し、謎解き物語風に書き直すとケース教材になり、ディスカッション授業のよき教材になる。筆者は、本書の監修者であり、大学院時代の指導教授でもあった髙木から、「（筆者らの専攻領域である）組織行動学の理論的前進を目指す事例研究をたくさん行って、それをもとにＭＢＡの授業で使えるようなケース教材をたくさん書きなさい。ＭＢＡの授業で使える教材が生まれるような研究をすることが大事だ」と繰り返し指導されてきた。

このようにして生まれたケース教材は、その記述の背後に最新の研究が内包されている。実務家は、こうした研究活動の詳細にまで深い理解を及ばせる必要はないが、研究がもたらした実務への知見は討議の末に汲み取ることができる。そして、このような教材を用いた教育訓練を受けたいと希望する社会人学生がまたＫＢＳに入学し、そこで新たな事例を提供したり探求したりすることで、次の事例研究、次のケース教材が誕生する。これが、ケースメソッドを教育方法の中心に据えているビジネススクールならではの「研究と教育の循環」である。ケースメソッド教育に対しては、しばしば「学術性の欠如」が指摘されるが、実践性と学術性とはこのように無理なく両立され得る。

裏を返せば、このことは筆者ら大学教員に重要な課題を突き付けてもいる。今日、ケースメソッド教育は、大学のみならず民間教育機関やＮＰＯなどでも実践されているが、最高学府としての大学、とりわけ大学院が提供するケースメソッド教育では、実践上の有用性のみならず、内容の学術的水準の高さまでが常に問われると言えるからである。

◆ケースメソッド教育を成立させている基本条件

「ケースメソッド」の末尾に「教育」という言葉を付記すると、ケースメソッドを用いて行う教育活動全体、あるいは教育システム全体の意味になる。ここで、ケースメソッド教育を成立させている基本条件として、使用する教材、教育主体、教師の役割、学習ゴールを捉えて、それらを整理すると図１－４のようになる。

・米国の法科大学院、経営大学院が考案した授業方法
・教育のプロセスがユニーク
　学ぶべきものを、教師の講義によって与えるのではなく、参加者が相互に討議することを通して、自分たちで創っていく
　　教　材：テキストではなく、ケース
　　主　体：教師ではなく、参加者
　　教　師：教えるのではなく、学ぶことをサポートする
　　ゴール：既存の知識を獲得するのではなく、
　　　　　　考え抜く能力や態度を獲得する
・世界中の実務家育成の場で活用されている

図1－4　ケースメソッド教育とは

教材の特徴としては、教科書は用いられず、作成者の分析や考察が書かれずに事実のみで構成されたケース教材が使用される。また、教育・学習行為の主体者は、教師ではなく、参加者である。これに関して、ＨＢＳでは近年、「他ならぬ授業参加者を中心に据えた学習活動」という意味で、ケースメソッド教育を"Participants Centered Learning"と表現している。ここでの教師の役割は、討議による参加者間の相互学習の支援、すなわちディスカッションリードである。

ケースメソッド教育の学習プロセスは、個人予習、グループ討議、クラス討議の順に進行し（学習プロセスはあとで詳述する）、教師はグループ討議には加わらず、クラス討議から参加する。ケースメソッド教育の中核を成しているのはクラス討議であり、筆者らはこれをディスカッション授業（あるいはケースメソッド授業）とも呼んでいる。広義では、ケースメソッド教育の学習プロセスである個人予習、グループ討議、クラス討議のうちの、個人予習を除いた最後の二つの討議プロセスがディスカッション授業であるとも言えるが、グループ討議には教師が加わっていない点を重視するならば、ディスカッション授業・イコール・クラス討議と考えるのが適切だろう。

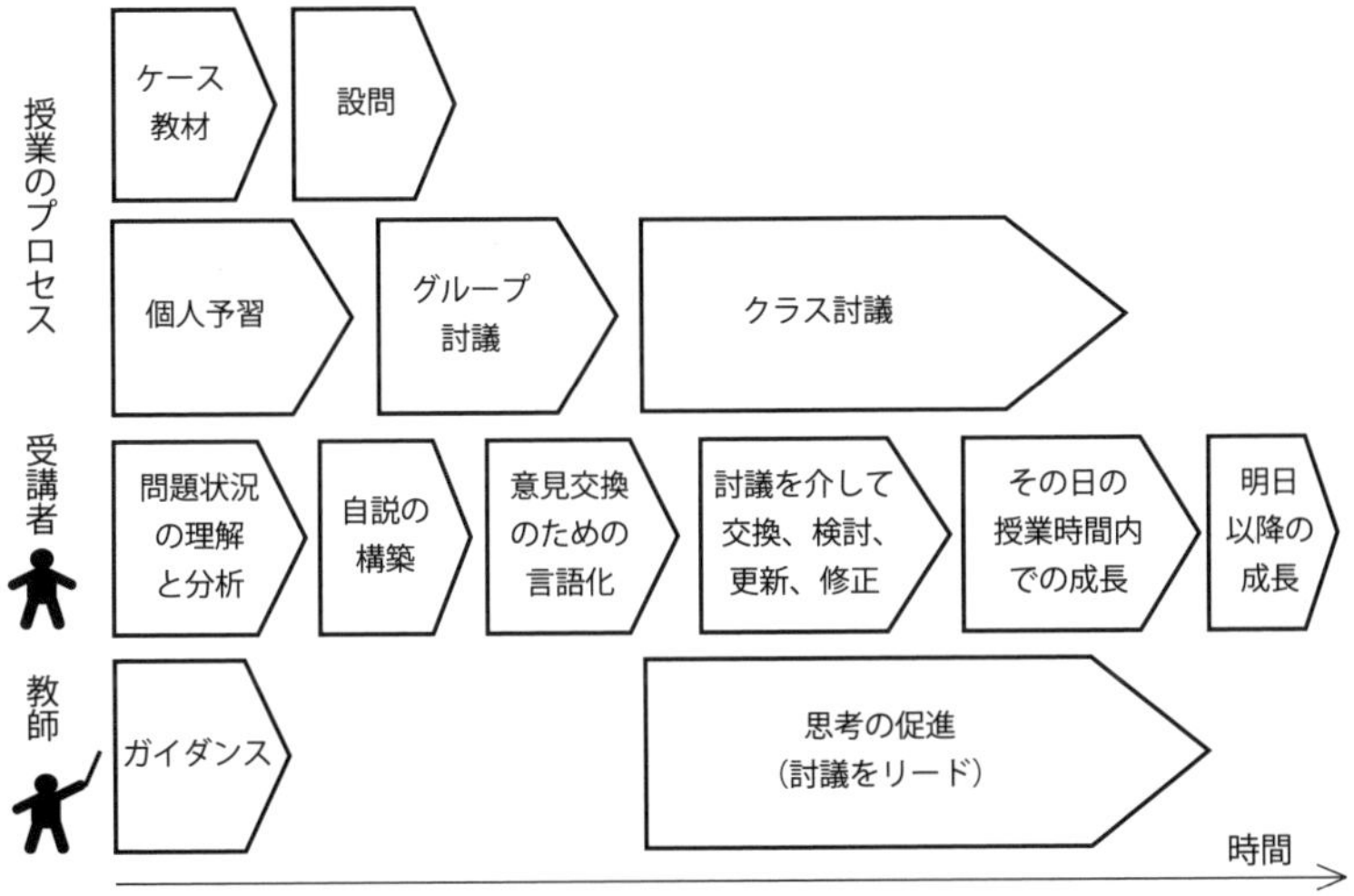

出所：KBS「ケースメソッド教授法」授業資料

図１－５　ケースメソッド教育のプロセス

ケースメソッド教育における学習のゴールは、既存の知識や理解の獲得ではなく、双方向の討議を通して、考え抜いて、自らのよりどころとする知見を編み出す能力や態度を獲得することである。

◆ケースメソッド教育のプロセス

ケースメソッド教育のプロセスは、個人予習、グループ討議、クラス討議の三ステップから成る。以下、図１－５に沿って説明しよう。

ＫＢＳで行われる典型的なケースメソッド授業では、授業の事前にケース教材とディスカッション設問（「この問題はなぜ生じたか？」「この問題を解決するために、あなたならどうするか？」などのシンプルだが奥深い問いかけ）が配布され、まずは学生が自分一人で考える【個人予習】。この予習には一ケース当たり三時間前後を要する。ケースメソッド授業では予習が必須であり、授業当日は事前準備が整った学生が参加しているという前提で、授業が進んでいく。

ＫＢＳでは現在、一クラスを約六〇名で運営しているが、さらにクラスを一〇名程度の小グループに分けて、個人予習によって各自がどのようなことを考えてきたか、自由に意見を交換する【グループ討議】を設けている。これも授業時間ではあるが、その運営に教師は加わらず、かつ少人数で行われるので、一人ひとりが話せるチャンスも多く、それほど構えなくても発言できる。ここでは問題の分析や対応策の検討について、グループの総意をまとめる必要はなく、むしろメンバー間でどのように意見が違うのかを知ることを大切にしている。自分の考えを声に出してみることで、聞き手の反応を頼りに自分の表現方法を改善したり、自分が用意してきた答えにどのような強みがあるか、逆に何が足りないか、考え方の偏りはどうかなどを各自がチェックする。また、ケース教材に書かれている内容には専門知識がないと理解しにくいものも含まれるため、グループの中で相互に教え合うことも推奨されている。グループ討議は約九〇分行われる。

グループ討議を終えた学生は、言わばウォーミングアップを終えた状態であり、教師が加わり全員が一堂に会して行う【クラス討議】こそが学生たちの本番試合となる。クラス討議において教師は、六グループに分かれていた約六〇名全員で討議するための進行役を務める。ここでの教師の役割は、学生に主体的に討議させつつも、この討議を通して学生に考えて欲しいこと、学んで欲しいことに取り組ませるために、討議の舵取りを行うことである。

ＫＢＳで行っているケースメソッド教育は、このようにして発言の心理的ハードルと発言内容の多様性を段階的に高めながら、最終プロセスのクラス討議で教育目的の達成が担保されるよう、設計されている。これに参加する学生は、一つのケース教材について、約三時間の予習、九〇分程度のグループ討議、同じく九〇分程度のクラス討議と、計六時間程度を費やす。ＫＢＳでは一年生の入学直後には一日に二ケースのペースで授業を行うので、一日に一二時間という学習時間が必要となり、学習活動の量的負荷はかなり大きい。もちろん、教師も相当

①参加者の机上には教科書ではなく、特定の組織などが現実に行った活動の様子を描いたケース教材があり、その余白には討議に参加するために書き込まれた予習の跡がある。
②ケース教材をもとに、参加者が自発的に、協働的な態度で、討議している。
③教師は討議の舵取り（教育目的達成のための誘導）を行う役割で討議に参加しており、自説をレクチャーしていない。

図１－６　ディスカッション授業の外見的特徴

な時間を投じて入念に準備し、授業に臨んでいる。

４　ディスカッション授業の特徴と原則

◆ディスカッション授業の外見的特徴

ここまでの内容をもとに、ケースメソッドによるディスカッション授業の外見的特徴を筆者流に整理すると、図１－６のようになる。

本書は、②を促し③を実現するための指南書だが、この時点で先に指摘しておきたいこととして、次の二つがある。

一つ目は②と③は相互に矛盾する関係にあるのだが、その矛盾は克服されるべき、ということである。②では参加者の自発性を述べており、参加者による自由な探求が推奨されていると読める。しかし、③では授業者である教師の側に教育目的があると述べられており、教師にとって討議は特定の目的に向かった行為であると読める。参加者が話題を選択する自由を持ったまま、教師は確かに目的を果たす。このことは、「参加者の主体性を教師の目的に方向付けていくスキルが、教師側に求められている」ということを示している。

二つ目は、②の討議姿勢・態度の重要性である。「協働的に討議する」と

①討論授業は教師と学生との協働作業（コラボレーション）であり、双方がともに、教える責任と力、および学ぶ喜びを共有する。
②討論授業の教室は、単なる個々人の集まりから、価値と目的を共有する“学びの共同体”に進化しなければならない。
③学生と盟友になることによって、教師は、学生自らの手で授業内容を学んでいく力を与えられる。
④ディスカッション・リーダーシップでは、討論する内容およびそのプロセスの双方をつかさどる能力が必要である。
出所：Barnes et al.（1994）

図1－7　討論授業の4つの原則

いう多くの人たちにとって馴染みの薄い行為に求心力を持たせるためには、基本的なマナーや大事にすべき価値観を伝え、共有してもらわなければならない。それが一つ目で述べた矛盾を克服する重要なカギになる。どのように重要なのかは、本書を読み進めていただければ、少しずつ説明される。

筆者らの理解では、一つ目が必要条件で、二つ目が十分条件である。このどちらもが「協働学習」であるケースメソッド授業の実現には欠かせない。本書では絶えず二点を念頭に置き、その実現方法を追い求めていく。

◆ディスカッション授業の教室運営原則

Barnes et al.（1994）による教室運営の原則は図1－7のとおりである。

ケースメソッド授業の教室を運営する原則として、バーンズらはたいへんに奥深い四要素を整理している。

①では、授業を作る責任を教師と学生がシェアするという、ケースメソッド授業の基本概念が提示されているが、「教師と学生がシェア」できるようにする責任は、先に教師側が負わなければならない。伝統的な講義型授業は、授業中に受講者が受身でいることを許容している。

そのため、「学ぶ内容を学生が教師に求める」という期待が形成されるが、受講者が受身に回ってしまうとケースメソッド授業はまったく作動しない。「学ぶ内容を教師と学生で一緒に作ろう」というメッセージは、意味としては分からないでもないが、講義を通して教わることに慣れた受講者にとってはきわめて難解な呼びかけである。しかし、ケースメソッド授業を正しく理解した教師が教え続けることで、結果的には多くのクラスで、学生たちが自ら学び、教え合うことを覚える。教え学ぶことの責任を真に共有し合う状態が築かれるまでのしばらくの間は、「このクラスもいずれ必ずそうなる」と教師が明示して、励まし続けなければならない。

②はHBS流ケースメソッドのキーコンセプトの一つである。また後述する慶應型ケースメソッドの基盤を成す重要概念として、本書が最もフォーカスしたい言葉が「学びの共同体（learning community）」である。第4章で改めて詳述するので、ここでは「真の〝学びの共同体〟においてはさまざまな背景を持った個性が混じり合い、各人は、自分と集団の〝学び〟のために協力し合う。学生はお互いの人間性とその日の授業課題の双方に興味を持ち、オープンな対話によって討議が深まる。（中略）一つのまとまりとして活動するうちに、学生は安易な満足を求めず、慎重な検討に価値を見出す」というBarnes et al.（1994）からの引用を示すに留めておく。

③で述べている「学生と盟友になる」は、討議型の授業を形成するに当たって、教師と学生の関係を見直そうというメッセージである。そもそも教師とは、研究や教育に関する研鑽を人よりも多く積んだ専門職者であり、教壇に立った教師と学生との間には持っている情報量の差が大きく存在している。したがって、情報（知識や理解）をより多く持つ者から少なく持つ者への移転を目的として教育を行うという図式のもとに、両者間にはある種の上下関係が生まれやすい。これは、バーンズらの言う「教師と学生が盟友」という関係とは異なっている。発言を通して学生も授業作りに参画するケースメソッド授業では、教師と学生が対等かつ友好な関係を築くことが重要になる。もちろん、研究や教育への研鑽において教師が学生を大きく上回っていることは必須であるのだ

が、学生を主役にするためには教師が学生の目線に降りていくことが求められている。バーンズらはそれを「学生と盟友になる」（原著では“alliance with students”）と表現したのである。

④はケースメソッド教育における教師の本質的な役割について述べている。前述したとおり、一つひとつのディスカッション授業には固有の教育目的があり、授業者たる教師はその達成を目指す。このとき、教育目的を一枚の紙に書き出したとしても、議論はそのゴールに一瞬で到達することはない。必ず時間の流れを伴って、ときにはゴールから離れたり近づいたりしながら、少しずつゴールに向かっていく。この感覚を学生側から表現すれば「授業時間の進行とともに、ゴールが徐々に姿を現してくる」になる。ここでバーンズらが言おうとしているのは、教師は、ゴールおよびゴールに向かうための諸論点と、ゴールに向かう時間進行の両方を視野に入れて、授業を総合的に演出すべきだということである。このとき、ゴールとそこに向かうための諸論点はケース教材に応じて必ず変化するが、ゴールに向かう時間の進行プロセスはある程度パターン化される。教師には、これらのパターンを認識し、適切な加工を施して再現していく能力が求められ、それが教育行為としてのケースメソッド授業の再現性を支えている。また、学生の主体性を脅かすことなく、教師がねらった教育パターンを実現していくための能力は、教室運営のみならず、組織全般に働きかけるリーダーシップ能力にも転用できる汎用的な能力の基礎となる。

5　ケースメソッドによる教育効果

ケースメソッドによる教育効果に関する説明は、十分なものがまだ得られていない。そこで少し古いものでは

①ケースメソッドは、一般的に、講義方式やテキスト中心の授業よりも学生の興味を引き起こすことが容易である。それゆえ、学生に対し、自発的な学習意欲を喚起し、経営に関する学習と思考を刺激する。
②ケースメソッドは、学生に、現実問題の解決という“経験”の中で概念や考え方を使用させることによって、それを自らのものとさせられる。
③ケースメソッドは、学生に対し、ときには現実とかけ離れた教材から概念だけを学習させる場合よりも、状況を評価したり、概念を応用したりする技能を育成する。
④ケースメソッドは、学生に、この方法に必要とされるグループ研究やほかの人々との相互関係が、経営の人間的側面の理解にとって有効な準備であることを教える。
⑤ケースメソッドによって学習する学生は、既成概念の応用と同時に、新しい概念を展開する方法をも身につけることができる。将来の問題は新しい概念を要求する場合が多いから、ケースメソッドによる学習の体験者は、既存の概念を記憶するだけの学習をした者より将来に対してよりよく準備される。

出所：髙木（1997）

図１－８　ケースメソッドの教育効果

あるが、髙木が一九九七年に『ケースメソッド実践原理』（ダイヤモンド社）を翻訳した当時に認識していたケースメソッドの教育効果を図１－８に再掲し、それを起点に議論を進めよう。

◆教育効果探究の歩み

ここでの髙木の五つの指摘は、成人学習の効果を根底で支える学習者の興味と自発性に着目しながら、ミドルマネジメント以上の人材に求められる概念構成力と人間関係調整力の育成可能性に言及している。自らも企業の出身であり、多くの企業人と接してきた筆者の私見ではあるが、概念を構築・形成し、それを適切に説明・表現する能力は、年齢を重ねるとともに必ず身につく力とは言い難いように思われる。そのような能力は、入社時にすでに片鱗があり、職務を通して磨

①ケース教材は実践さながらの統合的問題状況をそのまま扱える。
②討議参加者の経営活動における得意領域を伸ばしつつ、弱点の補強が自ずと進む。
③訓練の時間効率が高いので、短時間で多種多量の訓練を積むことができる。
④精神力が鍛えられ、人間的成長が促される。
⑤真の学習能力が身につく。

出所：竹内（2009）をもとに加筆して作成

図1－9　ケースメソッドによる教育効果（KBSの場合）

かれた人のみが開花させている。その意味では、概念構成力の素地がない人でもケースメソッドで学べば、それが十分に育まれるというのは言い過ぎであろう。しかし、能力的素地のある人がケースメソッドで学んだときの伸び幅は、職務経験だけで伸ばす場合と比べて、非常に大きくなるはずだ。なぜなら、ケースメソッド授業での発言は、短時間で形成した概念を発話することの連続だからである。また人間関係調整力も、発言の都度、そこに居合わせた他者への配慮がどのようであったかが周囲から暗黙に評価され、発言者にさまざまにフィードバックされる。このとき、空気が読めない人だとそのフィードバックを理解できないのだが、それを敏感に受け取ることのできる人は、対人配慮の方法とコツを討議のたびに学び取っていく。ケースメソッド授業による人間関係調整力の伸長幅は非常に大きい。一人対数人のコミュニケーション場面での対人配慮能力はもちろんのこと、一人対数十人の場面における、考えの異なる多人数に対して、同時に配慮する能力の向上が期待できる。

また、最近になって筆者は、図1－9にある五点の指摘を試みた。それは筆者自身がＫＢＳの経営教育の現場で実感した教育効果でもある。

ここでは、（1）実務によるＯＪＴ（On the Job Training）に代替して教室でなされる経営教育の成立可能性と、そこでの学習の効率性、（2）この授業方法が持つ全人格教育の可能性、に言及した。これに詳しい説明を加えると次のようになる。

①ケース教材は実践さながらの統合的問題状況をそのまま扱える。

経営に限らず、現実問題が科目ごとに分かれていることはまずなく、いつも統合的な状況を呈している。しかし、大学教育は、研究者による探求と教育提供の便宜上、それぞれの科目に専門分化されている。このギャップを埋めつつ、大学院ならではの高度な専門教育が実現されなければならない。

②討議参加者の経営活動における得意領域を伸ばしつつ、弱点の補強が自ずと進む。

入学前にビジネス経験を積んでいるMBA学生は誰でも、ビジネスに関する興味・関心の中心領域を持っていて、入学当初はそれをよりどころとして討議に参加する。ところが、他の学生と議論しているうちに、実は限られた領域しか視野に入れずに働いていたことに嫌でも気づいていく。

③訓練の時間効率が高いので、短時間で多種多量の訓練を積むことができる。

二年間で三〇〇～四〇〇ケースに立ち向かい、考え続けた訓練効果は、想像以上に大きい。ケースメソッド授業なら、異動することなく他部署の視点を学べ、転職することなく他業界の課題に直面できる。毎日二ケースというのは、実際に企業組織に勤務する場合の数十倍のペースでさまざまな課題に直面し、何らかの判断や対応を考え続けなければならないことを意味している。

④精神力が鍛えられ、人間的成長が促される。

来る日も来る日も考え続けるためには、相当な意志の強さが必要だ。明日の授業に出るための予習から逃げ出さずに、毎日深夜まで勉強し、規則正しく登校し、果敢に発言することを繰り返す過程で、ビジネスリーダーに必要な“tough mindedness”（知的能力の強靭さ、精神の頑健さ）が自ずと養われる。

また、クラスへの積極的な参加と貢献は、実務とほとんど変わらない対人関係基盤の上に成立している。職場で上司・同僚・顧客からの支持を得てきたビジネスパーソンはケースメソッド授業の教室でも同様に支持を集めるが、厳しいことに、その逆の状況も生じる。教室では、毎日の発言からにじみ出る人間性やものの考え方が、発言の都度、（明示的あるいは非明示的に）周囲から肯定されたり否定されたりする。そのような場に身を置けば、誰でも自分を人間的に成長させることに熱心になる。人間社会の縮図の中で学ぶことになるケースメソッド授業は、その学習効果が「発言時の言語表現力が磨かれる」といった表面的な向上に留まらず、「人間的成長」にまで及ぶ貴重な機会になる。

⑤真の学習能力が身につく。

ケースメソッド授業では、教員側から明示的に教えることは慎まれているため、学生は自分たちで学ぶ姿勢と能力を身につけざるを得ない。経営（それに限らず、広く実務）では、事前の備えが十分でないのに対処しなければならない、前に進まなければならない場面がいくらでもある。そうすると、事前には備えきれないがゆえに、「その場で何とかする力」が重要になる。この種の力は人から短時間に授かる類《たぐい》のものではないため、自分で作り上げていくしかない。また、このような力は属人的で、その人のものの見方や価値観とも密接に関係している。したがって、他ならぬ「自分のために」自分で作り上げていくしかない。それは、授業の都度、自分で気づき、自分に言い聞かせていくことでしか実現しない。

◆教育行為としてのケースメソッド

私たちにとってもっとも親しみのある学習行為は、新しい知識を獲得することであろう。また、古典的な学習理論では、学習を「経験を通して比較的永続的な行動の変容を得ること」とも定義している。それでは、「討議することと」と「学ぶこと」はどのようにつながるのだろうか。この問いはケースメソッドを理解する上で避けては通れない、そして噛み応えのある問いである。読者のみなさんならどのように答えるだろうか。筆者の答えは以下のようになった。

第一に、これは教育者サイドからの一方的な言い分に聞こえるかもしれないが、ケースメソッド授業は緻密に作り込まれた教育行為である。授業者である教師は、毎回の授業に際し、その科目が設置されている課程（コース）の目的、科目の目的、単元の目的、参加者の興味と関心、そしてケース教材の内容に応じて明確な教育目的を設定する。したがって、一見すると授業では自由な意見交換だけが行われているようにも見えるが、教師の側には、その議論を通して初めて手に入る叡智を参加者につかませたいという明確な計画と意思があり、討議中は終始それを意識し続けている。

第二に、ケースを用いた討議に参加することで、ケース主人公の代理体験が成立する。代理体験は学習者の感情をもゆり動かす学習効果をもたらす（Bandura, 1986）。

第三に、討議が実務経験に代替する訓練になり得ることは、論理的にも矛盾せず、概念的にも十分に成立する。先ほど、経験が行動変容のきっかけになると述べたが、ケースの主人公の立場に立った者同士が、自分だったらどうするかを相互に発言し合う教室は、複数の討議参加者による分析や判断が飛び交う場となる。ディスカッション授業では実務のように結果からのフィードバックこそないが、（擬似的とはいえ）実践状態にある参加者の思考や感情は、実務のときよりもむしろ豊かに、外部に向けて発話されている。

◆実践性と効果

補完効果

多様な興味、関心、問題意識、考え方を持つ参加者たちがともに討議すると、一人で考えた場合よりもはるかに広く深く検討できる。ケースメソッド教育では、クラス討議であれ、グループ討議であれ、その特長が大きく生かされなければならない。したがって、参加者の多様性は歓迎すべきである。逆に同質性の高い参加者だけで議論するときは、チームの偏りについて自覚を促すことも必要になる。このことは、職場で行われるＯＪＴの制約条件を示唆している。ある課題について職場で話し合うときのメンバーは上司と部下、あるいはせいぜいチーム内であり、その内容も「報告―指示」が中心となる。したがって、多様な視点や考えを持ち出して幅広く検討できる機会は、どの会社のどの職場にも十分に備わっているわけではない。「平均的な職場で行われるＯＪＴよりも、一定水準の教育能力を持った教師が教えるケースメソッド授業の教室のほうが、職務能力を向上させるための教育訓練効果は高い」というのも、あながち暴論とは言えない。

相乗効果・共振効果

複数の人間が意見を交換した結果、ある事柄の重要性が浮かび上がったとき、その発見の意味や喜びは一人で思いついたときよりも大きくなる。これは共振（高木、一九九二）によるものだ。一人よりも二人でいるほうが楽しいのは、幸せな気持ちが二人の間で共振して、振れ幅が大きくなるからである。ケースメソッド授業では、例えば三〇人の参加者中、大多数が一つの話題に求心され集団で意気投合する場面はそう頻繁には生じないが、そのうちの四～五人で意気投合するだけでも、気持ちの振幅は一人のときとは比較にならないほど大きくなり、それが他の参加者にも伝播《でんぱ》していく。共振は学習者の思考の生産性を高め、革新的な知見に導く。

訓練の時間効率

職業訓練においては、実際の経験に勝るものはないと言われる。そのことに大筋で異論はないのだが、訓練の時間効率はどうだろうか。実務で得られる経験には、開始から完了までの時間が必要である。例えば、一年間のプロジェクトならば、春夏秋冬の四季を必ず伴う。この時間を何に使っているかというと、大半はルーティンワークや会議準備などのいわゆる「消化型の仕事」である。実務なのだから当然と言えば当然だが、能力開発のための訓練という側面だけを考えれば、能力の獲得のためにどうしても一年が必要だということでもない。ビジネススクールで行う授業を例に挙げれば、九〇分を訓練のためにフル活用し、訓練の質と時間密度を精一杯高めて、教師は授業を運営する。また、ケースメソッド授業では短期間で多くの課題に取り組み、(擬似的とはいえ)その解決までも必ず求められる。その意味においては、人事部に三年いるよりも、人事のケースを三〇本こなしたほうが訓練上は高効率である。実務と教育を比べること自体がナンセンスでもあるのだが、ケースメソッド教育では、少なくとも訓練の時間密度が高まる。

学習する構え

実務から本当に学ぶかどうかは本人次第である。自分が直面した問題について、「訓練機会としてどのような価値があったか」「そこから何を学ぶべきであったか」と時間を割いて振り返ることのできる人間は、周囲が期待するほど多くない。だから「学ぶ」という構えをしっかりと持った上で、事例に当たることの価値は大きい。経営能力の育成という視点から実務の現場を眺めると、訓練の機会には満ちているのに、それが教育的に生かされないことも少なくないと感じる。筆者のように経営教育に当たる者は、実務から得る経験を教育の資源と捉え、経験を教育にどのように生かそうかと思案するが、実務の現場では問題の解決がまず優先で、問題が克服されたら家路を急ぎ、自宅で家族とくつろぎたいのがビジネスパーソンである。実務者が実務から必ず「学んでいる」とは言い難い。

良質な問題に当たる

ケースメソッド授業の価値は、授業にセットされた教育目的の価値（第6章で詳述する）であり、ケース教材に描写された問題が読者に突きつける修羅場の価値である。そこに描かれた問題は、複雑・難解であるほどよく、複数の対応策が多面的に想起でき、そのいずれもが肯定も否定もされ得るものがよいとされる。討議参加者がケースメソッド授業を通して擬似的に直面する問題は、実務者を教育する目的でよく練られた良質な問題ばかりである。実務では誰もが膨大な問題に直面し、その克服に尽力するが、育成の側面から見ると「問題」にもグレードがあり、それに応じて克服価値の大小もある。実務では、必ずしも良質の問題にばかりは当たれないので、ケースメソッド授業のように、学習者をして教育的に克服価値の大きな問題に計画的に直面させることのできる教育プログラムは、その効果も意義も大きいと言える。

6　ケースメソッド教育が重視するコンセプト

◆学びの共同体

「学びの共同体」は、Barnes et al.（1994）では、“learning community”と記された教室運営概念である。髙

真の“学びの共同体”においてはさまざまな背景を持った個性が混じり合い、各人は、自分と集団の“学び”のために協力し合う。学生はお互いの人間性とその日の授業課題の双方に興味を持ち、オープンな対話によって討議が深まる。発言者は自説を述べるだけでなく、自分の考えを検証し修正する。かたくなに自説に固執するものはいない。恐怖の代わりに興味を持ってお互いの話を聞く。意見の相違は論争ではなく質問をもたらす。１つのまとまりとして活動するうちに、学生は安易な満足を求めず、慎重な検討に価値を見出す。

出所：Barnes et al.（1994）

図１－10　学びの共同体

木が同書を翻訳した際に「学びの共同体」という訳語が当てられたのだが、髙木は後に「バーンズらの意図を深く汲むならば、本当は共同(co-operation)ではなく協働（collaboration）としたかった。ただ、翻訳が行われた一九九七年当時はまだ、カタカナ外来語としての「コラボレーション」も一般的ではなく、それを日本語にした「協働」の口馴染みもいまひとつであったため、日本人が慣れ親しんでいる「共同」という訳語を当てるに至った」と話している。

Barnes et al.（1994）から、この概念の核心部分をもう一度引用し、図１－10とした。

この記述を少し掘り下げて考えてみよう。要するに、「学びの共同体」とは、一つの学習課題を複数の参加者で建設的に検討する状態を表している。一般に講義型授業に慣れた学習者は、自分をめぐる教室内での人間関係として、図１－11のAのように教師対学生という関係を持ちたがるので、例えば一〇名が学ぶクラスではその全体図がBのようになるのだが、「学びの共同体」ではCのようにならなければならない。

参加者が相互に関心を持ち、尊重し合う共同体ができあがると、参加者による社会的協働の恩恵が、教室での知的学習活動全体に大きく及ぶようになる。このとき、教師の立場から「教える」ことの重要性

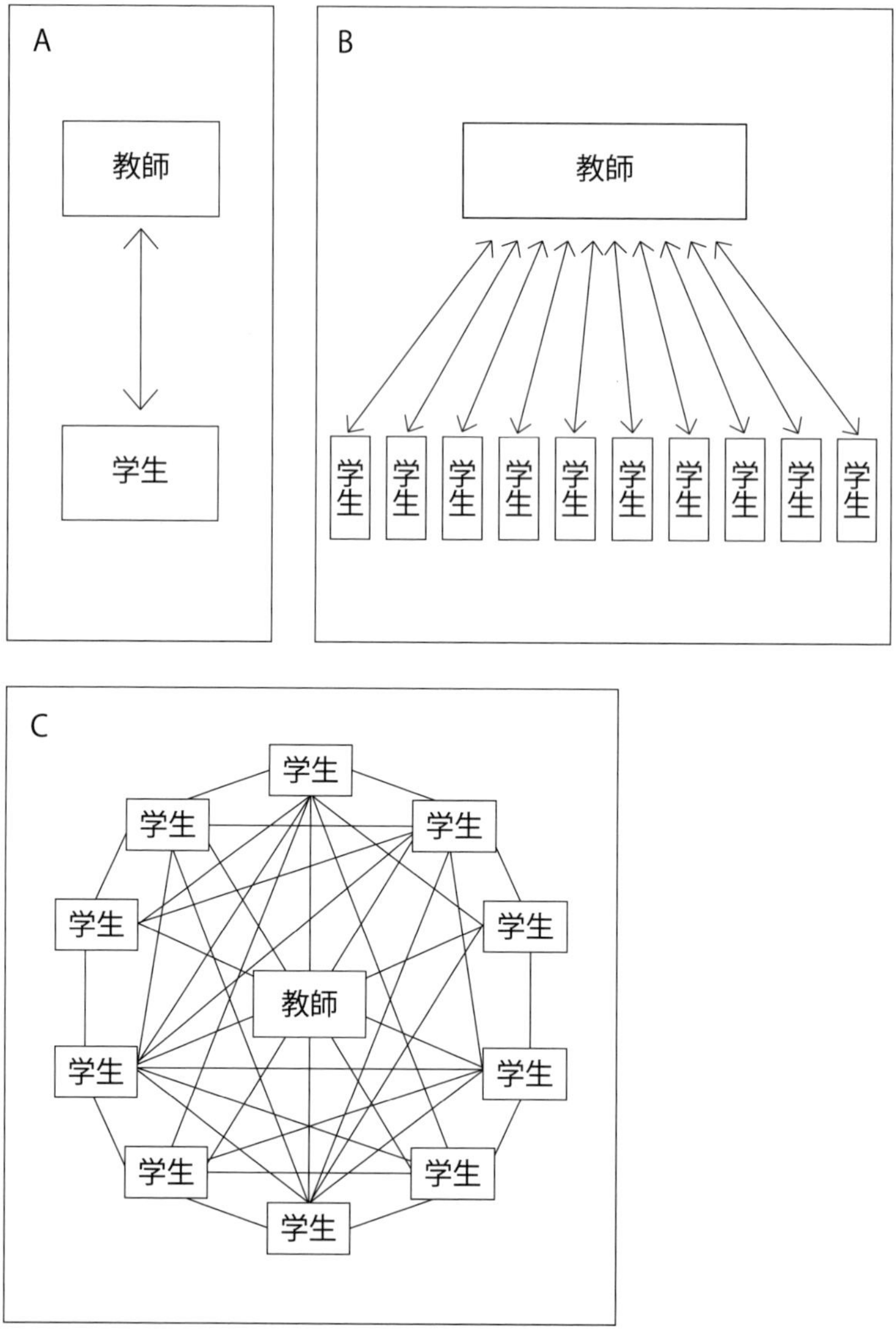

図１－11　教室にいる人たちの関係図

やその負荷が小さくなるわけではないのだが、学習者集団が自律的に相互に探求する力が上乗せされるので、全体的な学習効果は教師一人で実現できる水準を大きく上回る。

その意味で、「学びの共同体」は学習効果を高めるための「倍力装置」であるので、ケースメソッド教育は装置型教育とも言える。ただし、この装置というのは機械的に構成され、機能している装置（device）とは一線を画すものであり、その構成要素の中心は人間たちなので、より有機的なものとしての土壌（ground）とでも考えるべきであろう。

以上の説明から見えてくるのは、学びの共同体は、教師がゴールのイメージを明示しつつ、時間をかけて土を耕すようにして築いていくことが必要である、ということである。そのための基本的な考え方と具体的方法については、第4章で改めて詳述する。

◆勇気・礼節・寛容

経営教育におけるケースメソッド教育を世界で最初に始めたＨＢＳでは、討議参加者が重視すべき「徳」として、「勇気」「礼節」「寛容」の三つに着目してきた。

「勇気」とは、まず「発言する」勇気である。ケースメソッド授業の教室は現実社会よりは安全に発言できる場ではあるが、それでも自分の考えを大勢の人に向けて発するには勇気が要る。それを乗り越えたら、次は「人とぶつかる」勇気である。建設的な反論や対立は、真の学習には欠かせない。誰かが勇気を持って対立意見を放つことで初めて、議論は深まるのであり、対立は決して「避けるべきこと」ではない。

続いて「礼節」である。「仲間と作業する際の礼儀は、単純だが強力な美徳である。丁寧な態度によって口調が協力的になり、お互いに経験と洞察を交換しようというオープンな雰囲気が高まる」（Barnes et al.,1994）というように、礼節のスイッチさえ入っていれば、たいていのことは「話してよかった」という結果になる。他者に対する礼儀や敬愛の心を忘れずにいれば、自然と発言量も増え、結果的に参加者相互の理解が深まるために、多くの問題がよりよく解決される。

最後の「寛容」は、「自分と同じように考えるに至った者は、この世に自分しかいない」という理解の上に成り立つ。自分と違う意見に遭遇するたびに心中が穏やかでなくなるようだと、多様なメンバーを束ねてマネジメントする仕事など務まるものではない。寛容の精神とは、世の中にある多くの立場を受け容れる度量でもある。喧々囂々《けんけんごうごう》の討議を毎日繰り返すことは、自分と異なる立場や考え方を持つ仲間と深い信頼関係を築きながら、自分の度量を大きくするための一助となる。

「勇気」「礼節」「寛容」という三つの「徳」は、きわめて日本的な響きを持つが、米国では多国籍の学生が織り成す討議に最低限の秩序を与えるための方向付けなのであろう。しかし、わが国では、これらの「徳」を討議コンセプトとしてより積極的に生かし、実現していくチャンスがある。このことは前述した「学びの共同体」においてもまったく同じであり、三つの徳は「学びの共同体」の重要な作動条件とも言えよう。

◆温かいムード

参加者の自発的な学習を促すためには、教師は自分が教えるクラスのムードを温かくするのがよいか、それともソクラテスのように厳しくするのがよいか。教育の世界では、ソクラテス・メソッド（Socratic Method）のような「厳しく知的につるし上げる教育」を支持する人たちの声が優勢と感じることもあるが、私たちが実現したい実践教育に最適な教室のムードとはどのようなものなのだろうか。これは教師側が選択すべき重要課題の一つである。

この問いに対して、伝統的なＨＢＳの教えは、以下の記述をもって「温かいムード」を支持している。

信頼関係があっても、内心の信条、夢、疑念、あるいは危険な考えを告白することはつらい。討論授業は完全に安全ではないが、信頼感と尊敬の念をよりいっそう強くすることによって、学生の痛みを最小限にすることができる。学生は空しい観念崇拝をすぐに見破るので、言葉より行動が大事だ。温かいムードをつくるには、次の二つを態度で示さなければならない。

①教師は、学生の発言を丁寧に詳細に聞くことができる。

②教師は、学生の発言に建設的に応じることができる。

教師が学生の発言をまじめに受けとめ、苦労して議論の中に組み込んでくれたと学生に伝われば、その発言者は自分の存在意義を感じるようになる。この尊重の態度が継続すれば、学生は、〝学びの共同体〟に欠くことのできない信頼感を持つようになる。また、丁寧に詳細に聞くことによって、単なる感想を価値ある発言に引き上げることもできる（Barnes et al.,1994）。

ケースメソッド授業では学生が主役であるが、彼らは教室で朗々と発言し、主役を務めるための訓練を受けてきたわけではない。そんな学生たちに主役を演じさせるためには、彼らが舞台に向かう敷居をいたずらに高くするべきではない。もし教師が、限られた演者だけでなく、より多くの演者を舞台に引き上げる教育を標榜するならば、舞台の雰囲気は温かいものにするべきだ。この考え方は経営の場面においても、強いトップダウンによって頭脳と手足を分業するのでない限り、同様に重要になる。

◆学生と盟友になる

学ぶ側よりも教える側が多くの情報を持って行う教育の現場では、一般に、教師と学生の間には適切な距離感があってよいという合意がある。しかし、ケースメソッド教育ではこの考え方が学生の自律的学習を妨げることが指摘されている。学生は「教師も自分たちの仲間だ」と感じたときに、最高の学習能力を発揮するが、学生と教師の同盟関係は自然には生じない。そこで教師側が学生に歩み寄る必要がある。このことについて、バーンズらは次のように記している。

学生を知ると必ず報われる。教えることが、前にもまして温かく、感情的に豊かな探求作業になる。しかし、学生を知り、彼らと同盟を結ぶにはコストもかかる。まず、時間、やる気、研究の才を要する。学生たちの複雑さが分かると、作業が重く感じられるかもしれない。私自身「学生について分かるのか」と聞かれたことが何度もある。もちろん限界はあるが、できることはある。学生を知ることは恐ろしいことでもある。学生の住む世界を知ると、教師自身の世界とのギャップにいやでも目がいく。このようなコストにもかかわらず、利益がまさる。学生を知れば、助けるべき相手を傷つけないという最低の義務を果たすことができる（Barnes et al.,1994）。

学生と教師が同盟関係にある教室がもたらす恵みは、筆者自身もこれまでに十分に感じてきた。同盟関係を築くきっかけは教師側の努力にあるが、こうした努力は必ず学生たちに伝わり、学生たちが教師の期待に応え始めてくれることで、クラス討議が活性化に向かう。

7　ＫＢＳが行うケースメソッド教育のカルチャー

前節で詳述したコンセプト群は、いずれも米国ハーバード生まれである。ＫＢＳもいまから約五〇年前の開校期に、当時の教員たちがＨＢＳの開講する international teachers program（９カ月間の教員教育プログラム）に学び、これらの教育コンセプトに触れ、ＫＢＳのケースメソッド教育を起動させた。その当時にＫＢＳの教員たちが指針としていた教科書は、ＨＢＳのマクネアが編集した *The Casemethod at the Harvard Business School*（邦題『ケースメソッドの理論と実際』）だった。また、それから約四〇年の時を経て、本書が信頼を寄せ、たびたび引用しているバーンズらの *Teaching and the Casemethod*（邦題『ケースメソッド教授法』）もＨＢＳ生まれである。その意味において、ＫＢＳのケースメソッド教育はＨＢＳのそれを追従してきた歴史であったとも言える。

しかし、筆者には、ケースメソッド教育に関するいくつもの示唆をＨＢＳから得たＫＢＳが、これらのコンセプトを独自に消化し、独自に実現してきたという実感もある。読者のみなさんも、「学びの共同体」「勇気・礼節・寛容」「温かいムード」「学生と盟友になる」というコンセプトに触れたとき、これらがとても「日本的なもの」に思えたのではないだろうか。

ＨＢＳの場合、これらのコンセプト群は、多国籍から成る学生の主体性を維持しつつ、過度な競争状態による知の内部損失を防ぎ、学生たちを知的協働に仕向けるための牽制的メッセージであったかもしれない。つまり、このメッセージの背景にはマイノリティを含む多国籍学生が集まる教室事情がある。一方、基本的には単一国籍の学生で構成されるＫＢＳでは、文化的土壌の共有はごく自然に行われるので、「仲良くやれよ」という牽制的なメッセージの必要度はもともと高くない。ＫＢＳには留学生もいるが、大多数の存在である日本人学生が留学生を「受け入れる」ことが基調となっている点で、良くも悪くも日本の学校なのである。日本では利己主義を恥じ集団の利益を重んじる社会文化が広く共有されているため、参加者間の協働に対する理解度も期待値も相対的には高いと言える。このような学生で構成される教室では、「学びの共同体」「勇気・礼節・寛容」「温かいムード」「学生と盟友になる」の到達水準を米国よりかなり高いレベルで目指せるはずであり、実際にＫＢＳではそれを目指し、実現してきている。日本ではむしろ、討議参加者の民族的同質性が討議の深まりに対してマイナスに働かないよう、教師が留意する必要があるが、日本人を中心に行うケースメソッド授業の教室は、世界トップ水準の協創協働能力を育成する場になり得る。それを真剣に目指そうと意図するＫＢＳの実践は、第Ⅰ部の末尾で触れる「慶應型ケースメソッド」のフィロソフィーにつながっている。

第2章　討議から学ぶことの価値を考える

前章では、私たちがこれまでに受けてきた教育の歩みを振り返り、「講義から学ぶ」のではなく、「討議から学ぶ」とはどのようなことかを確認した。本章では、そこからさらに踏み込んで、「討議から学ぶ」ことにどのような価値があるのかを考えよう。

1　討議の主産物と副産物

討議から学ぶことの価値を考えるために、まず、筆者らが探求しているディスカッション授業を、一種の「変換機」（図2－1）に見立ててみよう。この変換機に入力されるものは、参加者、ケース教材、設問である。変換機の内部には教室があり、そこでなされるディスカッションがあり、ディスカッションリーダーとしての教師

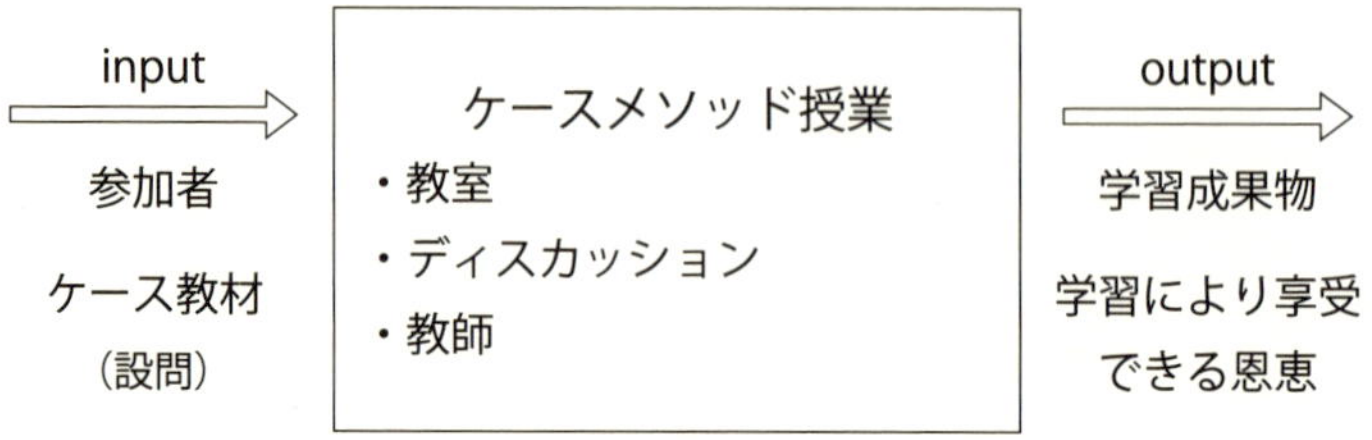

図2－1　ケースメソッド授業のインプットとアウトプット

がいる。討議という知的相互作用を経て出力されるものが、ディスカッション授業における学習成果物である。ただし、「学習成果物」という言葉では、この変換機から得られるありがたみを限定的に捉えてしまいかねないので、ここでは代わりに「恩恵」というより柔らかい言葉を用いることにしよう。ディスカッション授業からもたらされるすべての恵みを積極的に扱おうという意図である。

続いて、この「恩恵」の分類を試みる（図2－2）。筆者は恩恵を「直接的なもの」と「間接的なもの」に分けた。直接的なものは学習の成果そのもの、すなわち授業から得られた「学び」であり、討議の主産物だ。一方の間接的なものとは、学習活動から派生して手に入ったすべてのものであり、討議の副産物と言える。本章では副産物としての間接的な恩恵について掘り下げてみよう。

2　ディスカッション授業の「場」の特徴

ここでは、「間接的な恩恵」の正体に迫るために、ディスカッション授業の舞台となる「場」の特徴を描き出してみよう。以下の三つはいずれも、ディスカッション授業がどのような場を介して進行しているか、という視点で特徴づけたものである。

第一に、ディスカッション授業の教室はコラボレーションの場になっている。

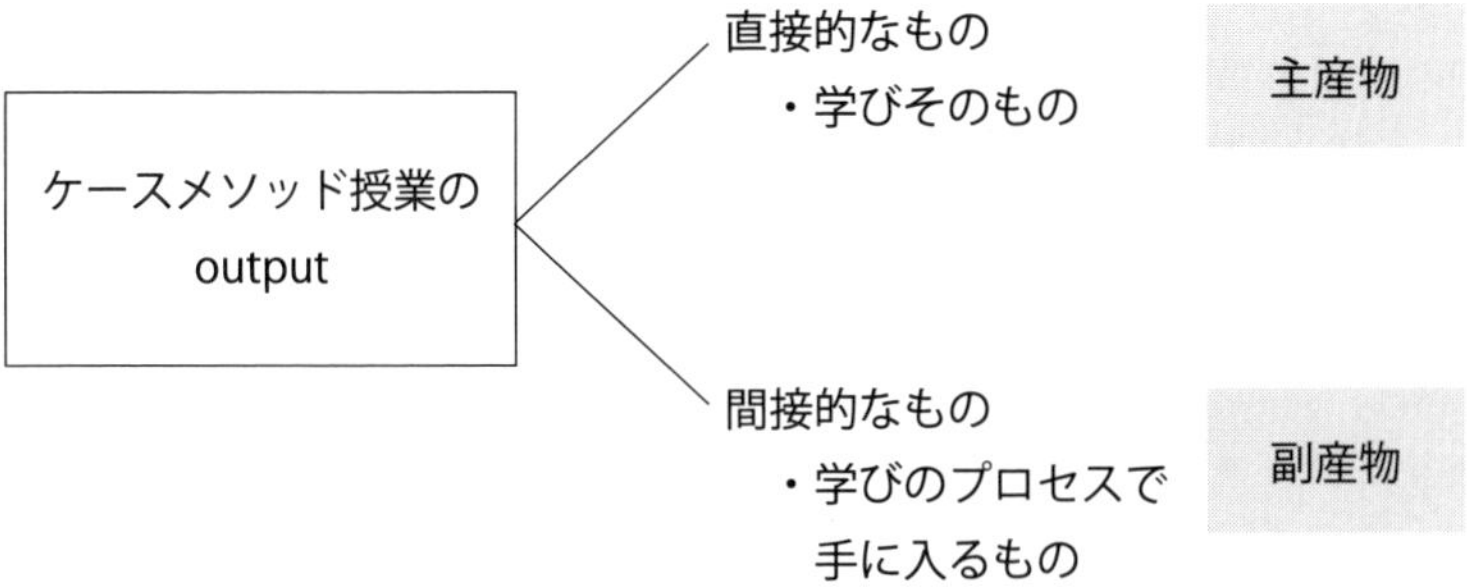

図2－2　ケースメソッド授業の主産物と副産物

ディスカッション授業の中心的な価値の一つに、参加者が「互いに協力すること」がある。クラスでは、全員が協力して一つのものを探求し、期待し、疑い、吟味し、作り上げていく。全員で考えることによって思考の倍力効果が発生し、思考に弾みも生まれる。ケースメソッドはしばしばディベートと比較されるが、ディベートは議論が対立構造に終始し、勝敗を争う過程において、敗退していくがゆえに価値を失っていくアイデアが少なからず生じるために、知恵の内部損失が不可避である。一方のケースメソッド授業では、建設的な対立は歓迎するが、そのようなときでも知恵の内部損失は最小にすることを、ディスカッションリーダーたる教師がいつも強く意識している。

第二に、教室は試行創造の場である。「試行創造」とは耳慣れない言葉だが、「試行錯誤」という言葉が持つ、失敗を繰り返しながらもついには望ましい解決や創造に至るというプロセスを強調したいという意図を込めて用いた。あえてカタカナ化すれば、トライ&エラーならぬトライ&クリエーションとなるだろうか。この試行創造は「コラボレーションの場」という第一条件が満たされているからこそ可能になる。創造という営みは、手順を追って要領よくというわけにはいかないことが多く、相当の試行を繰り返す必要がある。また、試行も独力ではたいへんだが、同じ時間・同じ場所に集まったメンバーが互いに協力することで、試行創造の効率は大幅に高まり、何より楽しいものになる。ただし、そのためには教室にいくつかの協働条件が備わっていなければならない。最も重要な要素は「勇気」「礼節」「寛容」の精神であり、「学びの共同体」が機能していることだ。そのような条件が整った教室は、集団による試行創造の場として非常に高いポテンシャルを持った協創空間になる。

なお、創造には独創と協創があり、ディスカッション授業ではこの二つの創造を連続的かつ循環的に扱えることにも触れておこう。ケースメソッド教育では討議参加者が、個人予習による独創を、協創の場であるグループ討議・クラス討議に持ち込み、さらに磨き上げた独創に昇華させる。初期の独創と最終の独創との間に協創を経ることで、討議参加者に及ぶ知的増幅力は非常に大きなものになる。ディスカッション授業を「協創の場」という一面のみで理解している人も少なくないようだが、筆者はそれには賛同しない。ケースメソッド教育では授業の実施単位として集合形式を採用しているのであって、学習成果の結実単位はやはり個人であるべきだ。高木と筆者は前著（『実践！日本型ケースメソッド教育』）で、ケースメソッドが組織学習装置たり得ることを主張してきたが、一義的には個人を鍛える授業方法であるべきだと考えている。

第三に、ケースメソッド授業の教室は、人間的成長の場である。ケースメソッドで学んでいると、クラスのコラボレーションレベルを上向けるために「自分にできる貢献のあり方」を自然に考えるようになる。協創ムードに水を差さないように自らの言動に配慮し、他者の意見を耳と心の両面で聴き、ともに議論する仲間を敬愛する姿勢が身につく。縁あって教室に居合わせた仲間たちとフランクに議論を尽くし、知恵を出し合い、その一つひとつを丁寧に吟味していく作業がいかに豊かな時間をもたらしてくれるものかを多くの人に知って欲しい、と筆者は思う。仲間との協創を経て磨かれる人間的諸側面（例えば人望や懐の深さ）は、教室に限らず、よりよい人生を送るために不可欠なものである。

3　討議から学ぶことの価値

続いて、前節を受けてさらに二つのことを述べたい。

第一に、本章で三つの特徴によって整理した「間接的な恩恵」の魅力は、主産物のそれに勝るとも劣らないほど大きい。企業研修でも大学教育でも、実践能力の育成を最重視する場では、この副産物のほうを主目的にしてケースメソッド教育を行うこともある。間接的恩恵は必ずしも副次的な産物に留まらない。

第二に、これら三つの特徴は、ディスカッション授業の教室のみではなく、組織やコミュニティで活動するときにも同様に現れる。その意味において、ディスカッション授業の教室は現実社会の縮図であると言っても過言ではない。討議から学ぶことの副産物は、組織やコミュニティで活動する際に欠かせない諸能力の向上である。

今後、また新たな価値の発見も行われようが、一九三〇年代にＨＢＳで誕生したケースメソッド教育が、さまざまな環境変化の中にあって八〇年間生き続けてきた理由には、この教育方法が生み出す副産物の豊かさが大きく寄与していると筆者は考えている。

4　討議から学ぶことの「わが国における」「今日的」価値

これまでに述べてきた価値は、地域や時代を超えて顕在する価値である。それでは、他ならぬ日本において、

	～1990s 前半	1990s 後半	新しいミレニアム
重点的に育成した人材	ゼネラリスト	スペシャリスト	スペシャリストを束ねる人
想定された協働形態	グループ	グループ／チーム	チーム
大学院教育	学術大学院	専門職大学院	統合的教育を志向する大学院

図2－3　わが国が重点的に育成した人材像の推移

かつ今日的に注目すべき価値にはどのようなものがあるだろうか。

ケースメソッドは本来、経営大学院のためだけの授業方法ではないが、本節では、討議から学ぶことの「わが国における」「今日的」価値を浮かび上がらせるために、今日の日本の経営大学院がその授業方法の中核にケースメソッドを採用することの意義を探ってみたい。

まず、図2－3に示したように、便宜的に時代を三つに分けて説明しよう。第一期として一九九〇年代前半、すなわちバブル崩壊まで。第二期が一九九〇年代後半、いわゆる「失われた一〇年」と呼ばれる期間。そして第三期が新しいミレニアムを迎えての経済の回復期である。結論から言うと、第三期において討議から学ぶことの価値が増大すると主張したいのだが、そのことを説明するために、第一期から順に振り返る。

第一期の大手日本企業は、新卒人材をゼネラリスト候補として迎え、育成していた。本部間をまたがる異動を何度か繰り返しながら、本人の適性や能力特性を見極め、その企業の経営が多面的かつ総合的に見えるように育てるのが一般的だった。これは長期にわたって行う幹部候補人材の育て方のセオリーである。この育て方の前提にはもちろん、持続的経済成長や終身雇用とも呼ばれた長期雇用慣行がある。わが国の企業には、国際競争力の一側面として、さまざまな部門を経験し、統合的視点で経営に当たることのできる幹部社員が数多く育っていたという事実がある。ところが、バブルの崩壊とともに、世論は「日本企業の経営のやり方が欧米企業のそれに対して競争力を持っていない」という論調に転じ、その問題への対応を日本企業に迫るようになる。これが第二期の大きな特徴であり、このあたりからゼネラリストは人気を失い、それに代わって台頭したのがスペシャリストである。

第一期から第二期への人材育成上の関心のシフトは、わが国の大学院における経営教育の歩みにも投影されている。第一期までの経営大学院のほとんどは、伝統的な学術大学院の枠組みの中で教育を行うものであり、社会人学生たちは幅広く学んで経営幹部たる日に備えた。この時期、特定の職務領域で卓越した技能を発揮するスペシャリストの養成は、少なくとも第一の目的ではなかった。しかしながら、第二期になると、スペシャリスト養成を主たる目的とする大学院が多数開校される。社会人大学院という呼び名が市民権を得るのもこのころで、大学が大学院修士課程において、研究者の養成という従来の守備範囲に加えて、実務家の再教育に本格的に着手し始めた時期である。大学側の動きは、少子化による学部学生減少への対応策でもあったが、新卒で就職した後にもエンプロイアビリティ（雇用可能性）が問われるようになった社会のニーズに対応するものでもあった。大学の設置を認可する文部科学省の制度にも、専門職大学院設置基準が追加され、社会と大学が協調してスペシャリスト育成を強く意識するようになる。かくして、経営教育では、経営という大ざっぱなジャンルが、マーケティング、会計、財務、人材育成などの機能ジャンルに細分化され、それぞれの専門領域に焦点を当てた教育を行う大学院専攻科が開校される。このトレンドは経営に限らず、法律学、臨床心理学、教育学の各領域でも専門職大学院がいくつも誕生した。

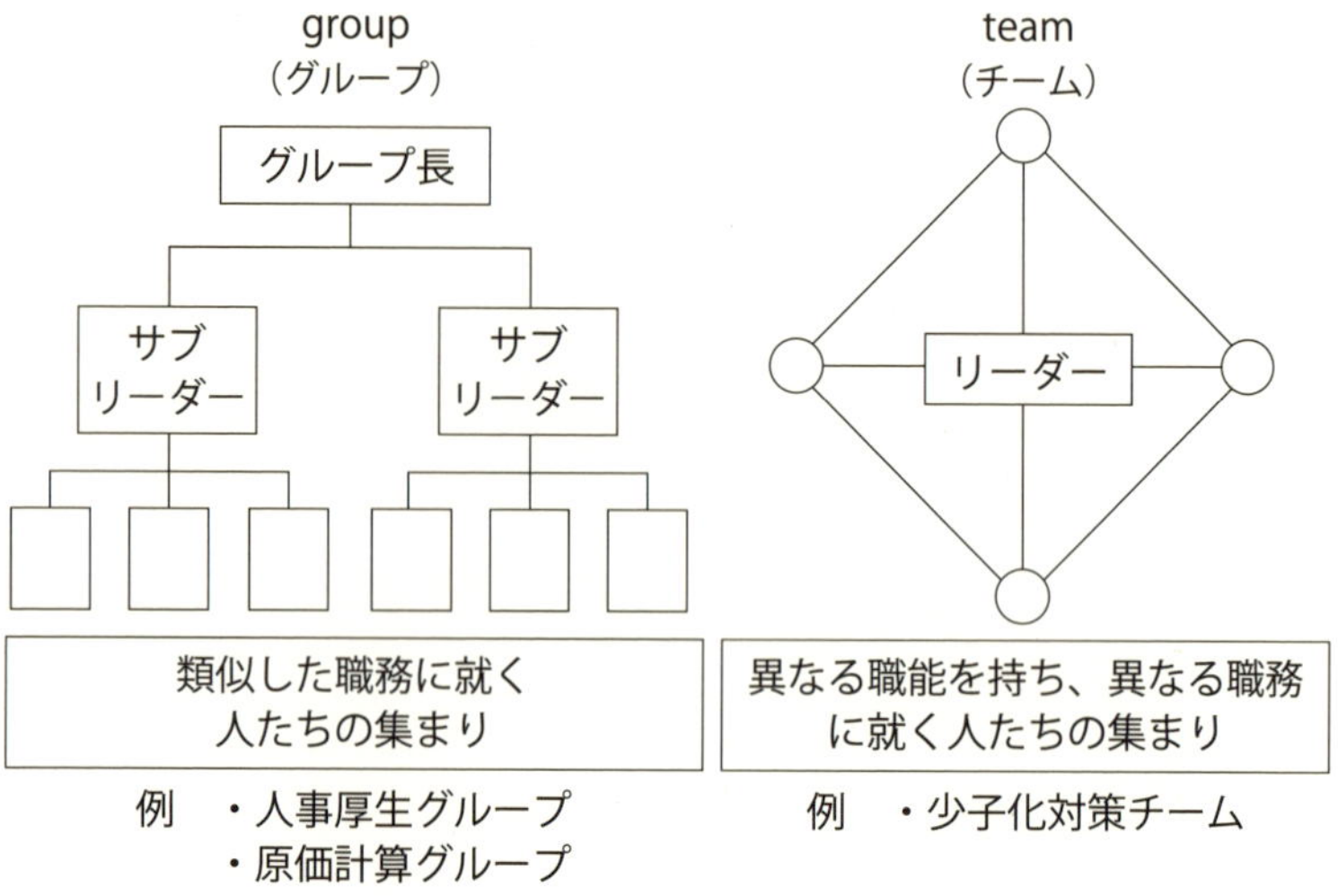

図２−４　グループとチーム

やがて、日本経済は回復基調に転じ、二〇〇八年秋の世界同時金融不況（この先が第四期であろう）に至るまでゆるやかな成長が続いた。本節で第三期と呼ぶこの時期に入るころ、日本企業は直近の数年で育成してきたスペシャリストを戦力化していた。ここで新たな課題が浮上する。スペシャリストを誰が束ねるかである。ここからは、束ねる対象の変化を捉えながら、束ねる側の人材に求められる能力に触れたい。

　第一期では「グループ」を束ねればよかったが、第三期になると束ねる対象が「チーム」になった。組織行動学では、よく似た意味を持つ言葉である「グループ」と「チーム」を明確に識別している。図２－４に示したとおり、「グループ」とは類似した職務を担当する人たちが複数集まっていることを言う。例えば、人事厚生グループ、原価計算グループ、海外広報グループという名称の組織には、基本的に類似性の高い職務を担当する人たちが集まっている。したがって、グループメンバーを束ねる活動の中心には、ドラッカーの言う「マネジメント」が当てはまる。一方、チームは異なる職能を持ち、異なる職務を担当する人たちの集合体である。例えば、少子化対策チームと言えば、少子化対策という標準化された業務を同じように行う人の集まりではなく、「少子化」という課題に多様な立場から対応するスペシャリストの集まりとなる。ここではチームの活動が協業を前提とするため、チームを束ねるにはドラッカーの言う「リーダーシップ」が必要だ。

第一期においてグループをまとめていたリーダーへの要求は、同質性の高い人材に正しく仕事をさせることでよかった。しかし、第三期でチームをまとめるリーダーのもとには、ゼネラリストというキャリアでは不十分だと自覚して、スペシャリストの道を歩んだ者ばかりが集まる。スペシャリストたちは高い専門性を持つがゆえに自信家で、鼻っぱしが強く、プライドも高く、自分の価値がもっとも高まる働き方を好む。このようなメンバーを束ねて、コラボレーションに向かわせるのが第三期のリーダーの仕事になる。チームメンバーのコラボレーションレベルが高ければ、チームは革新的な成果を残すが、その逆もあり得る。いずれにしても、チームを束ねるリーダー人材には、指示命令によってコラボレーションを起こさせるのではなく、メンバーたちの中心にいて上手にコラボレーションを誘発させるための資質と能力が問われる。そのような人たちのことはスーパー・ゼネラリスト（あるいはコラボレーション・コーディネーター、プロデューサー）と呼ぶべきかもしれない。それでは、スペシャリストを束ねる人材にはどのような能力が必要で、どのようにすれば育成できるかと問うたとき、そこにケースメソッド授業での学習経験が生きてくる。

第三期のリーダーは、多様な専門人材が相互に協力したときの相乗効果がどのように起こるかを熟知し、それを主導していくスキルを持っていなければならない。本来、そのようなスキルは現場での経験を通して鍛えられるのだろうが、できることなら本番前に訓練を積んでおきたい。ケースメソッド授業はこうした準備に非常に適している。一見、お互いに協力などしそうもない、ものの見方や考え方の異なる参加者同士が、ふとしたきっかけから濃密に意見を重ね合い、協力して解決策を導き出すことが、ケースメソッド授業では日々起こる。そのような場にいつも居合わせ、人々による協働の始まり方、進み方、崩れ方を体で覚えた学習者であれば、教室を離れても、職場でコラボレーションを誘発させることができる。このように、討議を通して学ぶことは、第三期（そして第四期）のリーダーたる準備を整えることに確かにつながっている。このことこそ、討議から学ぶことのわが国における今日的な価値だと、筆者は考えている。

5　すべての基礎科目をケースメソッドで学ぶことの価値と難しさ

ＫＢＳは開校以来、ゼネラルマネジャーを養成する学校であり続けている。ＫＢＳの経営教育では、「ゼネラルマネジャー養成」という第一目的と、「ケースメソッド」という第一手段の関係がいつも重要視されてきた。それは次のように説明できる。

経営に限らず、現実問題はいつも複合的かつ統合的であるので、ゼネラルマネジメントに携わる者は、この現実に対して十分に統合された視点を持って臨まなければならない。もちろん、実務の現場は科目に分かれていない。しかしながら、大学教育は、研究および教育提供の便宜上、それぞれの科目単位に専門分化されている。実践教育の第一歩は、まずこのギャップを埋めることにある。そのためには、複合的な問題状況を複合的なままに扱うことができる教材（ケース教材）を用い、例えばマーケティングの授業であれば、マーケティングの側面を中心に問題にアプローチするが、問題の解決に際して、財務や人事面も無視できないのであれば、当然それも議論すべきである。しかし、このような授業を行うためには、教える側にも総合的経営視点が必要になる。ＫＢＳ

がすべての基礎科目をケースメソッドで教えていることの価値と難しさの両面はここにある。

ビジネススクールに関して言えば、必修となる基礎科目のすべてをケースメソッドで教えている学校は世界でも数えるほどしかなく、主流は科目特性に応じて討議型授業と講義型授業を使い分ける方法である。確かにビジネススクールの科目には、その科目特性がメカニスティック（機械的に組立・分解していくことで内容を理解すべき科目）であるものとオーガニック（有機的な全体物として内容を理解すべき科目）であるものが混在しており、前者にはケースメソッド授業が馴染まないという声も根強い。また、同じ科目であっても、そこで誰に何を教えるかによって最適な授業方法は変わる。いずれにしても、授業方法を使い分ける場合、使い分けの権限は一般的には科目担当教員が持ち、その教員が「この科目には講義がふさわしい」と判断すれば、その科目は講義形式で行われる。教員の授業負担（前日までに行う授業準備と当日の授業運営）は明らかに討議型授業のほうが大きくなるので、特に講義による授業ばかり受けてきた教員の場合は、討議型授業を行うよりも自分が受けてきた教育を学生に追体験させたいと考えがちである。事実、多くの教員が講義型授業を選択している。

すべての基礎科目をケースメソッド授業で教えるには、科目間の境界線をゆるめに引き、教員は議論が自分の専門外の領域に及んでも討議の舵取りができるだけの視野を持っていなければならない。理想を言えば、科目担当教員間のコミュニケーションを十分に取り、すべての教員が基礎科目を個別と全体の両面から捉えるべきである。また、そのような教育を支えるカリキュラム設計、教員採用、ＦＤ（Faculty Development：教員教育）が一貫性を持って整っていることも重要だ。こうなると、その実践のためには組織的な取り組みが必要であり、その組織が共有する戦略や哲学も問われる。ケースメソッド教育を実践するために投じるコストを上回るリターンを得ていくための、ビジネススクールとしての経営戦略はあるか。また、そこで教える職に就くファカルティのプロフェッショナリズムの水準はどうか。加えて、ケースメソッド教育の有用性を社会に向かって啓発し、ひるがえってケースメソッドで教育された人材が真に社会から求められていることを確認する努力は十分か。すべての基礎科目を「自ら討議して学ぶ」ことを学生に正しく理解させ、覚悟させているか。このようなことが、繰り返し点検されるべきである。

しかし、このように書くのは簡単だが、それを実践するのは容易ではない。ＫＢＳでも万全とは言い難いが、それに近い状態を維持するための努力が続けられている。

その一方で、すべての基礎科目をケースメソッドで教えることへの批判もある。その理由は大きく、（1）現実的に実践困難であること、（2）実践できたとしても学生の専門知識が不足しがちになること、の二点に集約されるだろう。

（1）は主に教師側の都合である。科目の境界をあいまいにして教えるのは、学術キャリアを積んだ多くの教師にとって、少なくとも最初のうちは辛いものだ。授業で扱う範囲を科目の境界外へ広げれば広げるほど、特定分野で研究研鑽を積んだ教師が、授業内容を文字化して計画的に教えていく方法が通用しにくくなる。この苦しさは時間とともに乗り越えられるのだが、乗り越えることの意味が見出せなくなる者もいないわけではない。このとき、ＫＢＳのようにすべての基礎科目をケースメソッドで教えることがルールになっている学校であれば、この壁を乗り越える時間は自ずと縮まるが、そうでない学校では教員個人の意志の強さに依存することになるため、腰折れすることもしばしばあるだろう。

また、（2）もたいへん悩ましい部分を含んでいる。入試で選抜され、個人の学習能力が高いＫＢＳの学生であっても、「日本語で教えている割には専門知識が浅い」と批判されることが（ときどき）ある。この指摘が正しければ、ＫＢＳの教育は、実践的であることを重視するあまり、専門知識が不十分ということになり、結果的に卒業生が社会から十分な評価を受けないということにもなりかねない。ここでは「教えて身につけさせる」だけでよいのかという疑問は残るものの、「教えていないから身についていない」という事実も否めない。授業時間内にたくさんのことを教えるという点では、討議型よりも講義型の授業のほうが効率的であるのは確かで、ケースメソッド教育ではあまり多くの内容を学生に詰め込めない。このように、ケースメソッドで教えることのよさが一定以上の水準で顕在化していないと、この教育方法の維持は難しくなる。

第Ⅰ部の本章以降では、各章の内容をより実践的に考えるためのリーディングとケースを適宜掲載している。リーディングは、各章のねらいを具体的文脈の中で捉え直してもらうための読み物として、またケースは、各章で述べている理論が現実の問題状況の中でどのように生かされるべきかを考えてもらうために、掲載している。

実際の「ケースメソッド教授法」クラスでは、授業に関連するリーディングやケースを多数使用しているのだが、本書では原則として各章一つずつに絞った。読者は、各章を読み終えたあとで、リーディングに目を通し、ケースを読んで「自分がこのクラスを教える教師ならどうするか」を考えつつ、次章へ進んでもらいたい。

Reading 1

議論を通して得た仲間

「彼とは学生時代に机を並べて学んだ仲である」という言い方をよく耳にする。机を並べたと言っても、同じ部屋でともに教師の講義を聴いてノートを取り、それを貸し借りし合った関係と、同じ部屋で議論を交わし合った関係とでは、どのように異なるのであろうか。また、ともに討議をすることで育まれる友情の本質とはどのようなものであろうか。このリーディングを通して、ケースメソッド授業で学んだ仲間たちとの関係を長期的に豊かなものにしていくために、在学中には何に留意し、また卒業後にはどのように付き合うとよいのかを考えてみよう。

島田哲夫の場合

私はSビジネススクールのMBA課程で二年間、九二名の仲間と大いに議論した。議論を通して築かれていった友情とはどんなものか。ここで紹介したい。

仲間と議論を尽くした記憶は、鮮明な像を伴って脳裏に焼きつく。だから、ほとんどの授業を、ついこの前のことのように思い出すことができる。

あの日のケースでは、主人公の仕事の進め方について、その巧拙を議論した。私の主張に賛同してくれたのは岩崎と中津と吉岡で、食ってかかって来たのが坂本だった。これがいつものパターンである。だいたい私は、坂本と意見が合ったためしがない。彼はいつも私に向かって、「どうして君は毎日そんなに頑固なのか」とののしる。こちらも毎回頭にくる。でも、彼のおかげで、私は自分が頑固者であることを忘れないですむ。私が少し折れて、彼が喜びそうなことを口にすると、彼はニヤッとする。坂本も、私と対立すると一〇回に二回か三回は折れる。そういうときは、だいたい私が主人公の部下の人心に触れるような発言をしたときだ。坂本は自分が折れたときはたいてい、私としばらく目を合わせない。

同じ教室にいたからといって、それだけで理解し合えるわけではない。何かを交わし合うこと、そして交わし合ったその往復回数が、お互いの理解を深めたのだ。お互いが頭の中を開け広げにして、その中身を覗き合うことを通して、築かれてきた理解と信頼を、私は今、実感しているのだと思う。これは講義型の授業を通して育まれる信頼関係とは、かなり様相を異にするのだろう。

また、一定の期間、同じメンバーでディスカッション授業に参加していると、一人ひとりに対する期待値というか、期待像がだんだんできあがってくる。そうなると、自分がある問題に直面して、一人で考え抜いたものの、他の意見も聞いておきたいようなときに、相談相手を選べるようになる。

真っ先に相談すべきは藤山だ。まず、あいつが何と言うかが問題だ。彼の答えが「進め」ならば、吉田と河瀬を交じえて相談すれば、もっと前向きな答えが出る。でも、そこに安井が入れば、この仕事をやりきるために侮ってはいけないことを三つも四つも口にするだろう。逆に「戻れ」なら川崎に電話しよう。撤退の意思決定の中にも次のチャンスの芽をいつも貪欲に埋め込んでいた。そうすれば、同じ戻るにしても、単なる「後戻り」とは一線を画せる。

私はすでにこのような仲間を得ている。こういう仲間たちは、しかも、この人数の仲間は、そう簡単には得られないと思う。

私たちはいつも全力で知恵を出し合ってきた。いつもお互いを必要として、ともに学んできた。私たちは教室で、お互いの思考をぶつけ合いながら、来る日も来る日も実に濃厚に交流した。だから、お互いを分かり合っている。もちろん腹の底では、仲間の一人ひとりに対して、好き嫌いの感情も持っている。それは、私たちが人間という生き物だからだ。

　また、これはあえて言わなくてもよいことだとは思うが、発言しないで議論の聞き手に回っていた人や、発言の印象が乏しい人については、残念ながら記憶を辿ることができない。その人の外見ではなく、どういう場面で、どんな意見を言った人だったかが記憶のトリガーなのだ。少なくとも、私にとっては。

余談

　二年間の学費がSビジネススクールのほぼ半分の金額ですむビジネススクールがあって、仮にそれをNBSとしよう。NBSに入学すれば、Sビジネススクールに二年間通うよりも、学費が二〇〇万円弱浮くことになる。

　あるとき、お酒の席でこんな話を聞いたことがある。ある受験者がNBSに先に受験して合格したので、Sビジネススクールは受験せずに、そのままNBSに入学した。その人は次のように言ったそうだ。「NBSに入学したことで浮いた二〇〇万円を、僕は人脈作りに充てるつもりです」。

　私はSビジネススクールで、頼りになる仲間がどのようにしてできるかを学んだ気がする。これこそ、とても貴重な学びだった。そして、二年間ですばらしい人脈を得た。でも、これはお金で買えるものなのだろうか。私はケースメソッドで教えるSビジネススクールで、ディスカッション授業を通して、一人ひとりの頭の中を覗いた。そんな「覗き見メモ」は卒業して三年が経った今でも、少しも色褪せていない。もちろん、私の頭の中も覗かれた。いや、これから長い間続く公私にわたる親交のために、少しでも奥まで見てもらえるように、私がそう努めたのだ。

　ディスカッション授業の教室というのは、このような友情を、言葉は悪いが「うまく量産してくれる場」なのかもしれない。

Case 1

動くはずなのに動かない授業

討議から学ぶことの価値を顕在化させ、それを参加者にいかに自覚させるかがディスカッションリーダーたる教師の腕の見せどころである。しかし、それに失敗することもあり得る。ここに紹介するケースが一つの失敗例だ。教師はこのケースに描かれた問題をどのように回避し得たか。また、授業者の立場からはコントロールしにくい部分がどのようにあり、その結果露呈してしまった事態に対して、どのような事後対応が可能であったかを考えてみよう。

教壇に立つ金田准教授を救うように、授業終了の時刻がきた。とりあえずホッとしたのは事実だが、残念さも隠せない複雑な気持ちのまま、金田は教室をあとにした。

「おかしい。これはおかしい。動くはずなのに授業が動かない。何だ、これは。来週はどうなるのだろうか。」

金田は深く考え込みながら、視線を落として廊下を歩いていた。

セントラル経営大学院のチャレンジ

金田が教えているセントラル経営大学院は開校四年目の専門職大学院で、ほぼ一〇〇％が社会人学生、平均年齢は三三歳。修士課程修了者にはＭＢＡ（経営学修士号）が授与される。ファカルティは高い研究業績を持つ研究者教員と実務家教員がほぼ同数で構成され、東京首都圏の社会人学生が、企業派遣や休職、あるいは退職して、真剣に経営を学ぶビジネススクールとして人気があった。ＭＢＡ課程の授業は、平日月曜日から金曜日までの朝から夕方までぎっしりと組まれていた。

セントラル経営大学院では、今年度より新たなコースを開設していた。土曜日に単科コースを開設し、ＭＢＡ課程の学生と単科で受講する学生で三〇名程度の混成クラスを三科目開講するというものである。

金田准教授が担当する「人的資源管理実践論」もそのうちの一つで、人事制度の探求よりもむしろその運用上の創意工夫を扱うという点で、既存のＭＢＡ課程の授業と差別化されていた。経営学を体系的に学んでいるＭＢＡ課程学生と、人事管理実務の専門家である単科学生がお互いに学び合うという目的で開講され、授業シラバスには「授業方法はケースメソッド」と書かれていた。教材には、人事制度の運用のあり方を考えさせるケース教材ばかりが八ケース用意された。

金田准教授

金田准教授は、六年の日本企業勤務のあと、米国の大学院に進み、経営学博士号を取得した。帰国してすぐにセントラル経営大学院の専任講師として教鞭を執るようになり、昨年准教授になった。金田はビジネスパーソンとの議論が大好きだった。大学院時代は理論研究に精を出し、これまでに研究業績を積み上げてきたという自負もあった。今は現役ビジネスパーソンと深く議論しながら、これまでの自分の研究成果をもう一度吟味したいと考えていた。そうすることで、研究成果を経営教育につなげられるという確信が金田にはあった。

また、金田は授業技術の習得にも熱心で、ケースメソッドに関するシンポジウムやワークショップにも頻繁に足を運んでいた。セントラル経営大学院のファカルティには、米国の経営大学院で修士号や博士号を取得した教員が多いことから、ケースメソッド教育の水準は国内では高いと評されていたが、金田も研究業績、授業技術ともに高く評価されている若手教員の一人であった。

人的資源管理実践論の履修者たち

金田の「人的資源管理実践論」は、初年度から盛況だった。履修者はMBA課程学生二〇名、単科学生二二名。なお、このクラスを履修できるMBA課程学生は二年生のみと制限されていた。この措置は、一年生の課程ワークロード（学習所要時間）が大きくなり過ぎないように配慮してのことだった。

履修者名簿と学生のプロフィールシートを照らした金田は、今年度の「人的資源管理実践論」の履修者を次のように捉えていた。

- 年齢的には、単科学生のほうがMBA学生よりも総じて八〜一〇歳くらい高い。単科学生の最年長者は五四歳だが、MBA学生では四六歳。
- 伝統的な日本の製造業に従事する者は、単科学生のほうにやや多い。
- 単科学生には女性が二名いるが、あとは全員が男性。MBA学生は全体の三割程度が女性。

金田准教授が描いた理想

金田は、この混成クラスで、MBA学生と単科学生が一体となって知的にコラボレーションする姿を思い描いていた。それには、先輩教員のA教授から聞いた話が大きく影響していた。

A教授は、セントラル経営大学院で教える以前に、関西でもっとも伝統のある大阪ビジネススクールで、同様の混成クラスを八年間教えていた。A教授は、自らの経験から、混成クラスがどのように動くかを金田に吹き込んでいたのだった。話を聞くうちに金田もだんだんその気になり、自分が教えることになる混成クラスに、次のような期待を持つようになった。

MBA学生にとってこのクラスは、これまでビジネススクールで経営を集中的に学んできた成果を単科学生に向けて発揮する場になる。また、ディスカッション授業で学ぶことに一日の長があるMBA学生は、単科学生を上手にもてなしながら討議をリードできる。そうなれば、単科学生たちはMBA学生たちの討議に吸い込まれるように議論に加わりはじめる。単科学生たちが、「ここでは忌憚なく意見交換してよいのか」と気づけば、ＭＢＡ学生たちとともに自由に議論することで、自分たちが職場の中だけで得てきた原則論や方法論がうまく塗り変えられていくに違いない。

単科学生はＭＢＡ学生と違って、経営学の専門用語を使い回したり、教科書に出てくるようなフレームワークを使ってものを考えたりすることは少ない。その代わりに、昨日までの仕事でよりどころにしてきた皮膚感覚を披露し、容易には克服できない矛盾をありのままに教室に持ち込んでくる。このような参加者がクラスに半分いれば、クラス討議の現実感は大きく増す。

また彼らは、ＭＢＡ学生が作るロジックや分析の甘い部分、現実とは異なる点を感じれば遠慮なく指摘するから、無責任な言いっ放しもなくなり、討議に緊張感も生まれる。そういう単科学生も大人であり、自己肯定ばかりするわけではない。ＭＢＡ学生の発言をきっかけに自問自答を繰り返しながら、自分たちが大事にしてきた常識を疑い、ひと皮むけることにもたいへん熱心だ……。

会社の会議室では実現できない、また、ＭＢＡプログラムの教室の中だけでも実現できない学びの共同体が、ダイナミックに構築されるのがこのクラスだと、金田は信じるようになり、大きな期待を寄せていた。

セントラル経営大学院でも、Ａ教授は混成クラスの一つを担当したかったのだが、彼の専門領域が金田のそれと隣接していたため、Ａ教授が金田に混成クラスでの教育機会を譲っていた。「それだけにＡ教授は私に、混成クラスでの授業の成功を託しているのだ」と金田は受け止めていた。

第一セッションの現実

第一セッションの前の晩、金田は軽い興奮からかあまりよく眠れず、どのような議論になるのかをあれこれ想定しながら夜更かしをしてしまった。その分、討議の進行プランはいくつもできていた。このうちのどれをやろうか、金田は頭がいっぱいになっていた。そんな期待に胸をふくらませながら迎えた第一セッションの当日、金田は教室に入ったとたん、目に入った光景に違和感を覚えた。

「シラバスに『服装はカジュアルで』と書いたのに、

二二名の単科学生は、着ているものからして、みな隙がないように思えました。そんな彼らがディスカッション用の階段教室の右上半分に揃って座っていたのです。MBA学生は彼らと対を成すように左下半分に固まっていました。なぜそれが分かったかと言うと、うちの学生なら顔を覚えているということもあるのですが、今年から教務部が、学外者のネームプレートの色をMBA学生のものと分けていたからです。いつもは教室の上段席に陣取っているMBA学生の何人かが、この日は見慣れない場所に座っているので、こちらにも違和感がありましたし、本人たちも居心地が悪そうでした。」

そんなことを少し気にしながらも、金田は自分の授業プランにしたがって、とにかくクラス討議を始めることにした。参加者も早く討議したいはずだ。ところが、クラス討議はうまく立ち上がらなかった。

「いつものように導入ガイダンスは手短かにして、早速ディスカッションを始めたのですが、最初から手の挙がりが悪いのです。ディスカッションを始動させるための設問も十分練りましたし、これだけのメンバーが集まっているのですから、参加者に考えがないはずはないのです。でも、挙手がまばらなのです。」

「仕方がないのでMBA学生を何人か指名しました。そうすると一応、しゃべってはくれるのですが、彼らの発言にいつものようなキレがないのです。何人発言させても同じでした。そうこうしているうちに四〇代後半くらいの単科学生が発言してくれたのですが、この人は逆にキレがよすぎました。この人に便乗するように、さらにもう少し年配の単科学生が発言してくれましたが、これもなかなか含蓄の深い意見でした。この発言にMBA学生が続いてくれるかと期待したのですが、意に反して、ここで再び、場にブレーキがかかってしまいました。」

「私は思わず『MBA課程のみんな、どうした？いつものみんなの討議を単科で受講しているみなさんに披露しようよ』と促したのですが、彼らはMBA学生同士で顔を見合わせながら、少し困った表情をこちらに返してくるだけでした。その雰囲気に耐えかねた女性のMBA学生が思いきって発言してくれたのですが、それに続いた単科学生が、彼女の発言の腰を折ってしまったので、そこでまた討議が停滞してしまったのです。もちろん、その単科学生にも悪気はないのだと思いますが、とにかくまた発言が止まってしまったのです。」

「私にとってもクラスのこのような雰囲気は耐え難く、私なりに努力を始めました。まずは私自身が少し砕けた態度を取ることで場を和らげ、参加者にも和らいでもらえるように努めてみました。秘蔵のギャグをいくつかぶつけてみたり、挙手してくれる人を追いかけるように、ちょっと大げさに教室の中を走り回ったりしてみました。しかし、そんなことをしているうちに、だんだん自分が空しくなってきました。

そんな私を見かねてか、何人かのＭＢＡ学生は、私に向かってさびしそうな視線を送ってきました。その様子を見て、単科学生の一人は深くため息をついていました。同じころ、別の単科学生が教室から出て行き、そのときは『トイレに行ったのかな』と思ったのですが、結局、教室に戻ってきませんでした。」

金田准教授の対応

場を和ませようにもうまくいかず、ともに学ぶ方向に向ける努力が実らない金田准教授は、彼自身も表情を固くしながら授業を進めていた。外見にも分かる彼の変化は、まず板書の手が止まってしまったことだった。金田は授業開始後四〇分から七〇分あたりまでの約三〇分間、ほとんど板書をしなかった。

また、教室が静まり返るのを恐れた金田は、参加者の発言をすべて一度自分で受け止め、発言者一人ひとりに少し長めのコメントを返しはじめていた。彼は無意識のうちに、「このような状況に救いの手を差し延べてくれるのは、やはりＭＢＡ学生だ」と思い、ＭＢＡ学生を擁護し、単科学生よりも引き立てようとする言動を増やしていたが、ＭＢＡ学生と単科学生の双方にとって必ずしもプラスにはなっていないようだった。

それでも時間の経過とともに、発言者の数も徐々に増え、授業は進んでいった。改めて黒板を眺めてみると、議論の筋道らしきものは書けていた。発言の数は確かにいつもよりは少な目だが、「初回なのだから許容範囲内だ」と金田は必死に自分に言い聞かせていた。ただ、一〇月だというのに、金田は教壇でかなりの汗をかいていた。

授業後の研究室で

やっと研究室にたどり着き、ほっとしたのも束の間、三人のMBA学生が金田の研究室に来た。聞くところによれば、グループ討議では、MBA学生が中心になって討議を進め、単科学生は控えめに参加していたらしいが、クラス討議の終了後に、ある単科学生は「ここのMBAはたいしたことない」と言い放ったという。研究室に来た三人のうちの一人は、「それだけは言われたくなかった。悔しい」と涙目で語った。また別の一人は、「僕たちはどうすればいいんですか」と金田に問うた。「もっと発言したほうがいいんですか」と金田に問うた。「もちろんだよ」と金田は言いたかったが、本当にその答えでよいのかどうか、金田には自信がなかった。最後のもう一人は、別の単科学生が「ちょっとひどいなあ、この授業」とつぶやいて帰ったことを、金田に伝えられずにいた。

第3章　参加者を理解する

参加者の主体性を生かす授業では、参加者に対する教師の理解が欠かせない。本章では「参加者を理解する」ことの意味を探り、その効用と限界を考えよう。

1　ガービン教授の考える二つの"teaching"

ケースメソッド発祥の地、米国ボストンでは、ケースメソッド授業で教えることについて、どのように考えられているのだろうか。

現在、ＨＢＳでケースメソッド教育の普及と高度化を進める活動の中心人物が、これから紹介するデビッド・ガービン教授である。ハーバード大学では、全学のＦＤ（Faculty Development）組織としてデレク・ボック教育

「ケースを教える」ということと、「クラスを教える」ということは大きく違う。「ケースを教える」だけならば、クラスに誰がいるかは問題ではない。講師は純粋に教材に関する準備をすればよい。一方、「クラスを教える」とは、教材と参加者を結びつけることである。そのためには、クラスにどんな経歴の学生がいて、彼らが他のクラスメートに何を教えてくれるか、を講師が理解していることが極めて重要だ。そのために私たちはクラスカードを利用して、このクラスでこのケースを扱うと誰が乗り出してくるかを予め予測している。

図３－１　“know your students”

技術センター（Derek Bok Center for Teaching and Learning, 1975）がよく知られているが、ＨＢＳ固有のＦＤを扱う機関として、ローランド・クリステンセン・センター（C. Roland Christensen Center for Teaching and Learning, 2004）も設立されている。クリステンセンは同校の名誉教授であり、すでに他界しているが、ガービンをして“the master of case-method teaching”と言わしめるケースメソッド教授法の重鎮である。

そんなクリステンセンの一番弟子であるガービンが出演しているビデオ教材に“know your students”と題した映像クリップ（内容の概要は図３－１）があり、そこでは“teaching a case”と“teaching a class”の「違い」が述べられている。これ以降、ガービンの言及をもとに、そこに筆者の理解も含めて説明していこう。“teaching”の目的語が“a case”から“a class”に変わることで、教えることの概念がどのように異なるかを、「教師」「教材」「参加者」の三要素だけを用いて図示すると、図３－２のようになる。

まず、“teaching a case”という概念のもとでは、何よりも教師と教材の親和が求められる。教師がその授業で使う教材について理解を深めるために、教師から教材に接近し、授業に役立つ情報を入念に調べ、それを生かした授業を参加者に提供する。参加者は、教師と教材の折り合いがよくなった状態で、教師の授業を受ける。これはこれで、参加者にと

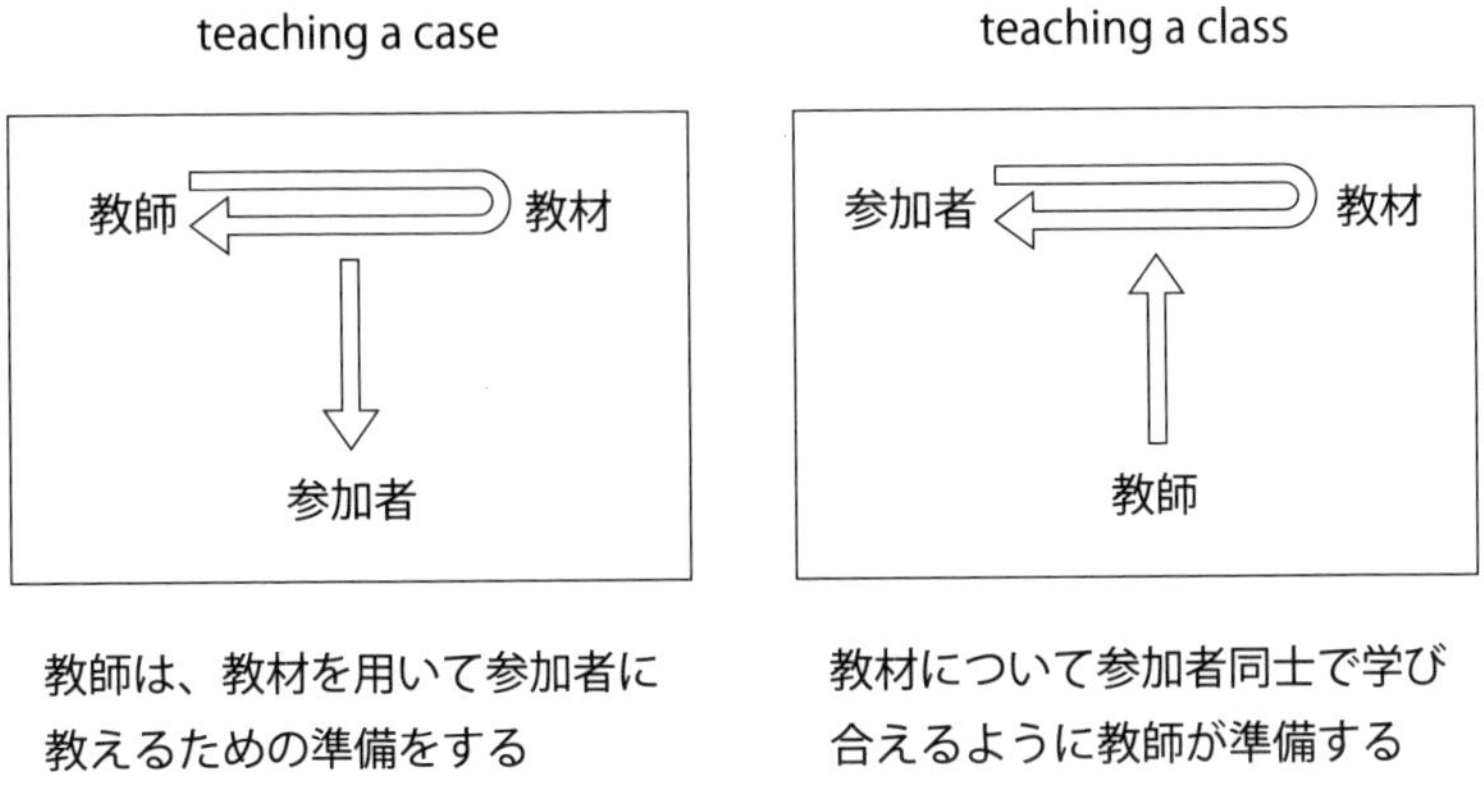

教師は、教材を用いて参加者に
教えるための準備をする

教材について参加者同士で学び
合えるように教師が準備する

図3－2　〝teaching a case〟と〝teaching a class〟

っては幸せなことに違いない。教師が教材の内容を参加者に伝授するというのが、〝teaching a case〟の根幹を成す概念であろう。

一方、〝teaching a class〟では、まず教師は参加者を視野に入れ、しかる後に教材を見る。その上で、教育の対象となる参加者と教材をよりよく親和させるために、当該の参加者にとってベストな教育目的を、当該のケース教材にセットするべく教師は努力する。このように、授業で扱う教材を参加者の興味・関心に接近させて教えることを強く求めているのが〝teaching a class〟であり、教師は参加者と教材の間を取り持つ役割を果たす。

ガービンの言う〝teaching a class〟こそが、第1章で紹介した〝Participants Centered Learning〟をもっともよく具現化した教育概念である。第Ⅱ部で紹介する授業運営技法も、第Ⅲ部で扱う授業運営演習も、「参加者を真に中心に据えた学習のために、教師にはどのような努力が可能か」という文脈で論じたい。筆者は本書のこれ以降の議論を、ＨＢＳで生まれた〝Participants Centered Learning〟の基本概念に「自律主体集団たる学習者」「大人の学習方法」という着眼点を付加して展開するつもりである。そのことを一度ここで述べておきたい。

さて、本題に戻るが、図の構成要素は、どちらも「教師」「教材」「参加者」だけなのだが、「教える」という行為について、着想上の大きな違いが生じている。"teaching a case"では教師が教材を教えられるようになることが、教師にとっての授業準備であるが、"teaching a class"では、参加者が教材に興味を持ち、自分たちで（自分から）学べるように教師が段取りをすることこそが、教師の授業準備になる。このためには、教える中身への関心を越えて、教える相手である参加者への関心が不可欠である。

通常、教える中身に関する情報は教師側に十分あるが、教える相手に関する情報は豊かなようで乏しいことがある。ケースメソッドで教える教師が、努めて参加者を理解すべき理由はここにある。

筆者は、ケースメソッドで教え始めたころ、コースが開講する前の晩になると心細くなって、高木のもとによく電話をしていた。そのときにいつも言われたのは、「教材の準備ばかりしないで、明日教室に来る人に向けた準備もしなさい」という言葉だった。

以下では、「参加者を理解する」ことについて、参加者を授業の前に理解することと、授業中の反応から事後的に理解を深めていくことの二つの面から考えることにしよう。

2　授業前に参加者を理解するための方法

第一に、討議参加者が抱きやすい気持ちや、彼らが考えがちなことに理解を及ばせておきたい。本章の末尾に掲載したリーディングにそのヒントが盛られている。四月に入学してディスカッション授業に参加し始めた学生たちが、学期末のパーティーで、「一学期間、こんなことを感じながら授業に出ていたのですよ」と教師に本音を吐露し合う場面である。パーティーのあと、そこに参加していた若い教師がシニアの教師に「学生がこんなことを言っていました」と報告方々相談したところ、シニアの教師は「討議授業に参加する学生の気持ちは、昔も今も変わらないね」とつぶやき、若い教師に「彼らの気持ちを解ってあげることが教師の最初の仕事だ」と告げた。討議に参加する人たちは、どういうことが怖いのか、どういうことが嫌なのか、どういうことが嬉しいのか、をケースメソッドで教える教師は十分に理解しておきたい。

第二に、可能な限り参加者の個人情報を入手しておきたい。ＫＢＳの場合、教員には学生の顔写真入りの名簿が配布される。この名簿には、生年月日、最終学歴（卒業大学および学部の情報を含む）、入学直前の勤務情報、企業派遣・休職・退職の区分が書かれている。これに目を通しておくことは、欠かせない授業準備である。筆者の場合、受講人数がそれほど多くないクラスであれば、事前に顔と名前をある程度は一致させておく。

企業研修の場合は、外部の講師がここまでの情報を事前に入手できることはまずない。特に二〇〇三年に個人情報保護法が制定されて以来、研修受講者に関する情報は伏せられる傾向が強くなっている。複数の職位の社員が研修会場に座っていても、誰がどんな職位にあるかは講師に知らされないことも多い。「研修を行う講師には、そのような情報は不要だ」と判断されるのだ。そのようなとき、筆者は研修担当者に少し無理を言う。講義形式なら受講者情報がなくても講義自体はできるが、討議形式では参加者をある程度理解しておくことが必要だ。そこで、支障ない範囲で構わないので、少しでも教えて欲しいと頼むのである。このような無理は利くこともあるが、利かないときもある。情報が入手できたら、それを研修に生かすことで恩に報いるとともに、討議型セミナーでは講師が受講者の個人情報を必要とすることへの理解を促している。

第三に、参加者が集団になったときに現れてくる特徴をある程度まで想定しておきたい。もちろん、「集団になったときに現れてくる」のだから、講師がその集団と時間を過ごしてみなければ何が現れるかは分かりにく

①一般論としての討議参加者の気持ち
・期待していること　・不安なこと　・うれしいこと　・嫌なこと
②討議参加者の個人情報
・学歴　・職歴　・将来の目標　・興味や関心の方向
③グループ・クラスのコンディション
・集団性格　・他科目のワークロード
・天候　・授業が行われる時間帯

図3－3　参加者を知る手立て

い。しかし、その集団の性格を参加者の個人情報の累積値として予測したり、その集団の特徴をすでに知っている人から情報を得て仮説を立てたりすることまではできる。集団性格の捉え方については本章の第5節で改めて触れることにして、ここでは教師の立場から事前に把握しやすい事柄について、もう少しだけ触れておきたい。

例えば、ビジネススクールでは特に重要なことだが、その教員が担当する授業以外で参加者がこなさなければならないワークロード（学習所要時間）はぜひ把握しておきたい。一般にビジネススクールの教員には、学生に課されている全作業量を知るためのフォーマルな術がないが、学生のワークロードの山・谷は意外と大きい。ある時期、あるクラスに重い課題が与えられていて、その課題を仕上げることが最優先である場合、他のクラスには予習のための時間と労力をどうしても振り向けにくくなる。それを知らずに教師が自分のクラスでも学生に高望みをすると、学生も教師もお互いに不幸になる。また、長期休暇の直前では学生は浮わついているし、梅雨晴れの一日、どんよりとした雨の一日、そして午前と午後でも、クラスのコンディションは異なる。

もう少し肩の力を抜いて書けば、大学で教師が学生のことを知るよい機会は日常的にたくさんあり、それは教室の内外に広がっている。例えば、筆者は高木に「先生は少し早めに教室に行くとよい」と教えられた。一番乗りではないほうがよいが、半分くらいの学生が教室に入ってから最後の学生が入ってくるまでの時間に教師が居合わせると、学生たちが今日の自分たちのコンディションを話す声がたくさん聞こえてくる。これは髙木がHBS博士課程留学時代にクリステンセンから直接指導されたことだそうで、「少し早めに教室に行き、授業は時刻通りに終わらせる」という習慣の勧めである。授業を時刻通りに終わらせると、学生に時間の余裕が与えられるため、次の教室へ移動したり、その部屋で次の授業の準備を始めたりしながら、またいろいろな会話が教室の中に生まれる。それに耳を傾けることが大事なのだと、クリステンセンは言ったそうだ。

教室の外でも同じで、機会があればできるだけ教室の近所を歩き回るとよい。たくさんの教室の前を通過するために、ときには少し遠い場所にあるトイレに行くのもよい。廊下でもトイレでも学生に会うし、廊下で学生掲示板を見ることもできる。掲示板は学校で学生が必ず見る中心的な情報源なので、それを共有しているだけでも学生に近づくことができる。参加者を理解するとは、こうした地道な行為の積み重ねである。教師は情報を発信する側に回ることが多いため、何か努力をしないと、情報を受け取る側の視界は得にくいのだ、ということを肝に銘じたい。

3　参加者を事前に理解することの役立ちと限界

事前に入手した参加者情報は、授業の準備にも授業中の参加者への対応にも役立つ。

授業準備では、参加者の興味関心を推測することで、それを生かした討議を設計するほか、参加者一人ひとりの授業貢献チャンスを広げるような議論の流れを、いくつか想定しておくことが有効だ。例えば、授業の冒頭に行う教師の問いかけに対して、挙手しそうな参加者と、その人が言いそうなことの推測、あるいは討議の核心場面で教師が投げかける問いを受けて、議論の口火を切ってくれそうな参加者を推測することなどである。これらは映画やドラマのキャスティングに似ているかもしれない。シナリオライティングの世界には「当て書き」という手法がある。脚本家がその役者の個性を生かせる言い回しで台詞を書くことを言う。これも役者を理解し、役者を生かす制作方法の一つなのであろう。

しかし、映像制作の世界とケースメソッド授業が決定的に違うのは、ケースメソッド授業ではドラマが台本通りに進行しないことである。授業計画に参加者の興味・関心・貢献場面を予め織り込んでいても、その努力がそのまま生きるわけではない。あくまでも「可能性を捉えておく」だけである。また、あえて逆説的なことを書くのだが、教師が作り込んだ授業計画に授業者である教師自身が拘束されてはいけない。授業当日に姿を見せる生身の人間たちの発言の連鎖こそが、その日の授業を形成する原資に他ならない。教師は参加者の発言を事前に想定する努力を尽くしたとしても、そのとおりに進むことを求めたり、想定外の進行に戸惑ったりするべきではない。

それでも、教師のこうした事前準備の努力は、それが直接的な成果を生まなくても、授業の要所要所で必ず生きてくる。ケースメソッド授業がディスカッションリーダーの準備通りに進んでいく可能性は決して高くないので、自律主体集団である参加者が自発的に学ぶ授業方法において、授業者が行う事前準備には「限界」と「役立ち」の両面がある。ケースメソッド授業では、教師が描いたシナリオがクラスを教育目的に到達させるのではなく、教師の入念な準備と研ぎ澄まされた対応力が参加者を真に学ばせる。

４　ディスカッション授業運営の予防安全視点

参加者を理解しておくことは、授業の安全確保にもつながる。参加者が自発的に発言する授業では、参加者の発言を教師にとって望ましいものだけに制限できない。したがって、予防安全（active safety）という考え方も必要になる。討議の中でデリケートな話題が扱われるときは、他者への理解や配慮を欠いた学生の発言があり得ることを教師は想定しておいたほうがよいし、それでもそのような議論を行うことの教育的意義を、教師が参加者に説明したほうがよい場合（第６章第４節一八四ページの〈教室からのメッセージ〉に具体例を記載した）もある。

例えば、大災害からの復興を題材にしたケースを扱う場合、参加者の中に被災者やその関係者がいる可能性は決して低くないと考えたほうがよく、教師には、授業に際して配慮しなければいけないことを先回りして考えておくくらいの周到さが求められている。また、災害や事件以外にも、参加者にとって触れて欲しくない話題はさまざまにあり得る。本書に添付したＤＩＳＫ：２には、そのような状況に直面し、狼狽している教師の様子を収録しているので、ぜひ参考にして欲しい。

５　授業で初めて現れる参加者の実像

教師が参加者についてどれほど事前に理解しても、その努力は大なり小なり裏切られる。教師が参加者について事前に知ることができる内容は、きわめて限られているからである。

授業が動きだすと、観察できるのはクラスに強い影響力を与えている参加者の存在と、そのクラスが大切にしようとしている規範である。この二つの要素で、クラスの性格のだいたいの部分が説明できる。これらは比較的ゆっくりと表出してくるので、教師が事前の想定を持っていたとしても、目の前の事実に応じてそれほど慌てずに修正することができる。

問題は急激に現れる意外な事実である。教師の想定が一瞬にして覆るような事実（例えば、ケースの主人公の責任を追及する議論を準備していたが、その主人公の近親者がクラスにいると分かった場合など）には、その場で対応しつつ、教育目的の最大限の維持を図る姿勢と技術が求められる。このときに欠かせないのは、対応が必要になっている参加者を尊重する姿勢と、「事例から学ばせてもらう」という謙虚な教育姿勢であろう。

このように、事前に参加者を理解するとよい対応が必ずとれるというほど話は単純ではなく、授業中に急に現れる事実にとっさに対応しなければいけない場面もある。それでも教師は、より深い学びを実現させるための義務として、事前に参加者を十分に理解してクラスに臨む。とはいえ、準備時に入手した情報に拘束され過ぎないよう、事前情報をひと通り頭に入れたら、そのことは一度意識から外して、授業の場に現れる参加者のそのときの発言に適宜対応する。教師には、あくまでもクラス参加者の興味関心を生かした討議を心がけつつ、討議の安全も確保していくというトータルマネジメントが求められている。

Reading 2

ディスカッション授業参加者の期待と不安
——多様な胸のうちを理解する

授業で「意見を言い合う」というのは、多くの学生にとって大きなチャレンジである。外見上は平気な顔をしていても、内心ではさまざまな懸念や不安が渦巻いている。こうした討議参加者の胸中を教師が理解するチャンスはどこにあるか。本リーディングではその一例を示した。

MBA学生との懇親パーティーにて

ケースメソッドで教える最初のセメスターが終わった。全部で二〇セッションあったクラスのうち、私は一八セッションをケースメソッドで教えた。決してうまくいったとは思っていないが、この春からビジネススクールの教職に就いて、曲がりなりにもケースティーチングのスタートを切れたことが嬉しかった。

その夜、来る日も来る日もケースの予習に励んだ学生たちの労をねぎらうための、学期末の懇親パーティーが開かれた。例年、一学期の最終日に、このビジネススクールの教務部門が開催している。私もそこに、その夜ばかりは肩の力を抜いて参加させてもらった。授業で学生たちと議論するのも本当は楽しいはずなのだが、新米教師の私にはほとんどそんな余裕はなかった。だから、軽くお酒を飲みながら学生たちとフランクに語り合える場は、ほんとうに楽しみだった。

　パーティーが始まると、たくさんの学生たちが私を囲んでくれた。せっかくの機会なのだから、私としては彼（女）らと授業以外の話をしたかったのだが、彼（女）らはそれを許してくれない。ところが、私にとってはそのことが幸いして、実に大きな収穫を得た。ディスカッション授業の教室に集まる、参加者の胸の中にある多様な心情に触れることができたからである。

ディスカッション授業に初めて参加した学生たちの声

いろいろな人のいろいろな意見を聞きたい

　私は自分の考え方一つだけが正解だとは思っていませんし、完全なものだとも思っていません。ずいぶんと足りない部分があるなあと、もともとそう思っていました。だから、いろいろな人のいろいろな意見を聞いてみたいと思うようになりました。自分一人では気がつかない面を、ほかの人の意見を聞くことで知りたい。ディスカッションで自分の意見を多くの人に向けて放つことで、自分自身の意見が鍛えられますよね。たとえて言えば、ほかの参加者は、私にとって鏡のようなものですね。自分が発言しなければ、相手や周りの反応が分からなくて、意見を言うことで初めて自分自身が分かるみたいな。少しかっこいい言い方をすれば、意見は口にして初めて自分の思考の糸口になるのだと思っています。

　一人で考えているだけでは、知識にはならないのです。ちょっと勇気のいることだけれど、いろいろな考え方に出会うことで私自身が触発されればよいと、ケースを通したディスカッションにはこれからも期待しています。

自分の意見を人前で発表して認めてもらいたい

　私はね、自分の意見には自信がありますよ。なにしろ、この問題について長いこと考えてきたし、実際に取り組んでもきましたからね。それなりにきちんとした形で結果も出してきたと思うし。苦労話なしには語れない努力をしてきましたよ。

　経験を積んで、知恵も蓄えてきた私は、これを機会に自分の意見を人前で発表して、ほかの人から認めてもらいたいと思っています。ロジカルに説明することにも自信がありますしね。自分の分野については、議論では絶対に負けませんよ。それにも絶対の自信があります。

　これまでに培ってきたことを発表する場が欲しいなと

常々思っていた私に、このようなディスカッションの場は最高の舞台です。だから、なるべくドラマティックに話したいですね。この教室で、私はみんなから注目を浴びて、自分の積み上げてきた経験と知恵をもっと賞賛されたいと思いますし、事実、そうなりつつありますよ。

周りがみんな賢く見える

ディスカッションの場では、周りの人がみんな優秀そうに見えます。最初に切り出して発言する人もそうですけれど、みなの意見をまとめて話す人もそうです。ディベート調で議論する人、反対意見でも臆せず発言する人、熱心にメモをとっている人、一番前で発言する人、業界をよく知っているその業界の人。そういう人たちの中で下手に自分の意見を言ったら、私のレベルがばれちゃうじゃないですか。バカだと思われやしないかと不安になりますよ。

自分の意見は的を射ていないんじゃないか、あるいは、レベルが低いことを言っているんじゃないか、もっと難しいことを言わなければならないんじゃないか、論点がずれているんじゃないか、悩み出したらきりがありません。使うケースが自分のいた業界だったなんてめったにないし。むしろ、自分のいた業界や業種、職種と異なるケースのほうが圧倒的に多いでしょう。こういうときはですね、したり顔で意見を聞く役にまわって、周りに同調することにしてるんです。というより、そうするしかないんです。

自分の意見を否定されるのではないだろうか?

ディスカッションで不安なことは、自分の意見を否定されたらどうしようかということです。ちょっとしたことであっても、自分の意見を否定されると、自分自身が否定されているような気がして落ち込みます。ましてや大勢の人前で否定されたら、しばらくは引きずりますよ。ああ怖い。

正面から否定されたら、どうやって立ち直ったらいいのか分かりません。反論もできないと思います。どこまで反論の準備をしておいたらよいのかも、見当がつかないし。一人の人から反対されるのも怖いけど、自分の意見と逆の流れがクラスにできてしまったらと思うと、やっぱり発言できませんよ。

発言することで傷つくのはいやです。だから、論戦に打ち勝つ自信がないときは、人目につかないように静かにして、なるべく黙っていようと思います。でも、自分の意見と同じ流れが出てくるときはあるから、そんなときにだけ、波に乗って発言しちゃいます。うまく発言できたときは、やっぱり気持ちがいいです。

あててもらえないうちに議論の流れが変わってしまった

ディスカッションの流れって、すぐに変わっちゃうじゃないですか。あれって、すごくフラストレーションが溜まるんですよ。手を挙げていたのに、あててもらえないうちに誰かがぜんぜん別の話題に進めちゃうから、せっかくまとめていた考えが一瞬にして使えなくなっちゃうじゃないですか。私がモタモタしているからいけないんですかね。こういったことは、ほとんど毎回の授業で感じます。次の話題が始まってもすぐにはついていけないから、考えをまとめて、いざ発言しようと手を挙げていると、また話題が変わる。ディスカッションはこの繰り返しですね。

反応の早い人は、どんな話題にでもすぐについていけるんでしょうが、私はじっくり考えてから発言するたちなので、おのずと発言数が少なくなります。もちろん、発言の数だけで評価されるわけではないのでしょうが。

無理やり先生のリードしたい方向に向かわされている

これは先生によって違うんだけれど、先生のリードしていきたい方向に無理やり向かわされている感じがあって、なんかつまんないなという気持ちになることがあるんだよね。もう最初から着地点が見えていて、どうしてもそこにいかなければならないみたいなんだ。ケースメソッドのディスカッションっていうのは、一つの答えを出すためにやっているわけでもないし、ましてや合意を取り付けるためにやっているわけでもないはずでしょう。先生の内に含んでいる答えのほうに無理やり導かれてしまうっていうのは、どうかと思うな。

ときによっては、みんなも本当にしたいと思っている議論じゃないはずなのに、「もっと別の議論をしましょうよ」とは言わない。かえって先生の手助けをしてしまっているんじゃないかと思うときがあるね。ある人は「先生の意に背いて、成績で復讐されたらいやだからね」と言っていたしね。参加者がみな先生に飼いならされているようで、そういうときにはとってもイライラしてくる。

自分一人では大きな流れに立ち向かうには無力かもしれないけれど、私はできる限りの抵抗をしていくつもりですよ。パワーが要るけどね。

いったいなんの力がつくのか？

ちょっと聞いてください。学期の始まりから中間テストまで、私はクラスでの発言数が多くて、クラス貢献度は高かったんです。それも単に発言回数が多かっただけじゃなくて、実際、質も高かったと思います。自分でも影響力のある発言をしていたと思っています。そのことは、周りも先生も認めてくれているはずです。

でも、中間テストの結果が返ってきて、わけが分からなくなりました。さんざんな点数でしたよ。隣の人に返された答案をちらっと見たら、A＋でした。その人はほとんど発言をしていなくって、影の薄い人でした。これってどういうことなのでしょうか。私には力がついていないのでしょうか。あれだけ発言しても、いったい何の力がつくのか、疑問がわいてきました。

嫌いな人から学べますか？

三カ月もディスカッションをしていると、好きな人、嫌いな人がでてきたりするのって分かりますか。「嫌い」といっても、なんとなく嫌だなと思うくらいから、絶対に口をききたくないという範囲までいろいろなのだけれど、どうも、この「嫌い」っていうのは、ちょっと嫌いだという程度でも「嫌いは嫌い」になってしまうんですね。

嫌いな人の意見を受け入れるっていうのはたいへんなことで、私にはそんな芸当はまずできません。特に嫌いな人がいい意見を言ったりすると、余計に腹立たしくなって、「絶対に学んでやるものか」って壁を作ってしまいますね。それだけ人間の器が小さいってことなんだろうけど、正直そんなところです。

何が学べるのかまだ分からないけど楽しみ

「ケースメソッド」って何度説明を聞いてもよく分からなくって、「ケースメソッド」と「ケーススタディ」との違いもまだよく分かっていないかもしれません。まっ、もっと体験を積んでいけば分かることなんだろうな。

でも、「ケースメソッド」で学ぶって、なんだかよく分からないけれど、いつも楽しみです。事実に基づいて書かれたと言われるケース、いろんなバックグラウンドを持った参加者たち、その道の第一人者である先生、これだけの役者が揃うのだから、教室では絶対に何かが起こっているのだと思います。そんなわくわくとした期待を持って授業に出ること自体が、「ケースメソッド」でどう学ぶかを知っていくことにつながるのでしょうね。

この「わくわく感」を大切にしていけば、きっと私はこれからもよい経験ができるのだと期待しています。学ぶことの喜びに向けて、自分を開いておきたいです。

参加者を理解することはディスカッションリーダーの役割である

その夜、彼（女）らの生の声に触れることができた私は、ディスカッション授業に参加している学生たちの多様な心情をまた少し理解した。教師たちが成績をつけ終わったタイミングであることを学生も知っているからか、また、お酒の力も借りてか、その晩の彼（女）らは実に饒舌だった。あとでこの話をベテランの教授にしたら、彼は「うーん、学生の考えてることっていうのは、ほんとに今も昔も変わらんな」とつぶやいた。

ことさらディスカッション授業に限った話ではないのだろうが、一度社会に出た大人が構成するクラスというのは、参加者が多様だ。さまざまなバックグラウンド、性格、学習観を持った人たちが討議に参加している。教室に集まった参加者たちは、ディスカッション授業に対してさまざまな期待像を持っていて、期待した姿と現実にギャップがあったときの対処の仕方も人それぞれだ。

ディスカッションリーダーが、教室に集まる参加者の胸の中にあるすべてのものを予測することは困難だろう。ただ、このようなことは言えるだろう。彼（女）らが持っている期待や不安が多岐にわたるということと、授業中に彼（女）らがさまざまな場面である種の快感やフラストレーションを抱えていくことを少しでも理解するよう努めることは、ディスカッションリーダーに課された大きな役割の一つであると。

参加者の不安やフラストレーションというネガティブな感情に対して、ディスカッションリーダーは、「やり過ごす」「受け入れる」「緩和する」「克服をサポートする」などして対処できる。しかし、対処法を選択するその前に、「参加者を理解しようとする努力が十分だったか」を自分に問いかけようと、その夜、私は自分に言い聞かせながら家路についた。

Case 2

クラス発言の裏事情

このケースには、メンバーによる協働効果や相乗効果にはまっすぐに目が向かず、利己的な学習姿勢を貫こうとしているかに見える学生たちが登場する。そんな学生たちと同じクラスに居合わせている教師と他学生は、彼らをどのように理解すべきなのだろうか。また、彼らは「学びの共同体」にとって招かれざる客なのであろうか。

准教授・春日正司の悩み

平成大学ビジネススクールの一年次一学期の必修科目であるマーケティング。今日もケースメソッドによるディスカッション授業が行われている。この科目でCクラスを教えている准教授の春日正司には悩みがあった。その悩みゆえに、教室に向かう彼の足取りは最近いつも重かった。このクラスには「できることなら指名したくない学生」が二人いた。しかし、この二人くらい熱心に手を挙げてくる学生もいないのである。彼（女）らを指名しないで授業を進めるというのは、どう考えても不自然だった。

春日が指名するのをためらう学生は、その一人を岩淵浩太という。岩淵は三〇歳で、出身学部も平成大学の経済学部である。卒業後は外資系銀行に勤務したが、そこを退職して平成大学ビジネススクールに来た。彼はどんなケースでの議論にも強い興味を示し、指名されるといつも目をキラッとさせて嬉しそうな表情を見せた。マーケティングのクラスが始まったころ、春日から見るとこの学生はかなり優秀だと思えた。彼の発言には多面的な検討の跡が見られ、情報の統合度が高いレベルにあるように思われた。また、手を挙げるタイミングも、話の間の取り方も絶妙だった。

　できれば指名したくないもう一人の学生は、その名前を水野佳枝という。彼女は難関と言われる国立大学を卒業後、コンピューターメーカーの経営企画セクションで六年間働いた後、企業派遣で英国の有名ビジネススクールに留学したが中退した。それと同時に会社も辞めたらしく、しばらく社会との接点を断っていたようだが、「経営学修士の学位取得をきっかけにもう一度企業で働きたい」と考え、平成大学ビジネススクールに来ていた。春日はこうした情報を、水野自身が書いたプロフィールカードから知った。彼女は現在三六歳で既婚、子どもが一人いる。彼女の発言も言葉が少なめではあったが、たいへん独創的で内容的にも優れていた。

岩淵を指名すると必ず起きること

　なぜ春日は岩淵を指名したくないのか。それは彼を指名すると「一種の嫌悪感のような雰囲気」がクラスに漂ってしまうからだった。マーケティングの授業は全部で二〇セッションから成るが、第五セッションが終わったころから、このような雰囲気が次第に顕著になっていった。

　ちょうどそのころ、春日のオフィスアワーに質問にきた別の学生が気になることを言った。「岩淵くんの発言はグループ討議での他の人の発言の総集編らしいですよ。彼はほとんど予習もしてこないで、グループ討議ではほんとうに適当に発言しているらしいんです。で、グループのメンバーからのリアクションを頼りに自分の分析ロジックをパパッと組んで、そこにグループ討議で仕入れたネタを盛り込み、その場でどんどん料理して、クラスでは先生に食べさせてしまう。もっぱらこんな噂ですよ。」――その後、岩淵に関する同様の噂を春日は何件か耳にすることになった。

　授業で岩淵が発言すると、他の学生たちは「またかよ」とか「でた！」「お見事！」という類の小声を発しながら、クラスの端と端で目を見合わせてうんざりしたような表情を交わし合っている。そして、岩淵の発言のあとは、ほんのしばらくではあるが、ほとんど手が挙がらない時間が訪れる。春日は岩淵を指名する都度、このいやな時間を乗り越えなければならない。クラスのほとんどの学生は岩淵にあきれているように思われる。そして、その「あきれ」が時間とともに「嫌悪感」に変わってきているように春日には感じられた。

岩淵も自分の発言のあと、ほぼ必ず訪れるいやな時間について、自覚していないわけではないようだったが、本人はそのことを気にする気配もなく、毎授業、同じ調子で参加していた。

水野を指名すると必ず起きること

春日が水野を指名したくない理由も、彼女を指名すると、岩淵の場合と同じような空気が流れるからだった。ただ彼女の場合は、いやな空気の中身とその流れ方が岩淵の場合と少々違っていた。彼女は誰の意見も盗んでいないが、グループではまったく口を開かないし、グループ討議に出席しないことも珍しくないという。要するに、彼女は成績の対象にならないグループにはいっさい貢献せず、成績の対象になるクラスにのみ全力で参加しているという指摘である。グループ討議での水野の様子も、岩淵の噂と同様のルートで繰り返し春日の耳に届いていた。

それにしても、水野の発言はいつも洗練されていて、かなり磨き込んだ跡が感じられた。彼女の発言には素直に感心する学生も少なくないようだし、クラスの議論には彼女は確かに貢献している。しかしもし、水野についての噂が本当ならば、彼女はグループではただ口を閉じ、自分の意見をひたすら磨いているということなのかもしれない。グループ討議に来ないことが頻繁にあるということは、彼女自身、平成大学ビジネススクールでの学びにおいて、グループ討議をあまり重視していないというようにも推測できる。彼女の発言に対するクラスの反応も、グループ貢献を軽視してクラスだけに全力投球する彼女への反感のあらわれなのだろうか。

あるとき、水野の発言に対して激しく反論した学生の発言を捉えて、春日は一度だけ、水野と彼女が属するグループのメンバーにゆさぶりをかけてみたことがあった。「あれっ、グループ討議でその話題になったときは、どんな議論になったんですか?」——春日は勇気を出して聞いてみたのだが、しーんと静まり返ったその緊張感と、「先生はなーんにも分かっちゃいないね」とでも言わんばかりの冷たい視線に、自分のした「いたずら」をすぐに後悔したのだった。

春日が目指そうとしているクラス

春日自身は日本の大学を卒業したあと、ある都市銀行に四年勤務して退職。米国のビジネススクールでMBAを取得し、そのまま博士課程に残ってph.Dの学位を取得して帰国した。彼を鍛えた米国での学習環境はケースメソッドによる白熱した激論の場であり、父親の仕事の関係で幼少期をロサンゼルスで過ごした春日は語学力で悩むこともなく、ビジネススクールでのディスカッションを大いにエンジョイしてきた。そんな彼の目指すクラスは、米国ビジネススクールのカルチャーの影響を少なからず受けて理想化されていた。平成大学ビジネススクールでの教歴はこの春で丸六年になる。

春日が考える理想のクラスとは、積極的な発言が飛び交うクラスであった。だから、彼は他の教師よりも学生の発言を強く促した。発言のインセンティブとして、成績に占めるクラス貢献点の割合を四割と明示し、授業中にしばしばそれを口にもしたし、彼のシラバスにも大きく記していた。

クラス貢献点の中間発表

一〇セッションを終えたところで行う中間テストの答案を返却するタイミングで、春日はクラス貢献点の中間発表をすることを学生に約束していた。ここで彼は、岩淵と水野のクラス貢献点をどのようにつければよいか困っていた。

問題の二人に関してはいろいろな噂話が耳に入ってくるものの、「それはそれ」「クラスでの貢献は確かな貢献」と割り切るつもりでいた。しかし最近になって、そうとばかりも言っていられない事実に直面していたのだ。

前々回の授業で、岩渕の発言は本当にすばらしかった。感激した春日は、彼の側で話を聞こうと彼に近づいていった。岩淵は春日の目から視線をそらさず、熱く語り続けた。ところが、春日が岩淵の机の上に目を落とすと、そこにはまったく書き込まれた形跡も、ページが開かれた形跡さえない新品のままのケースがあった。春日は動揺した。岩淵が予習してこないという噂は本当だったのか。

また水野についても、思わぬところから聞きたくもない話が飛び込んできた。同僚の早川准教授が出勤する途中で水野を見かけた際、彼女は携帯電話で「グループ討議には出なくていいの。成績と関係ないし、グループの雰囲気も悪いから」と歩きながら誰かに話しているのを聞いたというのだ。早川が水野を見かけたその時刻とは、水野がグループ室でグループ討議に参加しているべき時間帯だった。春日とはごく親しい早川が、水野に関するでたらめなことをわざわざ春日に耳打ちするという可能性はゼロに近い。

明日には前半のクラス貢献点のフィードバックをしなければならない。にもかかわらず、春日の頭は混乱していた。――「この二人をどう評価すればいいんだ。」

第4章　学びの共同体を築く

筆者が担当するKBS「ケースメソッド教授法」の授業では、科目担当教員である筆者が「学びの共同体」というコンセプトを繰り返し強調するため、参加者もこの言葉を頻繁に口にするようになり、クラスの目標として認識し始める。しかし、「学びの共同体」の正体は依然として曖昧なままである。私たちは「学びの共同体」の性格をどのように理解すればよいのか。また、それはどのように構築され得るのか。本章では、この二つの問いに答えよう。

1　クラス参加者は「学びの共同体」をどのように感じているか

第1章で述べた「学びの共同体」とは、次のようなものであった。

①さまざまな背景を持った個性が混じり合い、各人は、自分と集団の〝学び〟のために協力し合う。
②学生はお互いの人間性とその日の授業課題の双方に興味を持ち、オープンな対話によって討議が深まる。
③発言者は自説を述べるだけでなく、自分の考えを検証し修正する。かたくなに自説に固執するものはいない。恐怖の代わりに興味を持ってお互いの話を聞く。意見の相違は論争ではなく質問をもたらす。
④一つのまとまりとして活動するうちに、学生は安易な満足を求めず、慎重な検討に価値を見出す。

出所：Barnes et al.（1994）（再引用）

「ケースメソッド教授法」クラスでは、教壇に立つ筆者自身が「学びの共同体」という言葉を意識的に頻出させていることも一因だろうが、履修者がこの言葉を前向きに受け止め、自分たちでも頻繁に口にする。これは例外なく毎年感じる印象であり、「学びの共同体」という言葉の持つ温かさや奥深さに、履修者たちはときに惹かれ、ときに癒されながら、クラスに参加しているように思える。そこで筆者は、「学びの共同体を築く」と銘打った第四会合の冒頭で、「参加者にとっての『学びの共同体』とはどのようなものか」を毎年尋ねることにしている。この問いかけに対して返ってきた答えのいくつかを図４－１で紹介しよう。

逆に「学びの共同体」に非ざる状態はどのようなものかと尋ねると、図４－２のように返ってくる。

ＫＢＳのＭＢＡ学生はこのクラスを二年次の二学期に履修するので、この時点ですでに三〇〇ケース程度のケースメソッド授業に参加しているが、「学びの共同体」という言葉を手にすることで、これまでに参加してきたケースメソッド授業の本質に理解が及ぶ。また、この科目をＫＢＳ外から履修している人たちの多くは、ケースメソッド授業の経験自体がそれほど多くないので、おそらくは「学びの共同体」という言葉を頼りに、ケースメ

・新たな気づきや次の思考のきっかけをもらう場
・他の参加者のバックグラウンドを垣間見られる場
・人の足を引っ張り合うのではなく、互いに押し上げ合う場
・自分が謙虚かつ素直になれる場
・温かい気持ちになれる場
・すべての参加者が水平・対等な状態を維持できる場
・協働作業による相乗効果を実感できる場
・参加者が各自の持ち物を出し合い、ぶつけ合い、掘り下げることを通して、新しいものを作り出す場
・他者への期待が顕在化していて、みながそれに応える努力をする場
・思わぬ方向性（ブレイクスルー）を見出せる場
・教師自身が頼りにしているもの

図4－1 「学びの共同体」とはどのようなものか？

ソッド授業の何たるかを理解したと思われる。

クラス参加者がこれほど「学びの共同体」という言葉に愛着を持つようになるのは、私たちの日常生活の中に、このような豊かな気持ちをもたらしてくれる「共同体」が、ありそうでいて、なかなかないからなのかもしれない。ケースメソッド教育がもたらす教育効果の大部分はここから生じている。つまり、教師によるティーチングそのものよりも、「学びの共同体」という装置が教育を促進し、教師は装置に働きかけつつ、その装置の力を借りながら授業を行っている。そのような意味で、第1章でも「ケースメソッド教育は装置型教育」と書いたのである。

それでは、このような頼り甲斐のある装置を手に入れるには、授業者である教師はどのような努力をすればよいのだろうか。これが本章の趣旨である。

・話し手と聞き手に分かれている場（受身の人がいる）
・最後に勝ち負けが決まる場
・極端な競争状態にある場

図4－2　「学びの共同体」に非ざる状態とはどのようなものか？

2　「学びの共同体」を築くための考え方とその枠組み

「学びの共同体」はあたかも生命体のように動くが、もちろん生物学的にみた生命体ではなく、化学物質でも建造物でもない。「学びの共同体」という名も、集団の社会的状態を概念的に説明しようとしているに過ぎず、そこに科学的な定義は与えられていない。

それはさておき、相互に学び合うための諸条件が設定された自律主体集団は、ほぼ必ず、自らこのような状態へと向かう。筆者の理解では、「学びの共同体」とは、設計図に従って設計者の意図通りに人為的に構築していくものではなく、集団そのものが「なろうとする」「なっていく」ものであり、「できていく」ものである。このような理解をもとに「学びの共同体を築く」ことを考えると、教師の仕事は、参加者の相互作用によって「学びの共同体」が形成されるプロセスに対して、その進行を支援すべく働きかけることとである。例えば筆者は、共同体構築の努力を、授業者として次の枠組みで行っている。

（1）授業の構造化（テーマと教材の流列）"structuring"

自律主体集団は、自分たちが自律的に動き回るための場がどのような構造で用意されているかを知りたがるので、授業者はコースの基本構造を早期に明示することで、この期待にまっすぐに応える。ここで特に話題にしたいのは、科目を構成している要素としてのテーマ、イシュー、教材の流列（整列順序）である。科目を設計した教師には最初から全体像が見えているが、学ぶ側は受講が進む都度、視界が広がっていくのであり、最初からは

・第１会合：ケースメソッドを理解する
・第２会合：討議から学ぶことの価値を考える
・第３会合：参加者を理解する
・第４会合：学びの共同体を築く
・第５会合：非指示的に教える

図４－３　ケースメソッド教授法　各会合の学習テーマ

全体が見えない。であるならば、何から先に見せ、最後に何を見せていくかのストーリー展開を考えることは、授業設計者の腕の見せどころであり、また楽しみの一つでもある。筆者は高校時代にアマチュアバンドに参加し、ライブ活動なども行ってきたが、ライブでの曲順を考えることは、その日のライブを聴いてくれる人たちにとって、どのような後味のものにしようかと考えることにつながっていた。一曲を演奏するごとに「薬が効いてくる」ように曲順を考えるのは、骨の折れる作業だが、彼らを楽しませるためにはもっとも重要な作業である。

「ケースメソッド教授法」は、本書末尾に添付した授業シラバスにあるように全五会合で構成しており、各会合の学習テーマは図４－３のとおりに設定し、整列させている。科目の開講中に筆者は、どのような考え方で個々の学習テーマを並べ、全体物として構想・設計したのかを、第一会合の冒頭、第三会合の冒頭、第五会合の冒頭の三回にわたり説明している。教壇での実感として、履修者がこの説明をもっとも深く理解したと感じるのは中間地点（第三会合）での説明を行ったときである。おそらく、履修者にとってクラス前半の受講経験と重ね合わせてテーマの並びを理解しやすく、また後半に向けての受講の意味付けと動機付けを行いやすいからであろう。

（２）コントラクト“contract”

コントラクトは英語では「契約」の意味だが、ここではもう少し柔らかく、「授業を提供する側と受講する側が授業開講の事前に交わす約束事」という意味で用いている。

本節でコントラクトを取り上げる意味は、契約期間が比較的短い教育において、その事前に交わされるべき約束事について考えたいからである。教育の原始的な形態の一つは、教会・修道院・寺で行われるような、長期の修行を伴う教育である。そこでは日々、毎週、毎月といった短期の教育目標が明確に示されることは少なく、五年や一〇年といった時間軸で、そこで学ぶべきものが少しずつ受け渡されていく。そこでの最終的な教育目標は「その道で一人前」になるということであり、先人たちから「一人前」と認められることで、教育期間が終了する。このような場合、修行開始の事前に交わされるべきコントラクトはそれほど具体的かつ詳細には明文化でき難い。

これから話題にしたいのは短期の教育におけるコントラクトである。「ケースメソッド教授法」は大学院のカリキュラムの一科目であり、合計二七時間半という短期の教育プログラムである。また、クラス参加者はこの授業を履修するために授業料を支払い、授業者は授業料の対価として具体的な価値を提供するというように、費用と便益の交換が前提となっている。そうなると、「二七時間半後に何が手に入るのか」「そのためにどのような学習が、効率よく、かつ効果的に提供されるのか」「このクラスを履修する参加者の成績はどのように評価されるのか」という一連の約束事が事前に必要になってくる。特に、自律主体集団が自発的に学ぼうとするクラスでは、どのような主体行動が許され、また慎まれるべきかを示唆する羅針盤の必要度が増すため、履修前にクラス参加者と交わす約束事は非常に重要になる。

コントラクトの中にも、フォーマルなものとインフォーマルなものがある。フォーマルなものとは文字によって明示された約束事であり、その最たるものは授業シラバスであろう。筆者らが作成している「ケースメソッド教授法」の授業シラバスは約一〇ページから成り、ＫＢＳの他の科目のシラバスと比べるとかなり長い。情報量が多く読み応えのあるシラバスではあるが、履修者はほぼ必ずこれを熟読した上でこの科目を履修するかどうかを決めている。シラバスの内容は、授業者からクラス参加者に向けて発せられる第一声であるので、筆者は「学びの共同体構築のスタートラインはここにある」という自覚を持って作成している。約束できないことは書かない代わりに、約束できることは積極的に書き、クラス参加者の期待形成に努める。一方、インフォーマルなものとは、柔軟に運用したいルールであるがゆえにあえて明文化せず、随時口頭で発信したい約束事である。筆者の場合は、履修を通して起こり得る諸問題をできるだけ詳細に事前に想定し、参加者と交わすコントラクトを明文化するものとそうでないものに仕分けしている。ただし、両者の境界は厳密でなく、授業開講年度によって、前年にフォーマルだったものがインフォーマルな扱いに変わったり、その逆が生じたりしている。

(3) 初期設定 "initial settings"

初期設定とは、自律主体集団の凝集性がそれほど高まっていない初期の段階で、授業者が行う「基本的な躾《しつけ》」であり、こちらが想定しているグラウンドルールからの逸脱が見られたときに「丁寧に行う警告」である。時間とともに自律的になろうとする集団に対して、彼らの自主性を損なわない範囲で躾をしたり警告できるチャンスは限られている。筆者の経験則ではあるが、コントラクトと初期設定によって自律主体集団は初動の方向性を決めているように思う。もしそうであるならば、初期設定は非常に重要となる。「ケースメソッド教授法」の授業は第一会合から第五会合まであるが、筆者は初期設定の八割を第一会合で完了するように努めている。

では、初期設定の具体的手段は何か。筆者がこのクラスを運営する際には、次の二本立てで臨んでいる。一つは、ケースメソッド授業の基本コンセプトである「学びの共同体」「勇気・礼節・寛容」「温かいムード」「学生と盟友になる」を連呼することである。開講直後でまだそれほど自律的ではない時期とはいえ、大人ばかりの授業なので、指示的な言動はなるべく慎んでいる。その代わりに、目指したい方向性や維持したいルールについて、参加者が「くどさ」を感じる直前まで、何度も確認することにしている。

もう一つは、参加者の望ましくない言動に対して、その言動が生んだマイナスの影響をまず筆者が受け止め、修正してから場に戻すことである。初回の授業では、参加者も力が入っていたり、軽い興奮状態だったりする。そのため、意に反して刺々《とげとげ》しい発言をしてしまったり、必要以上に表現が強くなったりしがちだ。問題は、その発言者に対して他の参加者がネガティブなイメージを持ち、そのマイナスイメージが参加者間の相互作用によって増長され、時間の経過とともに固定化してしまうことである。ここで教師がすべきことは、その言動をマイナスのループに載せないように手を打つことである。筆者の場合、発言の内容自体は歪曲せずに、その語気だけを弱めて復唱（その具体例を第7章で紹介している）するようにしている。マイナスの印象を和らげ、他の発言を誘うことで、建設的な討議のレールに戻すわけだ。このような対応をとるべきタイミングを見つけるのは難しいが、筆者は問題となる発言を受けとめた他の参加者の表情を観察しながら判断している。

（4）事後操作 "sensing"

開講前のコントラクトと、開講後数時間に行う初期設定がいずれもうまく機能したとしても、このクラスの授業時間は二七時間半ある。当然ながら授業の進行とともに、好むと好まざるとを問わず、さまざまな出来事が起こる。科目担当教員である筆者には、ときに「学びの共同体」になろうとする、ときに目指す姿から離れようとする自律主体集団に対して、その都度影響を与えていく仕事が待っている。それが、ここで言う事後操作である。

ただし、筆者の考えでは、事後操作の重要性や操作余地の大きさは、コントラクトや初期設定と比べてそれほど大きくはない。「ケースメソッド教授法」のクラスでは、事後操作は主に第三会合以降の課題だが、そこから修正できることは意外と限られている。

また、事後操作にも二つあり、一つは、望ましい姿への方向付け、もう一つが問題への対応である。望ましい姿への方向付けは、理想的な「学びの共同体」の形成に向けての仕上げを行うことだが、問題への対応は困難な状況からの脱出を意味する。コントラクトと初期設定を入念に行えば、問題の発生頻度を下げたり、大きな問題になるのを防いだりすることはできるが、自律主体集団のコラボレーションである以上、何らかの問題が生じることは半ば不可避である。

「ケースメソッド教授法」のクラスでは、ケースメソッド授業が行われる教室でしばしばお目にかかるような問題を描写したケース教材をいくつも扱っているが、これらの問題の多くは、コントラクトや初期設定の不十分さにも起因しているので、より本質的な対因療法はコントラクトや初期設定に立ち戻ることである。第2章で紹介した金田准教授のケース「動くはずなのに動かない授業」でも、週末セミナーの教室に学内者と学外者が真っ二つに分かれて座り、双方の遠慮とお手並み拝見意識がもたらす悪循環がもとで討議が活発にならなかった状況は、まさしく初期設定に失敗している事例の典型と言える。したがってこのケース教材では、「この状況をどうするべきか」という問いへの答えが現実解であったとしても、初回の授業をどのように運営し得たかについて、時計の針を戻して議論するべきなのだ。

もちろん、いかなる理由があろうとも教室から逃げ出すことが許されない授業者は、時々刻々と発生する問題に対症療法を施さなければならない。事後操作はマニュアルになりにくい分、教師自身の教育観の確立とそれに基づく対応が望まれる。

3　「学びの共同体」を築く方法

これまでの説明をもとに、四つの枠組みである「授業の構造化（テーマおよび教材の流列）」「コントラクト」「初期設定」「事後操作」をどのように駆使して、学びの共同体を構築するのかについて述べよう。この説明のためには、図4－4を参照いただきたい。

図の上下方向は時間軸を表す。授業の事前、第一会合、第二会合、第三会合、第四会合、第五会合と、時間は上から下に流れる。一方、図の横軸では左側と右側に分けて二つの要素を表現した。左側は授業者の努力余地であり、左に行くほど努力余地が大きいことを表す。右側では左側に表されている授業者の努力が、効き目となって共同体構築に貢献する度合いを表している。こうして、図4－4全体では、左側で注がれた授業者の努力が右側の効き目にどのように反映しているかを表した。

授業の構造化とコントラクトは授業の事前に発せられるメッセージであり、それが授業の終わりまで生き続けていて、次第に効き目を増しながら、クラスを最終会合に向かわせる。初期設定は第一会合で重点的に行われる。事後操作が行われるのは主に第三会合以降であるが、前述したとおり、事後的な操作としての状況対応が積み重なって「学びの共同体」が形成されるのではない。授業の構造化やコントラクト、そして初期設定こそが、望ましい共同体の構築にはよりよく効く。左側に描かれた図形の面積は、その会合を運営する授業者の意識下にある留意の量を表している。面積が大きければ、授業者は「ここががんばりどころ」と意識していることになる。

このようにして見てみると、ケースメソッド授業において「学びの共同体」を築くための配慮や努力の多くは、開講前あるいは開講直後に投入されていることが分かる。本章の冒頭で、クラス参加者が考える「学びの共同体」のリストを紹介したが、その中に「教師自身が頼りにしているもの」があった。筆者もまったく同感で、ク

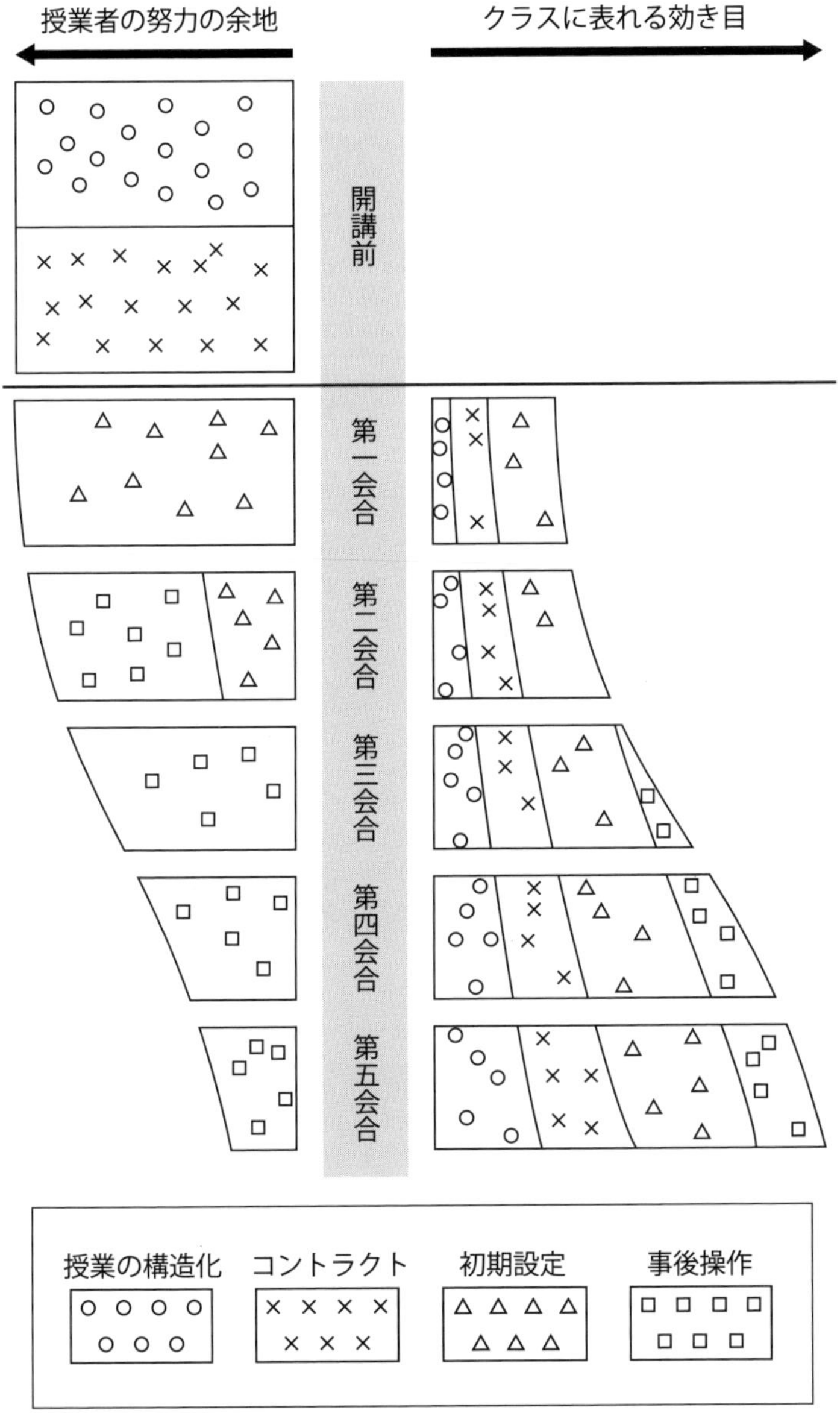

図４－４　学びの共同体の構築

ラスの中盤以降に授業者である自分自身が、共同体の力を借りながら授業ができるように、クラスの序盤で丁寧に作り込んでおくという感覚である。「最初が肝心」という格言は、ケースメソッド授業にもよく当てはまっている。もちろん、中盤以降で必要となる事後操作の重要度も高いのではあるが、事後操作の数々は、授業の底流にある基本構造やコントラクトが適切に機能し、初期設定にもある程度成功していることを前提に駆使すべきである。

4 「学びの共同体」はうまく築けないときもある

言い訳がましく聞こえるかもしれないが、「学びの共同体」がうまく築けないときもある。少なくとも、自律主体集団であるクラス参加者に対して、授業者側にコントロールできることは限定されているため、努力を尽くしたけれど、「学びの共同体」がついに姿を現さなかったという帰結もあり得る。

その理由はいくつか考えられる。よく遭遇するのは、参加者Aと参加者Bの確執が学びの共同体の形成を妨げる状況など、もともとはクラスの外で生じた問題がそのままクラスに持ち込まれる場合である。また、何らかの理由で（積もり積もったものであることが多い）教師が参加者からの信頼を損なっていて、共同体形成につまずくという状況もある。特にこのような理由がなくても、毎回異なる原材料をもとに、製造機械に頼らずに、人間が手作りで作るものである以上、完成品としていつでも同じものができるわけではない。同じケース教材を用いていても、参加者が異なれば討議の内容は大きく変わるし、同じ参加者であっても、午前と午後では討議傾向が変わり得る。このように、ケースメソッド授業では討議の質のバラツキがどうしても大きくなりやすいので、集団が

「学びの共同体」に向かわない可能性もゼロでないことを、授業者は予め理解しておく必要がある。しかし、それでも授業者が共同体形成に向けた努力の手をゆるめないことが重要だ。順調にいかないクラスほど、共同体が築かれたときの価値も喜びも大きく、学びも深くなるものだ。

5　「学びの共同体」をいかに丁寧に築くか

さて、これまでは、授業の中で「学びの共同体」を作り、クラスを運営するという文脈のもとで、大学で行う社会人教育の方法論を議論してきた。しかし、このような共同体形成の技法は、多くの人が協力し合って事を成すときや、ボトムアップ型で創発性のある組織を運営するときの基本的な考え方と重なっている。つまり、ビジネスにおける短期のプロジェクト・マネジメントと、クラス・ビルディングとの間には、双方向の応用可能性がありそうだということである。もちろん、ビジネス現場と大学の教室をまったく同じに捉えることはできないが、基本的な考え方の枠組みは維持できそうだ。その意味で、本章の内容はビジネスパーソンにとっても違和感は少ないはずである。

本章の結びとして、このような作業を「どれぐらい丁寧にやるか」「どれぐらい緻密にやるか」「どれぐらい辛抱強く十分なレベルに達するまでやるか」を問題にしたい。本章で紹介した共同体形成の方法論は、芸術領域の制作マネジメントの場面でも顕著に観察されている。映像制作、舞台演出、美術制作などの場で、協働活動が行われる際に、リーダーは集団を束ね、振り付け、演出している。このような行為が、リーダーシップ・スキルの一端であることは間違いない。

Reading 3

共同体型学習観の一例
――OSのバージョンアップを目指す学習

ケースメソッドで教える講師はどのような教育観・授業観を持っているのだろうか。このリーディングは、ケースメソッドで学ぶ立場から教える立場を連続的に経験したセミナー講師のエッセイから抜粋したものである。彼はクリステンセンの言う「学びの共同体」という概念に拘束されずにこのエッセイを綴っているが、彼の授業観が本書で述べた「学びの共同体」とどのように重なるかを読み取って欲しい。

リッチネス（発想の豊かさ）を広げる

討議における「思考モード」には二種類あって、一つはライトネス（rightness）、もう一つはリッチネス（richness）である。ライトネスとは、論理的な正しさを求めることで、「収束的思考」を指す。ライトネスを求める場では、「なぜ（why）？」「だから（so what）？」という言葉が多用される。事実からできるだけ「答に近いもの」を導き出そうとする営みである。「アカウンティング」や「ファイナンス」など、「定量分析」志向の強いクラスは、ライトネスを求める議論が展開されやすい。

一方、リッチネスを求める場では、参加者は正解よりも「豊かさ」や「幅」が求められる。異なった考えや視点を数多く出し、視点の転換や思考の幅を広めることにフォーカスを当てるもので、「拡散的思考」が志向される。ここで頻出する言葉は、「面白いね」「もっと他には」などで、意見を否定したり批評したりすることは慎まれる。「人的資源管理」「組織行動」など、「定性分析」志向の強いクラスは、リッチネスを中心に議論が展開しやすくなる。

ケースを使って教えるときの、最大の注意点の一つは「ライトネス」ばかりを求めて「リッチネス」をおろそかにしないことである。入学試験などでは、ほとんどの問題は「正誤問題」であり、「正しいこと」と「間違っていること」が明確に区別されている。そのため、教える立場の人は、無意識のうちに「その人の頭にある正解」に向かってクラスの議論を「収束」させようとする。議論を十分に広げて「リッチネス」を味わう前に、「ライトネス」ばかり追い求めてしまうのである。これはケースメソッド授業とは言えない、なぜなら、表面的には「ケース・ディスカッション」に見えても、本質は一般的な「講義」と何ら変わらないからである。

近代社会では、多くの場面で「ライトネス」が強く求められてきたために、教育においても「ライトネス」が重視されてきたのではないか。産業革命以降、豊かさの定義は「よいものを数多く持つこと」となり、効率的な生産こそが競争に勝つ前提となった。そこでは生き物としての「個性」よりも、決めたとおりに考え、動く、いわば機械的な「賢さ」が求められてきた。こうした世界観のもとでは、場は「ライトネス」を求める。人は、大きな機械の歯車のような役割を担い、「決められたことをする」ことで頭が一杯になっている。こうなると、「幅広い考え方」「多面的な価値観」を育てる余裕がなくなる。また、「狭い価値観」の枠組みの中で「ライトネス」を追求すると、意見の違う人と「対立」する構造が生まれやすくなる。もちろん、健全に意見を対立させるディベートも必要だが、行き過ぎると社会コストが大きくなる。

ケースメソッドにおいても、同じことが言える。正解を求める気持ちが強過ぎると、「自分が正しい」というエゴが芽生えやすくなる。しかし、それでは生産的な議論、立体的な学びには到達しない。それを防ぐために、クラスを「リッチネス」の思考モードに振り向けるべきである。「正解」にこだわらず、「多面的な視点」で物事を捉え、そこから何かをつかみ取るようにするのである。

「リッチネス」を求めることで、教室にユニークなアイデアが生まれやすくなる。正しさを求める場では、ユニークな考えは「間違っている」と認識され、表出しにくくなるが、「ユニークさ」「差別化」「オンリーワン」というキーワードは、教育現場に限らず、社会全般においても大きく求められている。同質化した考えから抜け出すためにも、「ライトネス」にこだわらない寛容さ、つまり「リッチネス」の思考モードを積極的に使っていく必要がある。完全な正誤を求めないケースメソッドは、思考の「リッチネス」を養うための有効な方法であるが、このような学習は、学習共同体を成してこそやりやすく、一人ではやりづらい。

基本OSのアップグレード（考える力を磨く）

WINDOWSやLINUXのことをパソコンの基本OSと呼ぶ。少し荒っぽく書くが、これを人間の思考活動に置き換えると、「考える」ことをつかさどっているのは、その人の「基本OS」である。このように考えると、いろいろな「科目を学ぶ」ということは、そのOSの上にワードやエクセルなどの「アプリケーション・ソフトを載せていく行為」に似ている。財務、会計、戦略などのいわゆる「履修科目」は、ビジネススクールが提供するアプリケーション・ソフトである。アプリケーション、つまり、特定の科目や分野の知識を増やすことも大切だが、基本OSである「考える力」そのものもバージョンアップするように努力しなければならない。

このように考えると、ケースメソッド授業は基本OSの機能を高めるのにとても適している。なぜなら、「アウトプットするための言語化」「思考プロセスの可視化」「複数の視点から成る議論」そして先ほど紹介した「リッチネスの探求」など、講義で行われるクラスにはない授業特徴を持っているからである。

しかし、自分がどのような基本OSを使っているのかは、自分自身では認識しにくい。パソコンでも、どのアプリケーション・ソフトを使っているかは一目瞭然だが、その下でどのOSが動いているかはあまり意識されない。同じように、「どの科目を学んでいるのか」を意識しても、それを「どのように考えているか」は意識しづらい。「自分自身はどのようなOSを使っているのだろう？（＝自分はどのように思考しているのだろう？）」と、基本OSに意識的にフォーカスすることで「考える力」をつけることができる。

しかし、基本OSを自分一人でアップグレードするには限界がある。なぜなら、人間は自分自身の思考の限界を自分で認識することが上手ではないからである。複数の人の意見を聞いたり、議論を戦わせるプロセスが基本OSの力を高めてくれるのだ。これこそが共同体型学習の大きな効果であろう。

このリーディングは、松林博文「ケースメソッド講師になること――その『取り組み方』と『心構え』」（慶應義塾大学ビジネス・スクール、ケース、二〇〇四）の一部を抜粋し編集して掲載した。

Case 3

あの人が話し出すと授業が止まる

「学びの共同体」の形成を妨げる要因にはどのようなものがあるだろうか。このケースでは、自分よりもはるかに若いセミナー講師への反発を続ける中高年学生の姿を描いている。社会人セミナーで教えたことのある講師なら、大なり小なりよく似た経験を持っているのではないだろうか。このケースが例示しているのも「学びの共同体」を脅かす現実的な問題状況であり、対応の方法と、その予防方法の検討を読み手に迫っている。

それは、思い出すだけでも重苦しくなる。東京メトロポリタン・ビジネススクール専任講師の北大路にとっては、苦痛の日々だったと言えるだろう。

東京メトロポリタン・ビジネススクールでは、修士課程と博士課程の他に、社会人向けの研修コースを開講していた。期間は三カ月であり、全日制かつ全寮制だった。MBAのエッセンスを集中的に学ぶことができることや、三カ月の間、他の参加者と寝食を共にするため、人脈をつくることもできることから、参加者はいつも定員いっぱいだった。

クラスは四〇名で構成され、参加者はさまざまなバックグラウンドを持っていた。平均年齢は約四〇歳。当然ながら、企業派遣が九割を超えていた。

このケースで問題となっている科目「マーケティング

基礎」の担当講師である北大路は、企業での勤務経験はなく、国立大学の学部を卒業するとそのまま大学院に進んだ。修士課程を修了した後、海外で博士号を取得し、昨年からこの東京メトロポリタン・ビジネススクールでマーケティングを教えている。博士論文を翻訳したものを日本で出版したところ「東京経済新聞賞」を受賞し、また学会では研究実績が高く評価されており、北大路はアカデミックな領域で密かに自負心を持っていた。

東京メトロポリタン・ビジネススクールでは、ケースメソッドという教育方法を取り入れていた。それは教師が一方向的に講義をする形ではなく、ケースと呼ばれる事例教材を用いて、教師がディスカッションリーダーとして参加者の議論を導くことで学びが形成される教育方法であった。そのため、参加者が教師よりも多くの知識を持ち、経験豊かであっても、教師はクラス討議の進行役に徹すれば、学習効果は高くなるはずだった。

香田氏に北大路が最初に出会ったのは、レセプションパーティーのときであった。腰の低い、声のかすれた、いかにも営業畑の長そうな人物であった。香田氏は、名刺の束の中から一枚抜き取り、うやうやしく北大路に渡した。「あなたのように、お若いのに、このプログラムに参加されるとは、大したもんですな」。三〇歳になったばかりの北大路にとっては、香田氏は父親くらいの年齢である。五一、二歳くらいだろうか。北大路が参加者と間違えられてもいた仕方なかった。

北大路が自分は教員であることを告げると、香田氏は最初は驚いたものの、その後、クスリと笑って、「時代は変わっていますからね」と、皮肉ともどうとも取れる言葉を残して立ち去った。

香田氏は、関西の薬の卸会社の取締役だった。その卸会社の社長が、やはり東京メトロポリタン・ビジネススクールで開講されている一週間の「経営者コース」に参加して、いたく気に入り、香田氏を派遣したのであった。日々の業務から三カ月も離れて研修に参加することに、香田氏は不満を感じていたようだった。クラスの平均年齢は四二、三歳だったから、香田氏はその中でも最年長であった。

北大路の苦痛は、彼の初回の授業から始まっていた。「先生、それ、違うな」「先生、そんな例、世の中見渡してもどこにもありまへんわな。机の上だけのことと違いますか」。香田氏は、当ててもいないのに、合いの手を入れるようにタイミングを合わせて、口を挟んでくる。

しかも、そのすべてが北大路を否定する言葉ばかりである。「うちの会社では、そんなことしまへん。できとったら、今頃丸の内に本社ビル建ってますよ」。

香田氏が話し出すと、水が引いたように参加者が黙る。参加者にとっては、香田氏に反論してエネルギーを消費するのがばかばかしいからなのか、あるいは、どうせ時間がたてば香田氏も落ち着くから、それを待っていればよいと割り切っているからなのか。いずれにしても、香田氏の発言とともに、議論の流れは滞った。このクラスでは香田氏が最年長であり、二四時間いっしょの生活の中で、彼の存在感がとても大きかったので、彼より若い参加者たちは香田氏に面と向かって意見できる状況ではなかったようでもあった。

北大路としては、教室では香田氏に支配的に振舞わせたくなかった。しかし、議論の舵取りを自分がしなければならないことは重々承知していても、クラスを立て直すことができず、そんな自分自身にいらだちを感じていた。他の参加者はこの時間が過ぎていくのをただ待っているだけであり、北大路を助けてくれることなどありそうもなかった。

北大路はむかしから人好きで、年長者からもかわいがられる性格だった。これまで人間関係で苦労したことはそれほどなかったのだが、さすがに香田氏のいるクラスで教えるのはいやだった。授業のある日の朝は胃が痛くなったし、気のせいなのかもしれないが、体もだるかった。

その日は北大路の三回目の授業であった。香田氏はこの日も、北大路がリードする討議にタイミングよく乱入するかのように発言していた。「先生、それは、違います」「あーあ、どうして先生はわからんこと言うのかねぇ」と、その日はまるで北大路にかまってもらうのを楽しんでいるかのようであった。北大路は、それらの発言をあからさまに無視し、「誰か他にありませんか」と、他の参加者の発言を促した。その日は香田氏もいつもと違っていたが、北大路もいつもの北大路ではなかった。ある意味、香田氏に対して挑戦的であった。いつものように発言権を与えてしまうのではなく、それを奪回し、香田氏をあえて無視していた。しかし、香田氏はそんな北大路に負けずに、自分の言動をますますエスカレートさせていった。「先生、先生、き・た・お・お・じ・せ・ん・せー」「質問でーす。マーケティング勉強する前に、どれだけ会社にお勤めでしたか」。香田氏は半ば机に身を乗り出し、手を挙げながら発言していた。

クラスは、北大路と香田氏の間の凍りついた空気の中で、結末がどうなるのかを不安に感じながら、その状況を見守っていた。

「では、意見も出揃ったようなので、次の設問に入ります。」と、北大路は、香田氏の声が聞こえなかったかのように、黒板に設問を書き出したそのとき、無視されたことに頭にきた香田氏は、ついにこのひと言を解き放ってしまった。

「ここで学ぶことなんて何もあらへんのや」——学びを共にする場にはまったく似つかわしくない怒号が、教室に響き渡っていた。もう誰も口を開けなかった。

第5章　非指示的に教える

第Ⅰ部では、第1章「ケースメソッドを理解する」、第2章「討議から学ぶことの価値を考える」でケースメソッド授業の概略を理解するべく初級編の内容を扱い、続く第3章「参加者を理解する」と第4章「学びの共同体を築く」で、もっとも重視すべき参加者への洞察を深める中級編の内容を扱った。本章では、上級編「非指示的に教える（Non Directive Teaching: NDT）」に進むことにしよう。

1　「非指示的に教える」を理解する準備

「非指示的に教える」という概念はなかなか難解である。「どうしたら読者に分かってもらえるか」という試行錯誤の末、次ページ以降のリーディングが生まれた。本章ではこれを読み合わせることから始めたい。

Reading 4

非指示的に教えるということ
——学習者が自己と向き合い、新たな自己を獲得することを支援する教え方

ハーバード大学バーンズ、クリステンセンらの著書である *Teaching and the Casemethod* には、Section 5 として Critical Instructional Choice: Guidance vs. Control がある。この部分は、高木が翻訳した『ケースメソッド実践原理』では、「指示的か非指示的かを選択する」という章になって現れる。原著には Section 5 についての前書きが見当たらないが、日本語版では章の前書きに「教育上、重要な選択に関する問題である」「教師の選択いかんによって、知識の獲得と創造に関する学生のレベルが決まるといっても過言ではない」と追記されており、ここに訳者高木の踏み込みがある。この記述が言わんとするところは、私たちがケースメソッド教育への理解のレベルを一段階高めようとしたときに、避けては通れない重要なポイントであるはずだ。

あるとき私は、わが師である高木に、「指示的・非指示的ということについての先生の考えを聞かせて欲しい」と頼んで、時間を作ってもらったことがあった。そのときの会話はまるで「仙人との会話」のようだったといまでも思い出される。それは確か、次のようなやりとりだった。

仙人との会話

これから話すことは「あくまでも私の理解」なのだけれどね。

指示的に教えるにしても、非指示的に教えるにしても、「教える側」の立場から考えるよりも、「学ぶ側」の立場で考えていったほうがいいね。「学ぶ」ということを理解するには、いつくかの道具立てが必要になるな。それじゃあ、そんな道具を見つくろいながら、話を進めていこうか。

……話の始まりがこのような滑り出しのとき、先生はしばしば途中で仙人になる。仙人の話だから下界にいる私には、途中でわけがわからなくなって、話についていけなくなることが多い。今日は典型的な仙人パターンの切り出しだった。

学んでいるのは「自己」である

学んでいる主体になっているものは何なんだろう。まず、ここから入ろう。

学びの主体になっているのは「自己」だね。「自我」という言葉で言い換えてもいい。ここから先の説明には、「自己」という概念を駆使する必要があるから、まずはその正体を探ることをしてみようか。

「自己」っていうのは何か得体の知れないもののようにも思えるけれど、結論から言えば、神経細胞の連結体であって、まっ、平たく言えば、その正体は臓器だと言っていいね。人間の身体で心が宿っているところは大脳だから、自己とは大脳の活動であって、「自己は大脳にある」という言い方もできる。ここまではいいですか。

よし、じゃあ、次。今度は、自己と外界との関わりを考えていこう。

……脳とか臓器が出てくると、かなり「まずい」というのがこれまでの経験から言えること。今日は確実に仙人話になるんだな。

「自己」が認識しているものとは「モデル」である

さてそれで、その「自己」というものが、自分の外側にあるものを認識しています。ここで押さえておきたいことは、ブレーンシステムの活動としての「自己」は、外界を認識する場面では、外界にあるあまねくすべてを、ありのままに認識するわけではないということです。そこでは大幅な捨象(1)が行われていて、外界にあるものが都合よく単純化されて人間の認識に至っているということだね。こう考えると、認識っていうのはある種の「モデル化」なんだということが分かるよね。ある人にとっての外界認識とは、その人の「自己」が、その人に見えている外界を、その人なりにモデル化したものだということです。

ここまではいいでしょう。次は少しややこしくなるかもしれないかな。

……えっ、もうそんなにややこしい話に入ってしまうのか。もう少しついていきたいと思った私は、「集中して聞こう。それから分かったふりをするのは絶対に止めよう」と自分に言い聞かせた。

自己が外界を認識するというのは、いま話したそのとおりなのだけれど、それと同時に自己は、自己をも認識するんだ。自己が外界を認識したときにモデル化して認識したのと同じように、自己が自己を認識するときにも、自己を捨象・単純化してモデル化しています。

これは具体的に言わないと、少し分かりにくいかな。例えば、穏やかに過ごしているときに、人間は自分の心臓が動く様子を意識していないね。肝臓の動きも認識していない。つまり、このときの自己は、心臓や肝臓の動きをモデル化の対象に入れていないということになる。

しかし、心臓も胃も、大腸も肝臓も、絶えず大脳と双方向の情報のやりとりを行っているわけで、脳にある自己は、心臓、胃、大腸、肝臓をいつも捉えているんです。にもかかわらず、多くの場合、自己は自分の心の動きだけを「自己」だと捉えてモデル化する。その情報の抜け落ち方たるや、かなりのものです。

……よかった。今日はまだついていけている。顔を上げると、「まだついてきているな」と判断したのであろう先生が、こう続けた。

モデル化して得た認識を通して、人間はいくつかの気づきに至ります。それは「自分の作ったモデルは不完全なんだな」と気づくことでもあるし、「所詮、すべてのものに対して認識が及ぶことなどないんだ」という気づきでもあるだろうし、「そもそも人間とはそういう生き物なのだ」という気づきにもつながっていくのだろうね。

「学ぶ」ということは、「モデル」を更新すること

この辺まででだいたい道具は揃ったはずなので、「自己」と「学習」ということを接続させてみよう。結論を先に言ってしまうと、「学ぶということはモデルを更新することと」なんだね。すでにあるモデルを修正したり、新しいモデルを得て、古いモデルを捨てたりすることが学習なんだ。学習に完全なゴールがないのは、その行為はどこまで行っても捨象と単純化と更新によるモデリングだからです。

このように考えると、「学び」とか「気づき」という言葉の意味上の目的語を理解することができますね。それはもう言うまでもなく「モデル」です。人間はモデルを学び、モデルに気づいていく生き物だというわけです。

……モデルが更新されると、それによって自分から見たときの「ものの見え方」が変わるということのようだ。

そして、それは外界についてばかりではなく、自分が自分を見るときのその見方も変わり得るというメッセージを、私はここまでの説明から受け取った。よし、まだついていけている。次、来い！

「自己」のあり方次第で、学びが変わる

さあ、ここが最初の山場です。がんばってついてきて。自己が外界と自己の両方をモデル化するっていうことは、さっき話したとおりだけれど、外界をモデル化するときにも、実は自己に関するモデルが活躍しているんだ。なぜなら、私たちが外界をモデル化するときには、「外界をモデル化しようとしている自己を、自分自身がモデル化する」というプロセスを必ず通過しているからです。

ここで、先ほど接続させて考えた「自己認識と学習の関係」をもう一歩深めて理解してみると、こう言える。「学ぶということは、自己に関するモデルを自分が操作しながら、操作後に得られた自己モデルを通して、外界をモデル化し直すこと、あるいは新たにモデル化すること」――それをさらに進めて言えば、こういう言い方もできるな。――「学びとは外界をモデル化して自分の中

に取り入れることであるが、取り入れる自分のモデル次第で、外界認識の成果物としてのモデルが変わる」

まっ、ここが今日の山場かな。このことが理解できたら、「指示的な教え方」「非指示的な教え方」の違いは何かという話に進めるよ。

……先生がそう言い終わった直後、「ちょっとキツくなってきた」という信号が脳から届いた。私の場合、いつもは頭がこういうサインを送ってくる一〇分後くらいに思考が止まるのだけど、今日はどうなるだろうか。

そんなことを考えているうちに、一つの疑問が湧いてきた。これを質問することで、自分の理解度が確認できるかもしれない。それは、こんな問いだった。――「そもそも、なぜ人によって自己が違うのですか。」

「人によって自己が違う理由」は、いろいろな角度から説明できるけれど、ここまでの文脈を生かして説明するならば、「自己が認識するときの立ち位置（原点）が一人ひとり違うから」というのが、いちばん分かりやすい説明になるんじゃないかな。

最初に言ったとおり、自己というのはそもそも臓器だから、自己の原点とは臓器の作動状態としての原点です。健康な人と末期ガンの宣告を受けた人は、暖かな小春日和を同じように認識しません。健康な人の自己と、常に余命を意識している人の自己は、それぞれ臓器の作動状態に起因する原点が異なっているからです。このように考えると、自分の自己を他の人の自己と比べるということがそもそも困難だし、自己の原点は人ごとに相違する相対的なものであることがわかるね。

指示的に教える／非指示的に教える

それじゃあ、まず、「指示的」のほうから考えてみよう。本人によるモデル認識に頼らず、外部から情報を与えて学習させてしまおうという教え方を、「指示的な教え方」と呼びましょう。このような教え方を、ここまでの説明のフレームの中で説明すると、次のように表現できますね。

指示的な教え方では、本人によるモデル認識とは関係なく、第三者が既製のモデルを作り、それを学習者に与えます。学習者はあつらえられたモデルをそのまま取り入れることもあるでしょうし、そこに自分なりの解釈を加えて取り入れることもあるでしょう。ただ、いずれにせよ、この教え方には不十分さが残ると言わざるを得ないね。なぜなら、新しいモデルを得る際に、学習者本人が自己を視野に入れる必然性が小さいからです。

指示的な教え方とは、本人が自己を視野に入れないままに学ばせてしまうこと、すなわち、自己モデルの操作を行わせないで新たなモデルを認識させることを指します。指示的な教え方にはある種の効率のよさがあるので、一概に否定されるべきものではないけれど、これから話す「非指示的な教え方」とはいくつかの点で異なります。

はい、お待たせしました。これでやっと「非指示的な教え方」の説明ができますね。じゃ、行きますよ。

学習者が新しいモデルを得ようとする都度、いまある自己を視野に入れた上で、外界に関する新たなモデルを作るために、自己モデルも操作せずにはいられなくなるように仕向ける教え方があったとします。この教え方のもとでは、学習者は自己モデルと外界モデルの両方を、交互に、あるいは同時に更新させていく必要があります。このような学びが進行するように意図して教えるのが「非指示的な教え方」です。

……そういうことだったのか。自己モデルと外界モデルの両方を更新させるということは、自分のものの見方が変わるから、その分だけ、自分の外にある新しいものに気づくということなんだな。ここまでけっこう難しかったけれど、理解できた！

実務家教育の場には非指示的な教え方がふさわしい

ここまでの説明では、ずっと主語を「人間」とか「私たち」としてきたので、この先は主語を「大人」、あるいは「実務家」「経営のプロ」と置き直してもう少し議論してみようか。

初等教育や中等教育と比べれば、大人に向けた教育というのは、間違いなくモデル教育の色合いが濃いです。例えば、経営幹部に欠かせないと言われるコンセプチュアルスキルの正体は、高度な概念操作を伴うモデリングスキルであると言っても過言ではないしね。

それから、また脳みその話になるけれど、前頭連合野が担当している脳の機能は、他ならぬ「モデル」を扱っています。人間がモデルを操作していることは脳科学の研究によってすでに解明されているし、そのような脳の営みが「経営のプロフェッショナル」と呼ばれる実務家に求められていることも、もはや疑いはないです。

だから、ビジネススクールをはじめとする実務家教育の場では、なるべく高度なモデル操作を、なるべく数多く行う機会を設けたほうがよいということになりますね。自己モデルと外界モデルの同時更新を絶えず迫る教育方法が、実務家教育には適しているということです。

……ここまでを聞いていて、「いまお話いただいたことと、ディスカッションとの関係は、どのように理解することができますか?」——この質問がパッと口から出た。

よし、分かった。いまからそれに答えよう。最近になって、「大人の学習」ということについて、学習理論の研究成果からいくつかのことが分かってきているので、そんな話を交じえて説明してみようか。

ビジネススクールなどの授業で見られるケースメソッド教育では、ケース教材をもとにして行うディスカッションが学びの媒体になっていますね。ここで二つのことに注目してみます。

まず一つは、ケースという教材は、実際に起こっていることをベースに書かれている、ということです。大人の学習というのは、現実物や事実を扱うことで進行していくという特徴があります。子どもだったら単にイメージやモデルの操作だけで学習が進行するのだけれど、大人の場合は現実世界での生活年数が長くなっているために、事実そのものや事実をベースにしたモデルを扱うことで学習が進行するんです。

次。ディスカッション授業では「発言」を介して学習が行われていますね。これはとても重要なことで、私たちが何かについて話そうとするときは、必ず「自己モデルを前提にして話す」ということを行っています。なぜなら、人間は自己モデルを前提にしてしか、話すことができないからです。これは他の人の話を聞くときも同じで、人は自己モデルを通して、他の人の話を聞いて、それを理解しています。だから、同じ話を聞いても、人によって理解が異なるわけ。ということは、自分にとって「何か新しいこと」(現状から脱皮するためのひと言)を話そうとしたら、自己モデルを変えていかないといけないですね。つまり、ディスカッション授業には、発言の都度、モデルの更新を進行させるチャンスがあるのです。

このようなことからも、事実をベースにした教材をもとに、相互の発言を介して学ぶという学習スタイルを取ること自体が、非指示的教育に向かうための第一歩になっているし、大人の学習方法としても、とてもよくマッチしているということが、確かに言えますね。

　もうだいたい説明できたよ。終わろうか。


……先生のこのひと言で、私の緊張の糸がふっとゆるんだ。「今日は何とか最後まで頭がもちこたえた……らしい。」自分を少しだけ褒めてあげたかった。

教育方法だけでなく、学び手の意識も重要である

　表面的な理解だと、ディスカッションを通した学びが「非指示的な教え方による学び」で、レクチャーによる学びが「指示的な教え方による学び」、大筋ではそういうことになるのだが、髙木の話をよく聞けば、そんなに単純な二元論ではないことが分かる。つまり、レクチャーでも非指示的に教えることはできるのだ。現に私はいま、仙人によって、自分が持っている自己モデルと外界モデルを更新するように促され、おそらく両方のモデルを更新した。それによって私の中に新たな教育観が広がった。ものの見方がいくらか変わったから、これまでにも見てきた同じものが、今度は違って見えた。これは大きな気づきであった。

　私にとっての今日の学びはもう一つある。それは、学ぶ側が「自己モデル」を、もっと平たく言えば「自分のものの見方」を、変えることに積極的であるかどうかという、学習姿勢のあり方が大きく問われるということだ。私はこれまでに幾多のディスカッション授業に参加し、「自分のものの見方」を頑なに守ろうとする人たちをたくさん見てきた。

　ディスカッション授業さえ受ければ必ず自分のものの見方が変わるのではない。このことを逆手にとって考えれば、レクチャー授業を受けながら「自分なりのものの見方」を上手に新しくしてきた人も数多くいるのだろう。

　教育方法の問題もさることながら、学ぶ側の意識の問題も負けずに大きそうだと、私は痛感したのだった。

（1）事物または表象のある側面・性質を抽《ぬ》き離して把握する心的操作を「抽象」と呼ぶが、その際おのずから他の側面・性質を排除する作用が伴う。このような作用を「捨象」という。

それでは「非指示的に教える」ということについての議論を始めよう。このリーディングを簡単に要約すると、次のようになる。「学ぶ」とは外界を認識するためのモデルを更新することである。「指示的な教え方」では学習者の自己モデルがどうであるかは問わずに、教師が持っているモデル（学習者から見れば既成のモデル）を提示して獲得させるのに対して、「非指示的な教え方」では学習者の自己モデルがどうであるかを絶えず意識させ、その更新を迫ることで、結果的に新たな認識モデルを獲得させていく教え方（学ばせ方）であると言える。

前章で取り上げた参加者主体の学習（ＰＣＬ：Participants Centered Learning）を可能にするためには、非指示的な教授法（ＮＤＴ：Non Directive Teaching）が必要であるので、目的としてＰＣＬを目指すならば、おのずとＮＤＴという手段が選択される方向へ向かうことになる、と考察できるだろう。

上級編だけにやや難解ではあるが、前章までに繰り返し「自己モデル」を更新してきたに違いない読者には、十分に取り組める課題ではないだろうか。ここからは導入リーディングにも適宜立ち戻りながら、そしてもちろん筆者とのディスカッションを通して、この険しくも眺め爽快な山頂を目指すこととしよう。

2　自己モデルの更新とその支援

「非指示的に教える」ということが教室の中でどのように進行しているのか、すなわち非指示的な教え方が作動しているメカニズムを捉えてみよう。これには二つの側面がある。一方では、教える側が非指示的に教えるということをどのように扱っているのか。そして他方では、非指示的に教えるという行為に対して、学ぶ側がどのように対応しているのか。この両側から、教室で起こっている現象を説明する。ここでのキーワードも「自己モデルの更新」である。

では、始めよう。まず、ケースメソッド授業には必ず「教育目的」が設定されているが、これは討議することで初めて学習者が認識でき、到達できるものである。その目的に向かうために、授業では討議のための基礎資料として「ケース教材」が用いられ、これが討議の誘発装置となる。この誘発装置を作動させるためのスイッチが、授業者から投げかけられる「設問」だと考えよう。

このようにしてディスカッションが始まると、教室は図５－１のように各参加者のその時点での自己モデルの展示場になる。各々の自己モデルがディスカッションの場に表出し、お互いに観察されたり、交換されたり、また相手の自己モデルや自分の自己モデルに対して検討を加えたり、疑ったり、吟味したりして、モデルの更新が進んでいく。その意味では、ケースメソッド授業におけるディスカッションという媒体は自己モデルのマーケットであり、私たちはマーケットにいろいろなものを出品し、そこで取引をしていると言えそうだ。

これを授業者の側から言えば、ディスカッションの「場」を参加者たちの自己モデルが数多く並ぶ豊かなマーケットにすることが、ディスカッションリーダーとしての第一の役割だということになる。

さて、このような自己モデルの展示場であるマーケットに対して、今度は学ぶ側を見てみよう。例えば、ある参加者が授業参加前、あるいはケース教材を読む前に持っていたその人のモデルをMとすると、ディスカッション授業が進行する過程で、このMが揺らいでM′という形に姿を変える。この「揺らぎ」の過程を、図５－２にあるように、Lewin（1952）の「解凍・移動・再凍結（Unfreezing, Change, Refreezing）」という三ステップのフレームワークを用いて説明してみよう。

まず、自分のモデルを変えるためには、自分自身を疑ってかかれるように、凝り固まった頭を柔らかく解きほぐす必要があり、自己モデルの至らなさを自覚し、更新が必要だと自分に言い聞かせなければならない。これが

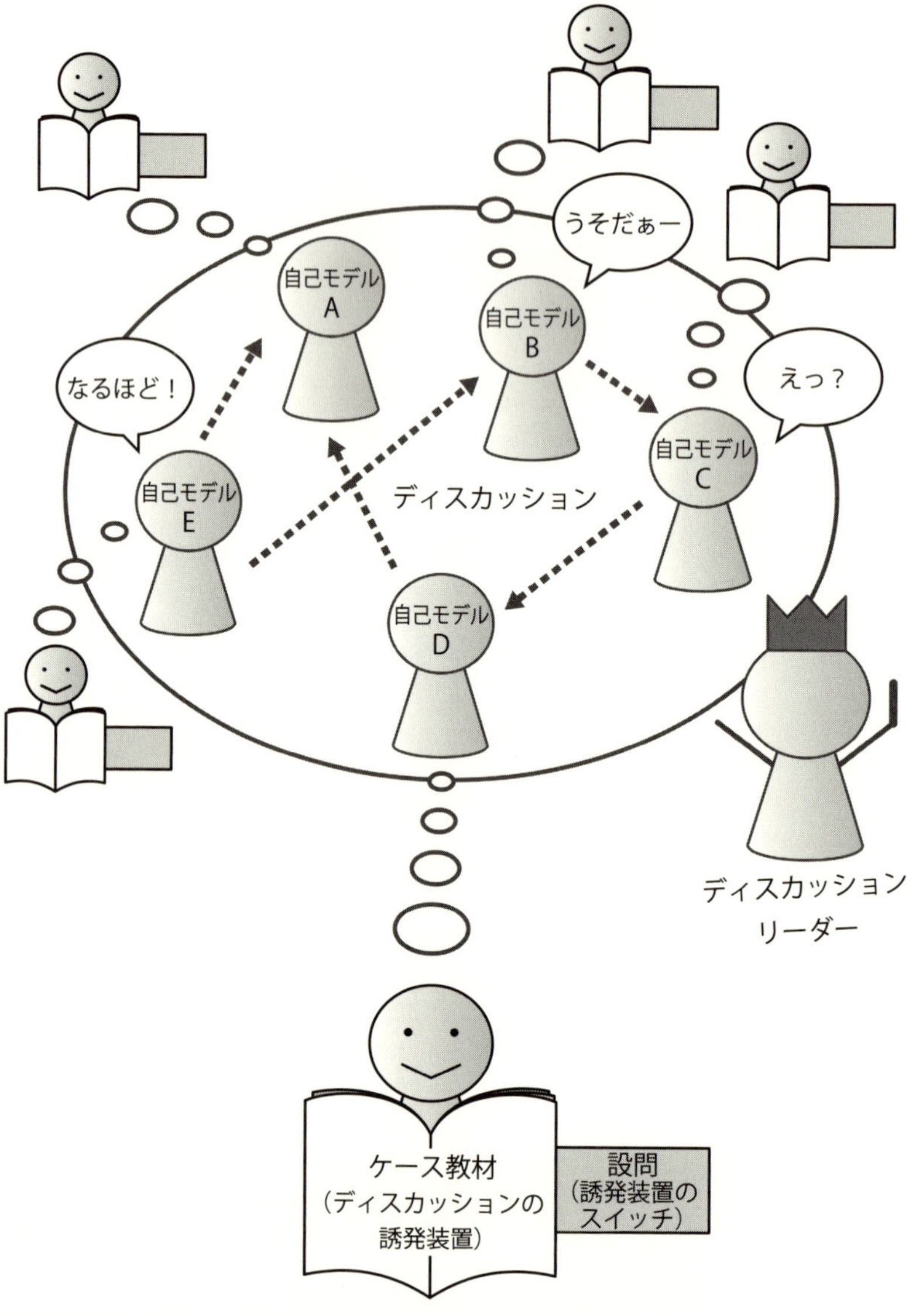

図５－１　自己モデルのマーケット

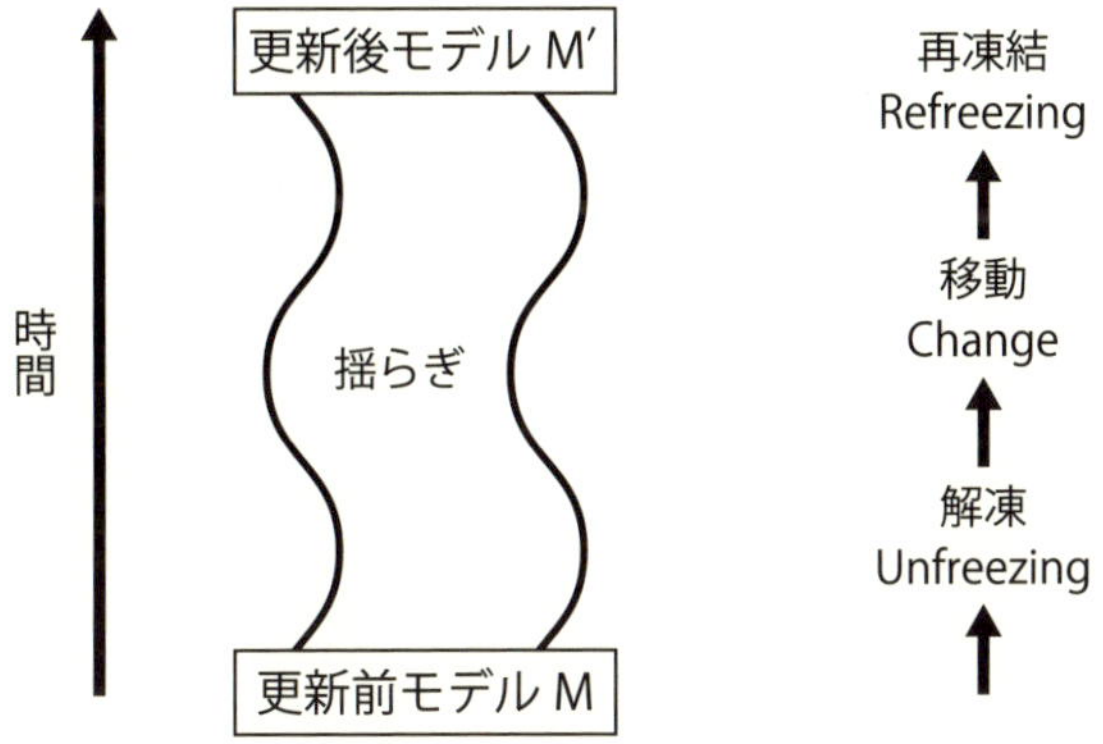

出所：Lewin（1952）

図5－2　自己モデルの更新過程

「解凍」である。次に、自己モデルを望ましいものに修正・変更する。これが「移動」であり、最後に新しい自己モデルの定着化を図るのが「再凍結」となる。ケースメソッド授業は「解凍」と「移動」のプロセスを特に強力に支援する。「再凍結」は教室でも可能であるが、新たに得たモデルの有用性を教室の外でも実感したときに、それはさらに確かなものになるだろう。レヴィンの「解凍・移動・再凍結」は組織変革の過程を説明するためのフレームワークであり、本節ではそれを個人のモデル更新に転用したのだが、論理的にも矛盾なく説明できているのではないか。

3　大人が学ぶということ

教育学は、伝統的に初等・中等教育をその対象の中心に据えてきたため、その領域では授業方法の研究蓄積も豊かにある。しかし、授業方法よりも教える内容の高度さや先端性がより重視される高等教育では、授業方法の高度化に向けた議論が不十分だった。

一九八〇年になってようやく、教育学でも大人の学習を援助する科学と技術の体系が提示された。ノールズによる Andrag-

①主体性を保証すること

②現実の問題を扱うこと

③発話を伴うこと

出所：高木・竹内（2006）

図5－3　大人の学習条件

ogy：アンドラゴジー（成人教育論）である。ノールズは従来の子どもを教える技術と科学（pedagogy：ペダゴジー）に対して、大人が学習する際の、自己概念、レディネス、志向性、動機の特徴を整理した。成人教育に関する枠組みは、ノールズのみならず、意識変容に関するものとして、Argyris & Schön（1974）、Schön（1983）、Mezirow（1991）、経験学習に関するものとして、Kolb（1984）などがあるが、ケースメソッドという授業方法を前提に、大人の学習が満たしているべき条件を抽出・統合すると、図5－3に挙げた三点となる。

第一は「主体性を保証すること」である。黙って講義を聞くという受身の姿勢は、大人の学習の生産性を低下させることが多い。第二は「現実の問題を扱うこと」である。子どもと違って現実生活の経験が豊かな大人たちは、単純化・抽象化・モデル化された現実感のない対象物には強い興味を示さない。むしろ、入り組んだ現実課題をそのまま突き付けられるほうが、興味と関心が喚起され、違和感も少ない。第三は「発話を伴うこと」である。大人の知的活動の中心には、現実課題に対する解釈や分析がある。それらは言語化され、発話により外部に発信されて初めて、妥当性が高まる。大人はそのような営みに自然と駆り立てられる「生き物」なのだ。

こうした三条件をよく理解しておくと、ケースメソッド授業を大人の学習条件に適合させるための見通しをつけやすくなる。あるケース教材が提示する入り組んだ現実課題について、教師の理解による分析と解釈を押し付けることなく、主体的かつ自由に思考させることが大事であり、それが大人のモデル更新につながる。

大人は自分で自分のモデルの不十分さに気づき、自らの手でそれを更新していかなければならないのだが、これは自分に自信を持っている人ほど辛い作業であろうし、勇気のいることでもある。また、年齢が上がれば上がるほど、少々使い勝手が悪くても慣れ親しんだモデルを維持するほうが楽になる。だからこそ、大人が自分でモデルを変えるためには、大人同士が勇気・礼節・寛容を維持しながらディスカッションすることが有効になる。そうであると分かれば、教師の努力も、討議参加者に何を発話させ、何に気づかせるべきかを検討することに自ずと向かうだろう。大人はもともと非指示的な教育を望んでいることを、ここで理解しておきたい。

４　教室で進行させる自己モデル更新

ケースメソッド授業を担当する教師は、教室内でさまざまに進行する自己モデル更新を計画し、先導し、一人ひとりの更新に立ち会う。このとき授業者たる教師には、「参加者にどのくらい大きな更新を求めるのか」という視点がなければならない。

例えば、大学の授業は九〇分が標準だが、このタイムスケールの中で自己モデルの更新はどこまで進み、どこで時間切れとなるだろうか。実際、ケースメソッド授業では、授業に参加したことでかえって混乱してしまい、モヤモヤした気分のままで授業が終わることは日常茶飯事である。これはなぜか。九〇分で解凍・移動・再凍結の全過程が完了していないからである。

では、九〇分で解凍・移動・再凍結をきちんと完了する授業がよいのかというと、必ずしもそうとは限らない。ここで図５－４を見て欲しい。

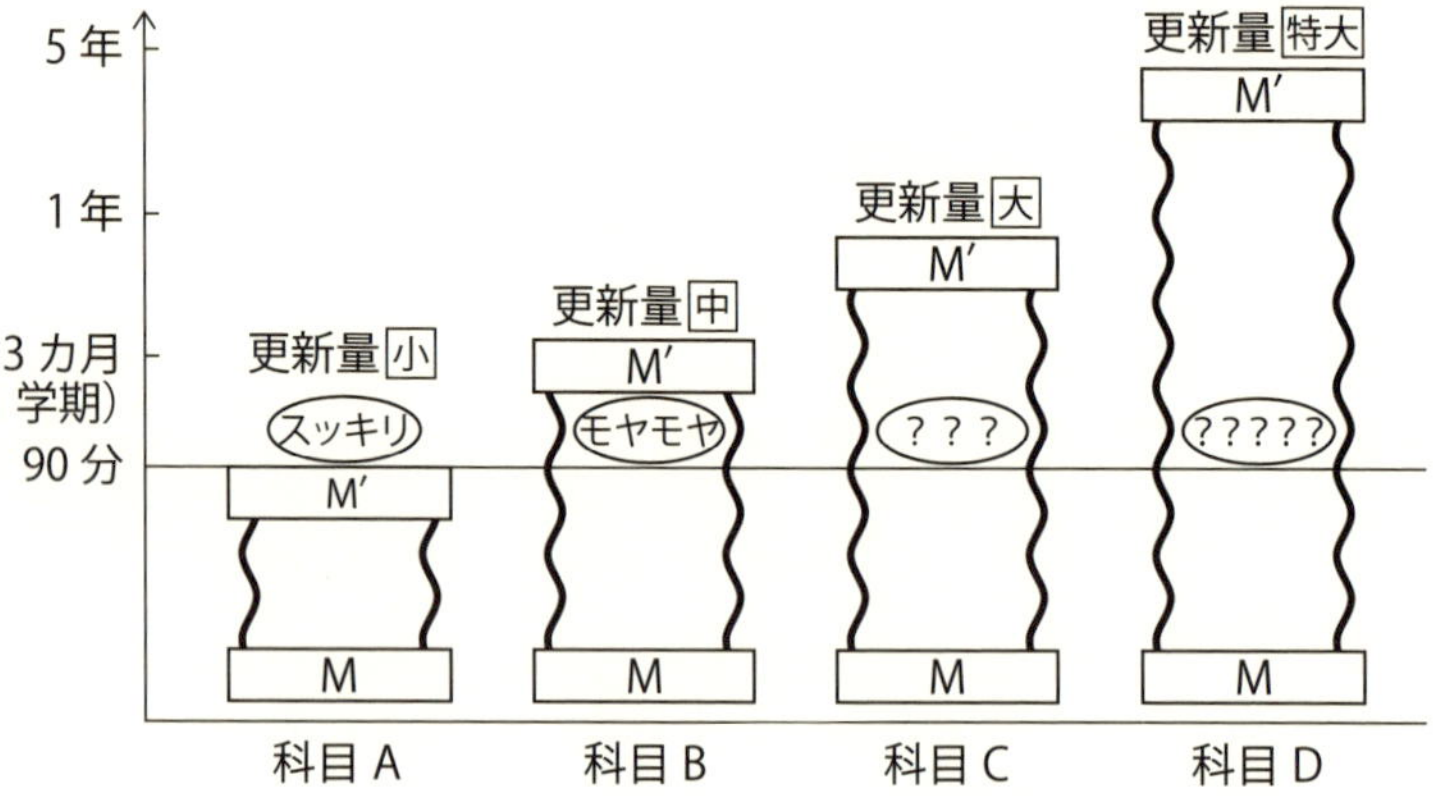

図5－4　自己モデルの更新量

太郎君はMBAプログラムの二年次に、四つの科目を履修した。このうち科目Aは、毎回の授業で求める更新量を小さめに設定している科目で、この授業に参加すると太郎君は毎回の九〇分で再凍結まで完了して、気持ちよく教室を出て行くことができた。ところが、同じ太郎君が科目Bの授業に出ると、全二〇回から成る授業の第一回を終えて、言いようのないモヤモヤ感を覚えた。第二回が終わってもモヤモヤ、第三回のあとではこの科目を履修したことを後悔した。それでも履修取消はもうできないから授業に出続け、第四回、第五回、……一八回目に来て、はたと「もしかしたら、こういうことかもしれない」と気づき、一九回、最終回で、何とか頭の整理がついた。期末試験もうまくこなし、太郎君はよい成績を取ることができた。「苦しかったけれど、とても勉強になった。実に骨太な授業だった」とは太郎君の履修後感である。

ところが手強かったのは、科目C、科目Dである。科目Cは三カ月間の履修期間を終えても、太郎君には何も見えてこなかった。ところが、修士論文を書き終えて卒業も間もないころ、次の就職先でのアルバイト中に、この科目が言わんとしていたことが急に見えてきた。この科目を担当した教師にそのことを話すと、「意外と早く気づいたね」と言われた。また、科目Dでは、科目担当教員が「ビジネスマン人生のどこかで、この科目で問い続けたことへの答えを出してくれることを祈っている」と最終セッションを結んだ。そして、太郎君は卒業後五年経ってから、ある重要なマネジメント上の意思決定場面に直面して、かつて議論したケース教材の数々をふと思い出した。懐かしいそのケースを開いてみると、その当時に誰が何を言ったか、自分がどんな発言をしたか、といった事柄が次々に思い出されてきた。そして、次の瞬間「なるほど、そういうことか」と気づいた……。太郎君は自己モデルの更新を五年がかりで成し遂げたのだ。太郎君は思った。「簡単に手に入ることに、それほどの価値はないのだ」と。

このように授業者は、授業の中では「モデルの更新」を起こすために多くのきっかけを与えてはいるが、それが九〇分の中で必ず起こるかどうかは、授業者がその授業でねらった更新量の大きさに（そしてもちろん参加者個人の内面の状況にも）依存する。モデル更新の完了可能性は更新量を小さく設定すれば高まるが、大きなものをねらうとどうしても下がり、しかも参加者間でばらつく。その代わりに、更新完了時の感動も成長幅も大きい。筆者の考えでは、ケースメソッド授業は基本的には反復訓練による学習方法であり、それが繰り返される中で、さまざまなテーマのモデル更新が日々五月雨《さみだれ》式に進行していくことが理想である。

さらに授業者が視野に入れるべきことは、教室にいるのは太郎君だけではないことだ。教師が教えるクラスに四〇人の履修者がいたとしよう。すると、毎回の授業の前にはそれぞれM1、M2、M3、…M40という四〇種類のモデルがあり、授業が始まると時間の経過とともにM′1、M′2、M′3、…M′40と変わっていくことになる。

図5-5では一〇人目、二〇人目、三〇人目、四〇人目の参加者に背番号をつけ、それぞれがどのようなモデル更新を経験したかを例示した。四〇名が参加したこの授業では、授業者は第二象限（図の左上）にモデル更新するべく授業を設計したとすると、九〇分の授業でM10の人は真上に大きく移動して更新、M20の人は右下から

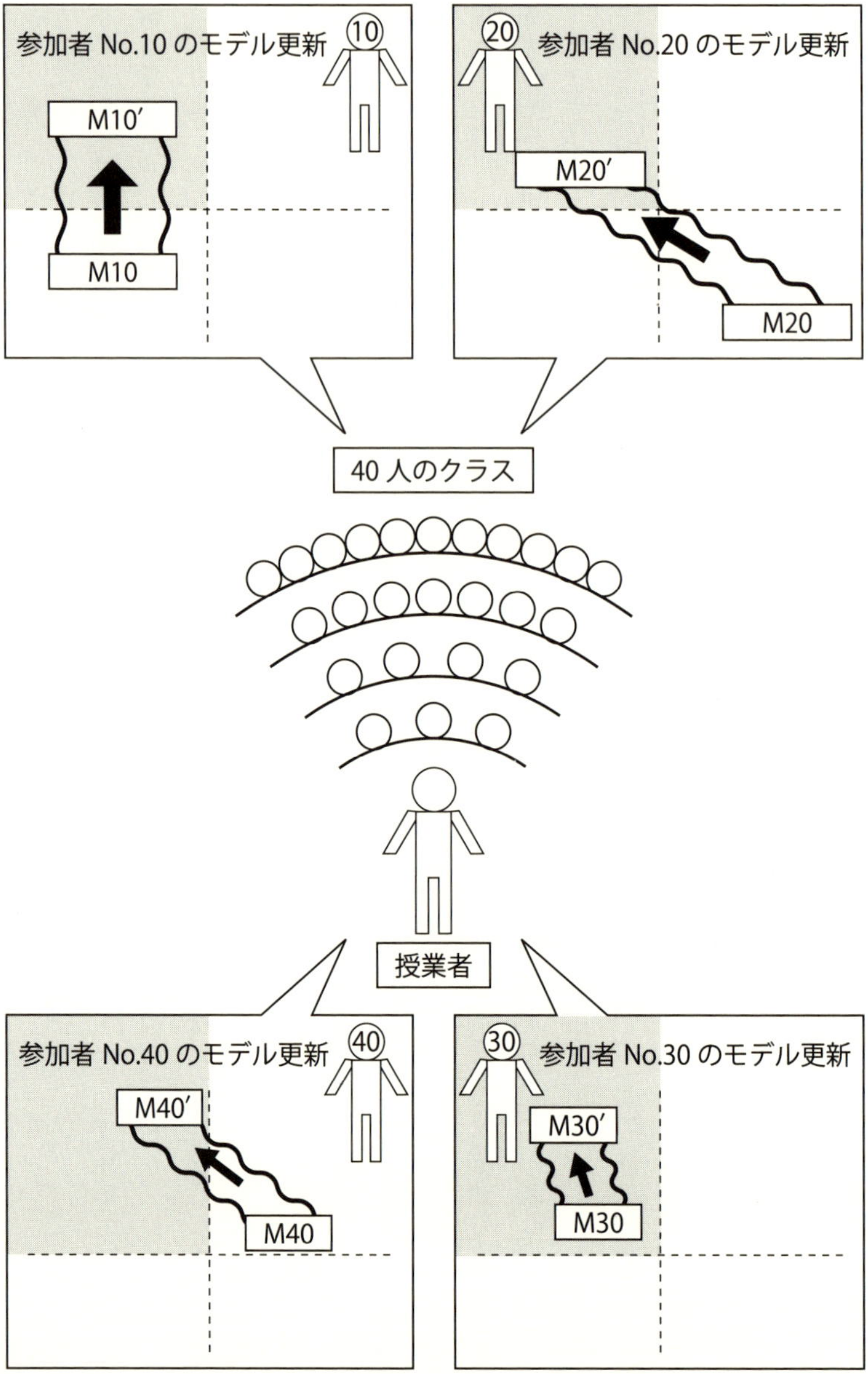

図 5－5　40 通りの自己モデル更新

大きく移動したが上のほうには行けず、Ｍ30の人はもともと左上にいてさらに上昇、Ｍ40の人は右上から左上方向に移動して更新……などということが起こる。この図が示すように、教える側は授業前の四〇通りのモデルをスタートラインとして捉え、そこから四〇通りの更新が始まることを前提に、講師のねらう更新方向に向けてディスカッションを動かしていくという意識が必要になる。

受講者一人ひとりにとっての'before and after'があって当然なので、実際のParticipants Centered Learningは図５－５のような多発生更新プロセスの同時進行となる。しかし、授業者は四〇通りのモデル更新を扱うという意識を持ちつつも、その授業によって一般的・汎用的に実践したい'before and after'――このケースをこのように読んでいるであろう受講者の理解をこのレベルにまで昇華させたい――という「代表モデルの更新計画」をまず持ち、授業計画の中核として確立させるべきである。ただしそれは、教える側が最低限保障するモデルの更新機会であって、一人ひとりはそれとは違うその人にとって価値ある更新をしていくのだと理解したい。

５　なぜ非指示的に教えるのか

多少なりとも教育に携わった者ならば、指示的に教育したほうが教える側の負担も少ないことを経験的に知っているし、ときにはそのほうが効率的・効果的だとさえ感じられるだろう。学習すべき内容が明示されたほうが学ぶ側も満足感を得やすく、習熟度・達成度の測定もしやすい。

しかし、実践教育の場で「教える」という以上は、「知ってもらう」ということだけではなはだ不十分で、「できるようになってもらう」に近づいていかなければならない。もし、知ってもらうだけで済む種類の授業ならば、指示的な教え方でも事足りるし、むしろ効率的でもある。しかし、「知る」ことと「やる」ことの間には大きな差があり、「できるようになっている状態」を話や文字や映像でどれほど伝えても、できるようにはならない。また、教室という学習空間の制約上、そこで実際に仕事を「やってみる」わけにもいかない。

このような議論では、「結局は本人が試行錯誤して、自ら身につけるしかない」という結論になるのであるが、ただただ毎日仕事に勤《いそ》しむAさんと、学費を投じて社会人大学院で学ぶBさんの二人がいるときは、Bさんの期待に応える能力開発支援が大学院でなされなければならない。では、社会人大学院で教える教師はどうするか。ここでの筆者の答えは、「実際に実行するときの思考のあり方を、教室で参加者相互に問い合うことで磨き上げる」である。これを授業カリキュラムで実践するとなると、それにふさわしい授業の形態や方法が選択され、日々の授業が行われなければならない。こうして筆者は、ケースメソッドを用いて「非指示的に教える」という教育の価値を深く認識するに至った。

これまで述べてきたように、一人ひとりのモデル更新が進んでいく場を適切に準備することがディスカッションリーダーの役割であり、だからこそ参加者を知ることに意味があり、参加者一人ひとりのモデル更新を強く促すための学習装置としての学びの共同体を作ることとの意味がある。

本章での議論を経て、目的概念としての"Participants Centered Learning"と手段概念としての"Non Directive Teaching"がフィットした。"Participants Centered Learning"を標榜すると、授業方法は自ずと"Non Directive Teaching"に向かう。こうした目的と手段の関係はこれまで十分に議論されてこなかった感はあるが、実践教育に従事してきた先人たちは、経験的知見としてすでに持っていたのであろう。「"Non Directive Teaching"は教師に大きな負担と苦労を強いるが、これを避けて、真の"Participants Centered Learning"は実現できない」という声は、昔から根強くあり、いまなお説得力を持ち続けている。

ブレヒトの教育劇
――観客に思考を求めた演劇作家の問題意識と作劇の技法

ベルトルト・ブレヒトは、「教育劇」と呼ばれる演劇の数々を世に送り出したドイツの作家である。ブレヒトの教育劇のコンセプトは、本章で扱った「非指示的に教える」こととどのように重なっているだろうか。大学の教室の外で行われている非指示的教育への洞察を深めるきっかけにするべく、このリーディングを紹介する。

ケースメソッド教育を議論するとき、しばしば「非指示的な教育」という言葉が持ち出される。学んでいる本人が自分と向き合い、自分から考えて何らかの気づきや学びを得るように仕向ける教育を「非指示的な教育」と呼ぶのである。

確かにケースメソッドによるディスカッション授業には、非指示的に学びを促す側面があるのだが、非指示的な教育行為を通して人に「学び」を求めてきたものは、何もケースメソッド教育に限った話ではあるまい。古今東西を見渡してその一例を挙げようとするならば、叙事的演劇、あるいは教育劇で知られる演劇作家ブレヒト(Eugen Bertolt Friedrich Brecht, 1898-1956)の試みも、それに該当するものの一つと言えよう。

ブレヒト・その人物像と作品

反俗的精神の芽生え

ベルトルト・ブレヒトは、資本主義社会で阻害された人間の覚醒を求めたドイツの作家である。一八九八年にアウクスブルクで生まれた彼は、高校時代に第一次世界大戦の勃発を体験した。それまでは愛国主義的な詩を書いていたブレヒトは、美化された愛国主義に次第に懐疑的になり、反戦的な文章を書き始めて投稿するようになる。高校を卒業して医学部へ進学した彼は、演劇学ゼミナールに参加したときに出会ったベェーデキントの教鞭から、強い反俗精神を感じ取り、影響を受けたとされる。さらに反戦的態度に強い影響を及ぼしたのは、学業の中断を余儀なくされ、看護手としてアウクスブルク陸軍病院の軍務に服した悲惨な体験にあるとも言われている。

叙事的演劇

物語のように事件を述べ、観客を「観察者」あるいは「批判者」と位置付け、観客に事件の別の可能性を考えさせ、観客自身の決断を求め、その証明を行わせようと試みる演劇を叙事的演劇と呼ぶ。叙事的演劇では観客に対して、「感動」や「陶酔」の代わりに「批判」と「認識」が求められた。叙事的演劇の作家たちは、「感情」ではなく「理性」によって、観る人を認識や思考へと方向付けようとした。

ブレヒトもこの流れを汲んだ作家であり、彼が求めていた演劇は大筋では叙事的演劇であったが、正確に言えば、それとも少し違っていた。ブレヒトは感情を否定することはせず、それを認めはしたが、「観客が自分の頭を使って考え抜くことができる演劇」の実現にこだわった。このような演劇を、彼自身は「弁証法的演劇」と呼ばせたいと考えていた。

ブレヒトは、当時のロンドンの世情を諷刺したジョン・ゲイの『乞食オペラ』をもとにして、作曲家クルト・ワイルと協力して生み出した『三文オペラ』(一九二八)を成功させる。

従来のオペラは大規模なオーケストラによって観客を魅了陶酔させるグランドオペラの形式を取り、大げさで熱情的な演技や大仕掛けの装置によって観客を陶酔させて、イリュージョンを与えてきた。その結果、観客は登場人物に感情同化する。こうした演劇のことを「美食オペラ」、あるいは「催眠術的な演劇」と表現したブレヒトは、感情同化した観客のことを「考えることを中止した人間」(1)と捉えた。

「美食オペラ」に対する挑戦という意味を持つ『三文オペラ』では、観客が陶酔することなく、冷静に舞台を客観視できるようないくつかの手法がとられた。例えば、社会批判や教訓を含んだ歌やバラードを随所に挿入する技法が、この作品では最大限に生かされた。観客に批判的な態度をとらせること、観客に自分のとるべき立場と行動を認識させることがそのねらいであった。

教育劇

一九二〇年代後半から三〇年代初めにかけて書かれたブレヒトの一連の作品は、叙事的演劇（弁証法的演劇）の中でも特に「教育劇」と呼ばれている。文学的な言葉やイメージの装飾をいっさい捨てて、単純な比喩の形で観客の理性的批判を問うことを目指した作品群である。

ブレヒトの代表的な教育劇には、『バーデン教育劇』（一九二九）、『イエスマン』（一九二九）と『ノーマン』（一九三〇）、『処置』（一九三〇）、『例外と原則』（一九三〇）、『ホラティ人とクリティア人』（一九三四）などがある。学校劇として書かれた『イエスマン』は、山伏修業に堪えられなくなった少年を谷底へ突き落とす『谷行』（日本の能の作品）をモデルにしている。村の疫病を退治するために山越えして薬を取りに行く一行に加わった少年が、疲労のために動けなくなる。足手まといになった少年は一行の旅に遅れを生じさせないため、「イエス」と言って死ぬことを了解する。『ノーマン』は、『イエスマン』とまったく同じ状況下で、「ノー」と言う。この二つの作品は、結末において弁証法的な対立を示している。個人と共同体のいずれの立場を尊重するべきかという問いに対して、観客はそれぞれの選択を迫られる。陶酔を防ぎ、観客に判断を求めるブレヒト劇の特質がこれらの教育劇には典型的に現れている。

ブレヒトの教育劇がねらったもの

役者と観客が客観的事実を共有する

教育劇では「役者もまた、観客とともに学ぶもの」(2)と規定され、テーマに取り上げられた出来事は、演ずるものも見るものも同じレベルで討論して熟考する対象とされた。このことは役者の演技法に特徴的に表れている。教育劇では、役者は役柄の当事者になってみせはするが、当事者になりきってはいけない。演技は観客に何がしかの判断を下させるために援用している手段に過ぎず、そこに情緒を作ることはねらわれていなかった。

思考の題材となる演劇は、すでに起こったことを検証するために再現したもので、簡単な言葉と骨組みだけに還元されたアクションを通して、観客に届けられた。客観的事実を伝えるためには、脚色は必要なく、むしろ多方面からの検討が可能になっていることのほうが重要とされた。

開放的な思考のための環境を提供する

ブレヒトの教育劇は、厳格な意味での教育を志向したものではなく、アミューズメントとしての楽しさの中に教育的なものを含もうとしたものであった。ブレヒトは彼の『娯楽演劇か教育演劇か』の中で、「学ぶこと、考えることが自発的な意思によって行われる場合には、本来は楽しみである」と論じている。そしてさらに「楽しみと規定された学習や思考は、堅苦しい環境の中で行われるものではない」とも述べている。初期のブレヒトが、劇場の観客に喫煙を許し、舞台に半畳を入れて、観客が登場人物に向かって意見を言ったり非難したりできるように提案したのも、思惟に必要なくつろぎ、緊張から解放された思考環境、そして自分の考えを実際に口に出す機会を提供しようと考えたからだった。

異化効果を駆使する

ブレヒトが提唱した「異化効果」(ファオ・エフェクトVerfremdungseffekt)とは、舞台上の人物との感情同化を妨げるための技法であり、演じられている出来事から距離を取り、思考しやすい状況をつくるための前提作業となった。例えば、観客が芝居にのめり込み、感情同化する直前で、それを突然中断させるためのショックを与える。ショックを与えられた観客は、これまで理解していると思われたもの(見慣れているもの、慣れ親しんでいるもの、既成の事実として認識しているもの)が理解できない状態(不条理で不可解な状態)に置かれる。そうすると、理解できない状態に置かれた観客は、もう一度理解できる状態に戻そうと努力を始める。このとき、観客は新しい視力を得ることになる。異化効果は、観客に新たな視力(新たなものの見方)を得る契機を与えるために用いられた。このプロセスこそが、ブレヒトが目指していた「思惟する」ことである。ブレヒトが異化に用いた手段は、舞台装置、演出、振り付け、音楽などのすべての機能に及んだ。

ブレヒトは個人を一色の性格とは見ずに、矛盾を内在させた個体と捉えていたことから、登場人物の性格に統一性を持たせず、性格上の矛盾を表出させることで異化効果を引き出そうとしたこともあった。また、台詞そのものの中に異化的な効果が込められていることもあった。「あいつは信用できないんだ。親友だから。」（『肝っ玉おっ母とその子どもたち』）というさりげない言葉の背景には、それが単なる逆説ではなく、その話者がそうした人生智を持つに至った荒廃した時代を覗き見させるように意図したものと思われる。

ブレヒトは「異化」という操作によって観客が思惟することを求めたが、上述のように異化効果には、観客に伝えたいこと、観客に気づいて欲しいメッセージが埋め込まれていた。しかし、ブレヒトはこれらのメッセージを観客に押し付けるのではなく、観客自身が自分で導き出すことを望んでいた。ブレヒトの教育劇は、舞台の最後に何らかの解答や認識を与えることはせず、オープンな形で終わる。ブレヒトは、最終的な解決というものを、少なくとも公式的には明確に持ちながらも、観客の思考と認識を促進するために、いつも未完成な戯曲形式を示し続けた。それは、戦争を体験したブレヒトがいつも抱いていたであろう、上から押し付けられる思想的圧力に対する反発心の表れであったのかもしれない。

いつの世も、探せば見つかる「真の学び方」

ブレヒトの教育劇とケースメソッド教育との間に、「非指示的学習」としての共通点を積極的に見出そうとすることを、本稿は直接的に意図してはいない。しかし、事実を起点とした思考を通して判断に向かわせようとする学習設計の存在、舞台と客席の関係に見られる協働探求姿勢、そして、観客の深い思考を促すために必要だとしている観劇環境への考え方などには、ごく自然にケースメソッド教育との共通性が感じ取れることも事実である。

ブレヒトの劇に惹かれて劇場に足を運んだ観客は、決して少数というわけではなかった。非指示的な学習を尊重する「こころ」と「営み」は、いつの世にも存在して、人間の能力の向上に大きな役割を果たしてきたのであろう。しかし、その「営み」の本質がいつも数多くの人の確かな理解を得て、学びのあり方としてメインストリームであり続けたかと問われると、考えさせられるものがある。「真の学び方」を探す力が、人間にはいつも問われている。

（1）『小思考原理』（ブレヒト、一九四八）　彼の演劇論の第一次集大成。
（2）このような記述は、ブレヒト教育劇の初期作品の注に見られる。
（3）本ノートの作成にあたり、次の文献を参考にした。

ベルトルト・ブレヒト、千田是也訳『三文オペラ』岩波文庫、一九六一
ベルトルト・ブレヒト、岩淵達治訳『ガリレイの生涯』岩波書店、一九七九
ベルトルト・ブレヒト、岩淵達治訳『肝っ玉おっ母とその子どもたち』岩波文庫、二〇〇四
岩淵達治『反現実の演劇の論理』河出書房新社、一九七二
岩淵達治『ブレヒト』（センチュリーブックス人と思想　64）清水書院、一九八〇
岩淵達治『ブレヒト　戯曲作品とその遺産』紀伊國屋書店、一九八二
岩淵達治編『現代演劇１０１物語』新書館、一九九六
野村修『ブレヒトの世界』お茶の水書房、一九八八
ベルトルト・ブレヒト、千田是也・岩淵達治訳『ブレヒト教育劇集』未来社、一九六七

Case 4

この授業は難しすぎます

神田川教授の「経営統計」クラスは、高度な内容の授業を目指しており、履修者はクラスに参加するために求められるワークロードの大きさに、半ば悲鳴を上げながら学んでいる。私たちは本章で「非指示的な教え方」についての洞察を深めたが、神田川教授の授業ポリシーは、高度経営実務者を育成するという教育目的の実現に向けて、どのような強みと課題を持っているだろうか。

M大学ビジネススクールの教授・神田川弘明は、「経営統計」の学期末の成績をつけ終えたばかりだった。例年どおり、評価は少し甘くつけていた。授業が厳しいことでは名高い神田川も、授業を厳しくして、成績まで厳しくすることには懐疑的だった。

成績表を教務へ提出したあと、神田川は教務から自分の授業の評価シートを受け取った。これは「経営統計」の授業を履修した学生が、神田川の授業について評価したシートである。教員が履修者の成績表を教務に出すと、それと引き換えにこのシートを受け取ることができるルールになっていた。

研究室に戻った神田川は、彼とともに学んだ履修者たちが書いた評価シートを読み始めた。神田川の授業についての評価シートには、学生の声として、こんな言葉が並んでいた。

「先生は一部の学生としか授業をしていません。教室は授業を理解できずにいた学生であふれかえっていました。お気づきになりませんでしたか。」

「なにしろ予習が大変でした。必修でもないのに、こんなにいろいろと準備しなければならなかったので、きっと少なからず、必修科目の成績に影響しているはずで、そっちのほうが心配です。」

「先生が求める内容は高度すぎます。みんながみんな、先生のように仕事をするわけではないので、ＭＢＡのレベルでここまで統計を使いこなせるようになる必要はないと思います。」

「先生の自己満足に付き合わされるのはかんべんしてください。」

「私はついていけませんでした。たぶん。この授業は難しすぎます。こんな授業はもうこりごりです。」

すべての評価シートに目を通したあと、神田川は一人つぶやいた。

「残念だけれど、このくらいのコメントは予想の範囲内だ。全員が全員、私の授業を理解することなんてできない。私が目指している授業はそこらにあるような授業じゃない。私が目指したいのは、価値ある授業なんだ。全員が理解できないのは仕方がないんだ。」

しかし、そうつぶやいたあと、次のようにも考えた。

「いや、待てよ。今年のコメントは今までとは少し違うな。こういう反発に近いコメントは、ここ二〜三年の傾向ではあるけれど、今年のは今までいちばん厳しいコメントだ。」

評価シートは無記名でもよいのだが、何人かの学生は記名していた。神田川の授業についていけなかったと書いた学生の一人が評価シートに名前を残していた。――「染谷圭一（そめやけいいち）」

神田川は、染谷とはどんな学生だったか、その顔を思い出そうとしていた。「ああ、あの茶髪の青年か。」染谷は最後列の向かって右側にいつも席をとって、比較的よく発言していた学生だった。彼には先ほどA評価をつけたばかりであった。なのに、評価シートには「私はついていけませんでした。たぶん。この授業は難しすぎます。こんな授業はもうこりごりです。」と書き記されていた。

統計のプロ・神田川教授

神田川弘明は国立大学の経済学部を卒業後、調査会社に就職し、大手企業の大型調査プロジェクトをいくつも手がけた。彼の仕事ぶりには客先から絶大な信頼が寄せられた。調査会社で五年ほど活躍した後、彼は母校に戻り修士課程を修了。その後、米国のY大学で博士号を取得し、統計学の先鋭的な研究者としてM大学ビジネススクールに迎えられた。神田川は統計のスペシャリストとして、学内外で評判が高く、この春、准教授から教授になったばかりである。学会に報告する論文数の多さは、学内でも高く評価されていた。

神田川が担当している「経営統計」は、MBA課程の専門科目として開講されて今年で六年目の科目である。M大学ビジネススクールでは現在、統計学を必修科目に加えていないが、同校のカリキュラム委員会は、統計学の看板教員である神田川には、来年度から必修科目としての統計学を担当してもらうことも検討していた。

現在の「経営統計」のクラスでは、統計学が経営にどこまで生かせるかというテーマを探求していた。この科目では、実務家であっても統計の基礎理論を深く理解し、それを正しく使いこなせるようになることが求められた。統計を経営上の意思決定に役立てていくことが大いに期待されていたのである。

この科目においては、履修者は毎回ケースを読み、ケースの末尾に与えられた演習問題を解き、その解をどのように解釈すべきかを議論し、この先とるべきアクションを決定することが、毎クラスの営みであった。

「経営統計」の授業に出るためには、学生たちはまず、かなりのページ数の教科書を読んでおく必要があった。そこで当該のケースを学ぶために必要となる理論を学んだ上で、ケースに付属した設問の答えをコンピュータソフトを用いて用意しておかなければならなかった。その下準備には、数学の知識とコンピュータソフトの知識が必要不可欠であったため、相当数の学生は、時間をかけさえすれば準備が進むというわけにはいかなかった。そこで神田川は、この科目を開講した翌年から、ボランティアでコンピュータソフトと数学を教える補習時間をつくっていた。また、電子メールでいつでも質問してよいことにしていた。このようなわけで、「経営統計」は履修する学生だけでなく、教師にとっても負担の大きな科目であった。

今年度の「経営統計」クラス

神田川は今年の授業について、一回目の授業から順番に思い出していた。学期が始まったばかりの一回目の授業で、アイスブレイクのつもりで言い放った冗談にも、学生たちは身構えたままだった。それでもどうにか演習問題を解き終えて討議に入ったが、重苦しい雰囲気がぬぐえず、「今日は無理をするのはやめよう」と、神田川は討議をあきらめて講義を続けた。このようなことは「三年に一回くらいあるもの」と神田川は気にしなかった。

二回目の授業では、教室にいる学生の数が前回のほぼ半分に減っていた。M大学ビジネススクールでは、科目履修の取り消し手続きを二回目の授業が終わるまで受け付けていた。一回目の授業に出て、「これはうわさ以上にたいへんだ」と思い知った学生が、次々に履修を取り消したのだった。教室が学生でいっぱいになっていた一回目と比べると、それは見事な差だった。最初の一回を終えて、ここまで履修者が減ったのは初めてのことだったが、そのことについても神田川は、別になんとも思っていなかった。履修者が半数になることで、むしろ、やる気のある学生のみが残るから、ちょうどよいとさえ思っていた。

三回目の授業のときのことであった。毎回、最前列に座っているシステムエンジニア出身の学生たちが、授業が終わってから、神田川に近づいてきて、こう言った。「先生、クラスにはすでに取り残されている学生が結構います。学生同士で教え合っているのですが、ちょっと追いつきません。」

確かに今年の履修者は、総じて苦戦しているように思えた。神田川は数学とコンピュータソフトを教える補習に加えて、授業で扱った問題をもう一度解き直すための補習も必要なのだろうかと考えはじめていた。しかし、追加的な補習は結局、行わなかった。

ただ、こういった負荷の大きな授業であっても、過半数の学生が神田川の教える内容を理解し、授業についてきていると、神田川は感じていた。数学とコンピュータに苦手意識のありそうな学生は、ほぼ全員が神田川の開いている補習に参加していたからだ。染谷もその補習に参加していた一人だった。そうやって、いくつかの授業を思い出すうちに、染谷圭一の記憶が一気に蘇ってきた。

その日、五回目の授業のときも、染谷圭一は、U字型教室の右奥に席をとっていた。いつもと同じく手を挙げて発言する学生は少なく、神田川と目の合った学生を指名することで授業は進行していった。染谷はいつも何か語りたがっているような目をしているように思えたので、神田川は染谷を指名することが多くなっていった。染谷は懸命に答え、数値の評価をして、自分の考えを述べた。予習をよほどしっかりやってきたに違いない。神田川は染谷を褒め、黒板に染谷の意見をまとめて書き留めた。

六回目の授業でも、あいかわらず討議で発言する人が少なかった。神田川は、どうしても一部の学生を指名しがちになってしまっていることに、自分自身気がついていた。

発言する学生たちの多くは、教室の前方に席をとっていた。彼（女）らは理系出身の学生だったり、システムエンジニアだったりした。この一部の学生の発言内容のレベルは高く、議論も深まるので、神田川も教えていて楽しかった。彼（女）らには、期末の成績評価でAを与えることになったのだが、そんな学生たちが手本となって、クラスが引っ張られていくことを神田川は期待していた。

神田川は、自分が教えているこの授業の内容に自信を持っていた。「経営統計」はまさに理論を実務で駆使するためのクラスであるという自負があった。そして、過去五年間の授業の実体験から、「少なからざる数の学生がこの授業の真の価値を理解してくれている」という感触を、神田川は得ていた。しかし、教室の後ろに座っている学生の中には、今年も授業中に携帯メールを打っているものが何人かいた。

染谷圭一は、教室の前方に陣取っているシステムエンジニアたちには分析力で及ばないものの、その懸命さを神田川は評価していた。発言も必ず毎回していた。ただ、発言の内容から、ときおり混乱している様子も見て取れた。染谷は理系出身ではなかったが、基本的な理論知識は身につけつつあるように思われ、その知識を経営意思決定に活用できるようになりつつあると神田川は感じていた。

七回目の授業のクラス討議は、まったく発言がなく、沈黙が続いていた。このときばかりはシステムエンジニアたちですら、発言をしなかった。あとで分かったことだが、相当に負荷の大きい必修科目のレポート提出期限が、この日の正午にあったようだ。「経営統計」は必修ではないため、学生たちは予習を十分にしてこなかったようである。

神田川は、名簿を使って順番に指名していった。「分かりません」という返事がしばらく続き、理系出身の学生がいくらか発言するということの繰り返しであった。

授業も九回目になると、クラスは、必ず予習をしてくる学生と、まったくしてこない学生とに分かれていた。発言する学生は、教室前方のシステムエンジニアたちとほかの一部の学生だった。

最終回の一〇回目では、グループに分かれて、グループレポートで取り上げる課題の設定を行った。グループレポートとは、文字通りグループ全員で作成するレポートのことである。このようなワークでは、どんなメンバーを集めてグループをつくるかが、成績に大きく影響すると考えられていた。グルーピングに関しては、神田川は一切関与せず、学生だけで決められた。そのようにしてできるグループには、大所帯になるグループもあれば、わずか二人というグループもあった。グループレポートが学期末テストの代わりになるので、学生たちは真剣だった。どうにかして自分のグループに統計のエキスパートや理系の学生を獲得しようと、獲得合戦が行われていた。染谷は、その発言回数からも、獲得される側の学生であり、染谷を中心としてグループが一つ形成された。

神田川教授の心にひっかかるもの

ここまで授業を順番に思い出しながら、神田川は、「染谷はついていけなかったと書いているが、彼はついてきていたはずだ」とあらためてそう感じたし、感じたかった。

高い理想を持ってクラスを運営してきた神田川には、必ずしも全員がこの高い目標に到達できるとは限らないと分かっていたのだが、どこか心にひっかかるものがあった。

しばらくの間、神田川は評価シートを読み返しながら、来年のクラスをどのように運営すべきか考えていた。

慶應型ケースメソッド——第Ⅰ部の終わりに

本書では初登場となる「慶應型ケースメソッド」という言葉は、近年になって監修者の髙木と筆者が提唱し始めた概念で、ＨＢＳから学び、ＫＢＳで独自に発展させた授業特徴を表している。あえて「慶應型」と呼ぶのは他でもない、ＫＢＳで行っているケースメソッド授業には、日本の経済社会風土とＫＢＳの研究・教育文化の中で実践と改善を繰り返すうちに、明らかにＨＢＳとは異なる——しかも「慶應型」と呼ぶに値する——十分なそして重要な特徴が生まれ育ってきたと感じるからだ。

教育目的、教材の仕様、必要となる討議運営スキルの基本はＨＢＳと変わらない。しかし、慶應型ケースメソッドでは、教師が授業でもっとも重視すべきこととして、相互学習を深化させるための「学びの共同体」をより積極的に形成する。結果的に、強い意志を表出し合う競争的な討議よりも、参加者が相互につながって協働し、丁寧かつ創発的に知恵を紡ぐ討議が志向される。第Ⅰ部の締めくくりとして、ここでは慶應型ケースメソッドが形成された過程とともに、経営教育以外の実践教育領域に向けても高い応用可能性を持つことについて述べよう。

慶應型ケースメソッドはどのようにして生まれたか

ＫＢＳがケースメソッドによる経営教育に着手したのが一九六二年。以来ＫＢＳはケースメソッドを授業方法の中核に据え、全学的に活用するわが国唯一の高等教育機関であり続けてきた。KBSが「ケースメソッドで実践的に教える」という教育姿勢を約半世紀にわたって維持してきたのは事実であるが、その半世紀の過程で、わが国の経営教育風土を基礎とする付加価値の創造はあったのだろうか。

開校当初のKBSでは、商学部から移籍し、HBSで9カ月コースのInternational Teachers Programに学んだ日本人教員が、日本語に翻訳されたHBSのケース教材を用いて、日本企業に勤務する日本人学生に教えていた。最初はまさにHBS型ケースメソッドを日本でそのまま再現しようとした取り組みであった。このころのKBSの教室でも、ケースメソッド授業の基本的な学習効果は実感できたと思われるが、当然ながら、教える側にも学ぶ側にも、日米における経営風土の違いに起因する違和感があったはずである。KBSが開校し、第二世代の教授陣となった教員の多くは米国の大学院で博士号を取得していたので、経営に関する知識や研究のバックボーンは欧米型経営にあった。したがって、HBSのケースに書かれている状況が理解できずに困るということはない。しかし、KBSで学んでいる学生は、終身雇用、年功序列、企業内組合を基本特徴とする日本企業の幹部候補生であり、日本的価値観を重視する日本人ビジネスパーソンであった。

授業を通して「教材」「学習者」「教員」のゆるやかな綱引きが長年にわたり行われた結果、HBSオリジナルに対して、二つの変化が生じた。一つは、KBSのケースライブラリーに日本企業を題材とした日本語のケースが多数ストックされるようになったこと。もう一つは、トップダウン組織のリーダー育成を意図した競争的な討議の場ではなく、ミドルアップダウン組織のリーダーが組織の上下左右に配慮し、組織を丁寧に動かすための訓練の場が育まれたことである。ミドルアップダウン組織のリーダーがどのような能力を持つべきかは後述するが、こうして、慶應型ケースメソッドの基礎を成す、①「日本企業を題材とするケース」をもとに、②「日本企業の幹部になろうとするビジネスパーソン」が、③「世界の先端研究に携わる研究者教員」がリードするディスカッションによって学ぶ、という実施条件とともに、「教材」「学習者」「教員」に続く第四の要素となる慶應型の「討議風土」が確立された。これが前述した「強い意志を表出し合う討議よりも、参加者が相互につながって協働し、丁寧かつ創発的に知恵を紡ぐ討議」を尊ぶ風土である。

慶應型ケースメソッドはなぜ確立されたか

慶應独自のケースメソッド・スタイルが確立された理由を筆者なりに考察すると、①ケースメソッドが参画型の教育／学習手法であったこと、②マニュアルによって標準化されたかたちでの教授法への縛りがなかったこと、に集約される。

参画型教育方法

まず、「参画型教育であったこと」から考えよう。ケースメソッドは装置型教育であり、装置を構成する要素には、ケース、教師、参加者、教育目標、学びの共同体、討議風土などがある。そしてこれらの構成要素は、学習活動に関わるすべての人が自分たちで作り上げていくものである。HBS型のケースメソッド授業も、世界中からボストンに集まる学生、HBSが掲げる教育目標、それに共感して集まった教員と学生の相互作用により、合目的的に導かれた授業スタイルである。

同様に、わが国に持ち込まれたHBS型ケースメソッドも、その実践過程でKBSにとって「ありたい姿」に自ずと向かった。日本企業での昇進を目指す日本人学生にとっては、米国企業の経営のやり方も当然学ぶべきではあるが、自分が日本企業のリーダー候補であることも強く意識せざるを得ない。どうやって自分の上下左右にいる人たちを説得し、協力を取り付け、仕事を前に進め、成果を出すかが、彼らの最大の関心事となる。学習者の動機がそうである以上、彼らとともに授業を行えば、彼らの関心事に従って討議されるのも自然な道理である。この需要をうまく捉えさえすれば、教員にもさまざまな工夫ができ、その一つが「トップダウンならぬミドルアップダウン型のリーダー育成」という教育戦略の想起と実践につながる。

そうなると、ケース教材も日本企業を舞台にしたものが求められてくるので、「作らねば」という機運になる。KBSでは、教員の昇格条件にケース教材の作成数を加味しているほか、すべてのMBA学生に修士論文を課しており、事実、修士論文をもとにしたフレッシュなケース教材が、毎年多数生まれている。学生としても、自分の修士論文や自分の勤務した企業が題材になったケース教材がKBSのライブラリーに加わることは大きな喜びとなるので、ケース作成に向けたインセンティブも強く働く。

一方、教員も、授業中の学生の発言や修士論文指導の場で見聞きする話題によって研究意欲が喚起され、教員たちの研究上の問題意識がMBA教育に資する教材の開発を下支えするようになる。こうして、教員と学生のコラボレーションによって教材ストックも短期間で増えた。現在、KBSでは年間約一〇〇の新作ケースがケースライブラリーに登録されており、その総ストック数は常時約二〇〇〇以上を数えている。

マニュアル不在

次の話題はマニュアルである。グローバルなビジネスに携わってきた筆者の立場では、マニュアルの持つ効果や効率は否定できない。また、具体的なマニュアルがなかったために、ケースメソッド教育の普及が強く後押しされなかったことも事実であろう。しかし、厳然としたマニュアルがなかった分、ケースメソッド教育が日本に馴染むものになるように、馴染ませる側にいた教員たちの工夫や留意が行き届いた。

こうした日本化作業は、マクロ的に見れば組織を挙げて行われていたとしても、ミクロ的な見方をすれば個人芸でありアートである。ＫＢＳの教員たちにケースメソッド教授法を伝授したＨＢＳの最大の貢献も、マニュアルではなく原則を教える教授法教育を行ったことである。

翻って筆者も、本書がケースメソッドで教えるテクニック集とならないよう留意した。しかし、本書をケースメソッド教育の普及促進と教員の授業運営技術の向上に役立つものにしようとするなら、実践技法に関する解説はやはり欠かせない。そこで、本書では第Ⅱ部の内容を思いきって技法解説書とする代わりに、理論的な内容を扱う第Ⅰ部と実践形を例示する第Ⅲ部でマニュアル部分をサンドイッチする構造とした。読者には、もう間もなくして、マニュアル部分を読んでもらうことになる。

多様な教育領域における「慶應型ケースメソッド」の応用可能性

これまでに述べてきたように、「学びの共同体」の形成を最重視する慶應型ケースメソッドは、わが国の国民性や組織風土とよりよく合致し、「協創」「協働」という言葉と親和する。そしてここにこそわが国におけるケースメソッド教育の応用機会が大きく見出せる。

日本の職場の多くは、複雑になりつつある問題の解決のために「協創」や「協働」を必要としている。ここで、小中学校の保健室の先生（養護教諭）を例に挙げてみよう。千葉大学教育学部の岡田加奈子教授によれば、「教護教諭はかつての『赤チン先生』ではもはや不十分で、担任、指導主事、校長、保護者、地域、外部医療機関と協力しながら子どもの健康問題に組織的に対応するための『連携のコーディネーター』にならなければならない」と言う。しかし、多くの養護教諭は、子どもの健康に関しては確かにプロであるが、問題解決に必要な関係者に向けて、相手の理解と協力を取り付けることがうまくできない。その理由の一つには、利害の異なる他者と議論することを通して、「協創」「協働」を作り出していく訓練を十分に受けていないことが挙げられる。このような理由から、岡田教授のような問題意識を持つ教員にはケースメソッド教育が着目されている。周囲に配慮しつつ、丁寧に説明・説得を行い、人々を束ねて問題を解決するリーダー人材の育成場面には、慶應型ケースメソッドの基本特徴が生きる。事実、医療、看護、介護、教員養成などの現場で、ケースメソッド教育が用いられ始めており、その教育効果に期待が寄せられている。

筆者にとって、本書の執筆動機の最大のものは、こうした多様な教育領域における指導者たちが、ケースメソッド授業の具体的運営方法に関する情報を求めているので、「その声に応えたい」というものであった。生まれは米国ボストンの競争社会であるが、日本化し慶應型となったケースメソッド教育は、多くの実践教育現場に役立つものになるはずである。

ここまでを読まれた読者には、これからお届けするマニュアル部分の記述に触れてもらい、ケースメソッドによる新たな教育への期待を膨らませて欲しい。筆者としては、「ここからみんなで一緒にケースメソッド教育を始めよう」と呼びかけたい気持ちでいっぱいである。

第Ⅱ部

ケースメソッド授業の準備と運営の技法

ケースメソッド授業はどのように実現されるのか。第Ⅱ部では授業当日に向けた準備の進め方、当日の授業運営で留意すべきこと、授業後にどのように振り返りを行い、それを次回の授業に反映させるかを説明する。

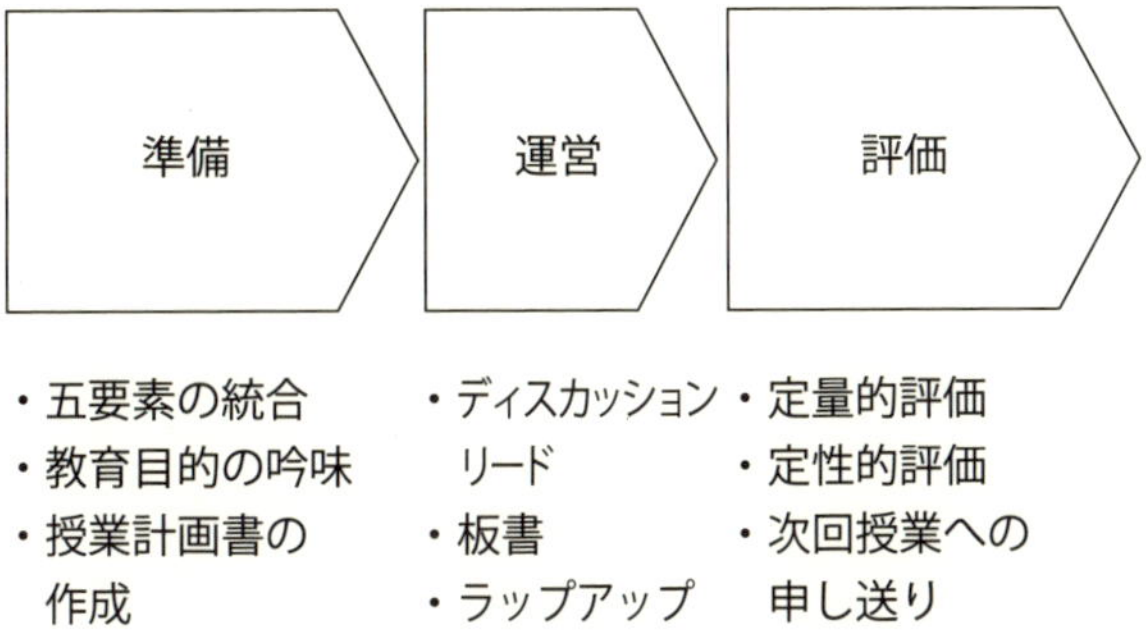

図A　授業実践の全体像と技法

実践工程と技法の全体像——第Ⅱ部を読む前に

第Ⅱ部に入る前に、教師がケースメソッド授業を実践するための工程の全体像を見渡し、それぞれのプロセスで求められる技法の概要を捉えておこう。

討議参加者が入念な予習を経て授業に参加する。それと同様、もちろんそれ以上に、教師は授業に関する「準備」を尽くし、しかる後に、授業当日の「運営」がある。そして、教師はその日に行った授業を振り返り、準備と運営の改善に向けて「評価」を行う。

「準備」「運営」「評価」の三工程をさらにブレイクダウンすると図Aのようになり、「準備」は「五要素の統合」（五要素については後述）「教育目的の吟味」「討議運営計画の作成」の三つの、「運営」は「ディスカッションリード」「板書」「ラップアップ（授業のまとめ）」の三つの、評価は「定量的評価」「定性的評価」「次回授業への申し送り」の三つの手順によって構成される。

上述した三工程とそれを支える技法を俯瞰すると、授業の実践に必要な技法は、頭を働かせて考えることに重きが置かれる性格のものと、身体をうまく動かすことに重きが置かれる性格のものに二分されていることに気づく。後者も少なからず思考を伴い、前者も身体能力とまったく無縁ではないが、個々の技法が「思考」に寄っているか「スキル」に寄っているかの違いは顕著である。その意味で言うと、「準備」と「評価」という前後の工程は思考に頼り、「運営」という授業本番では身体の動きに頼るのが、ケースメソッド授業の実践である。このことからも、ケースメソッド授業の実践においては、授業者としての教師の思考力と身体能力の両方を循環的に高めていくことが重要だと言える。

第6章　準備とそのための技法

ケースメソッド授業では、自律主体集団による自発的な発言の連鎖で討議が形成されていくので、授業者側の準備が必ずしもそのまま生きるわけではないが、「それでも」というよりもむしろ、「それだけに」準備が重要になる。本章では準備の工程について解説する。

1　準備の心構え

再三述べているように、ケースメソッド授業では「教師が教えるのではなく、参加者が自分から学ぶ」のであるから、そこには参加者が自律的に障害なく学習できるための舞台と、基本的な学びの筋道が必要となる。参加者は授業者が用意した舞台と筋道に興味を持ったときに、もっともよく学ぶ。したがって、どのような舞台と筋道を用意すれば参加者の自律学習をよりよく誘引するかを探求することが、ケースメソッド授業の準備の根幹にならなければならない。

この作業は、参加者の興味・関心・向学心の芽を発見し、吟味し、彼らの知的意欲を強く喚起するための体系的活動であるという点で、マーケティング活動に似ている。しかもこの活動は、製品の仕様や価格（授業の内容）を決める行為よりむしろ、顧客のニーズ（参加者の興味や関心）を探求することにより軸足を置いたものでなければならない。ここでもう一度、私たちはteaching a caseではなくteaching a classを目指していることを思い出して欲しい（第3章第1節）。Participants Centered Learningでは、教育といえどもマーケットインの発想を持つべきで、参加者の興味関心との接点を丁寧に作り込まない授業は成立しない。

しかし、これを実践することは、多くの教師にとってそれほど容易ではない。とりわけ、伝統的な大学教育を受けて教師になった者は、学生に自分の追体験をさせたいと思えば思うほどteaching a classから遠ざかり、教師の講義ノートをもとに計画通りに行うレクチャーに戻りやすい。ケースメソッド授業を行うハードル（第1章参照）の一つは、「教師自身が学生時代に受けたことのない授業を学生に提供しなければならない」ことにある。ケースメソッド授業を実践しようとする教師には、「このハードルを跳ぶのだ」という気概がまず求められると言えるだろう。

2　五要素の統合

ケースメソッド授業の準備工程を時系列にすると、最初に行うべきことは、授業に向けて次の五要素を統合することである。統合の順序は何通りか考えられるが、ここでは現実的な順序による統合手順を取り上げる。すなわち、（1）**ケース教材**を適切に選択し、そのケース教材で討議して学ぶ（2）**参加者**を正しく理解し、彼らにとって価値のある（3）**教育目的**を設定し、その目的達成に向けて討議を誘発する（4）**ディスカッション設問**を想起し、その設問をきっかけにして行う（5）**討議運営計画**を作成するという手順である。

なお、ケース教材、参加者、教育目的の統合手順はいかようにでもなる。例えば、参加者を先に見据え、続いて**教育目的**を設定してから、その目的に適う**ケース教材**を選択する、という順番での統合も有効だ。

それでは、五つの要素を一つずつ見ていこう。

（1）ケース教材

理想を言えば、実現したい教育目的がまずあって、それに導かれてケース教材が選択されるべきである。しかし、何らかの理由で使用するケース教材が先に決まり、それに討議参加者の特性を加味して、あとから教育目的が設定される場合も多い。経営教育であれば、ケース教材に描かれている、①産業や業種のバックグラウンド、②問題状況の特徴、③問題解決主体者の社内ポジション、が教育目的に含めたい事柄と一致するような場合にケース教材が先に決まりやすい。

また、ケース教材は大きく「分析ケース」と「意思決定ケース」に性格分けされる。このため、どちらのタイプの教材を用いるかによって、教育目的の方向性も異なる。これについては次節で詳述する。

ここからしばらくの間は、本文による解説に加えて、〈教室からのメッセージ〉と題した現場の知恵もお届けする。第Ⅱ部は技法を扱うマニュアルのパートであるだけに、机上の説明に終わることがないよう、少しでも実践感を伴う内容にしたいからである。

〈教室からのメッセージ〉

ケースを読んだだけでは授業が見通せない

企業の人材育成部門の方と会話をしているとよく出る話題の一つに、「ケースを読んだだけでは、どんな授業になるのか見当もつかない」というものがある。それは、ケースメソッド授業は五要素の統合物であるがゆえに、そのうちの一要素であるケース教材だけを見ても教育の全体像が見えてこないからである。逆に筆者ら講師側が、企業側から「○○のケースで教えて欲しい」と強く依頼されることも少なくない。このとき、研修依頼側は、ケース教材をもとに何らかの教育目的を想起しているのであるが、そのねらいが筆者にはうまく汲めずに、「討議授業で実現すべき学習か」「今回の受講者に学ばせる主題として妥当か」と一人悩むことがある。個人的には「参加者」「教育目的」「ケース」の順に考えたほうが教育の可能性が広がるので、ささやかな抵抗を試みるのであるが、結局「どうしてもこのケースで」と折れてもらえないときは、「こちらの腕の見せどころ」と堪えて仕事に臨む。

（2）参加者

討議参加者は誰もが必ず、ある方向性の関心とニーズを持って、ケースメソッド授業に参加する。「授業は他ならぬ参加者のために行われるべきだ」といくら自分に言い聞かせても、教える側である自分の興味・関心をゼロにすることもできず、授業の準備段階では必ずそれが顔を出す。討議して学ぼうとしている参加者を何よりも優先して考えることが、授業者のもっとも基本的な役割となる。

（3）教育目的

あるケース教材をもとにして行う討議を通して、参加者に学ばせたいこと、これが教育目的である。

ケースメソッド授業における教育目的は、具体的なケース教材を伴ってはじめて実現されるので、教材と教育目的は相互依存関係にある。教材が決まれば、教育目的の設定範囲は絞られるが、唯一のものに決まるということでもない。授業者はケース教材と討議参加者という二つの変数から、討議に参加することによって獲得させたい知見、視点、態度を具体的に設定する。教育目的は、授業者たる教師によって比較的自由に設定できるが、必ずケース教材と討議参加者に依存する。

（4）ディスカッション設問

五つの構成要素の中で、ディスカッション設問は、①ディスカッションの進行方向の範囲を規定する、②参加者に対して唯一明文化できるものである、という基本性格を持つ重要なツールである。

ディスカッション設問は、討議の誘発装置（ケース教材）を作動させるためのスイッチであり、討議を確かに起動させ、深化させるためのきっかけ作りや方向付けのために用意される。設問は、討議に向け個人予習を行う参加者に、学習の方向性を示唆する重要なツールにもなるため、その文字表現は緻密に練り上げなければならない。また、上述した②の性格ゆえに、ディスカッション設問群の文字表現とその構成が、教育目的の達成可能性を大きく左右する。

また、教師の授業準備は、参加者にディスカッション設問を知らせて予習できるようにすることが、その最初のステップとなる。したがって、多くの場合、参加者と約束した設問の提示日までに授業計画を大まかに組み、ディスカッション設問を確定し、それを参加者に伝えてから、討議運営計画の細部を詰めていくという作業にならざるを得ない。理屈で考えると、討議運営計画を描ききってから、その討議の作動スイッチとなるディスカッション設問を検討すべきだが、このような現実的な理由から、ディスカッション設問を討議に先んじて（4）に繰り上げている。

（5）討議運営計画

ケース教材と討議参加者の組み合わせから、特定の教育目的を想起し、ディスカッション設問を表現できたら、教育目的の達成に向けて討議の基本構造と時間進行をデザインする。繰り返し述べているように、ケースメソッド授業では参加者が主体的に思考し、自発的に発言するので、討議が計画通りに進むことはない。しかし、無計画な討議のもとで教育目的が達成されることはあり得ないので、参加者を知的に刺激し、思考させるための場の基本設計を入念に行う。それが第1節の冒頭で述べた「舞台と筋道の準備」という意味である。

以上の五要素の統合プロセスを図にすると、図6－1のようになる。五要素はいずれも、ケースメソッド授業を構成する変数である。一般的には、このうち独立変数になるのはケース教材と参加者であり、教育目的はその従属変数になる。また、すでに述べたように、現実の準備手順に従えば、ディスカッション設問は教育目的の直下に従属する変数に、討議運営計画はそのさらに下位に従属する変数になる。

また前述したように、ケース教材が先に決まれば、教育目的はそれに従属するが、教育目的が所与である場合は、ケース教材が従属変数になる。ただし、どんなときでも討議参加者は最優先事項として考慮され、ケース教材と教育目的が統合されれば、それに合わせてディスカッション設問が設定され、それに沿った討議運営計画が具体化されるという順番になる。

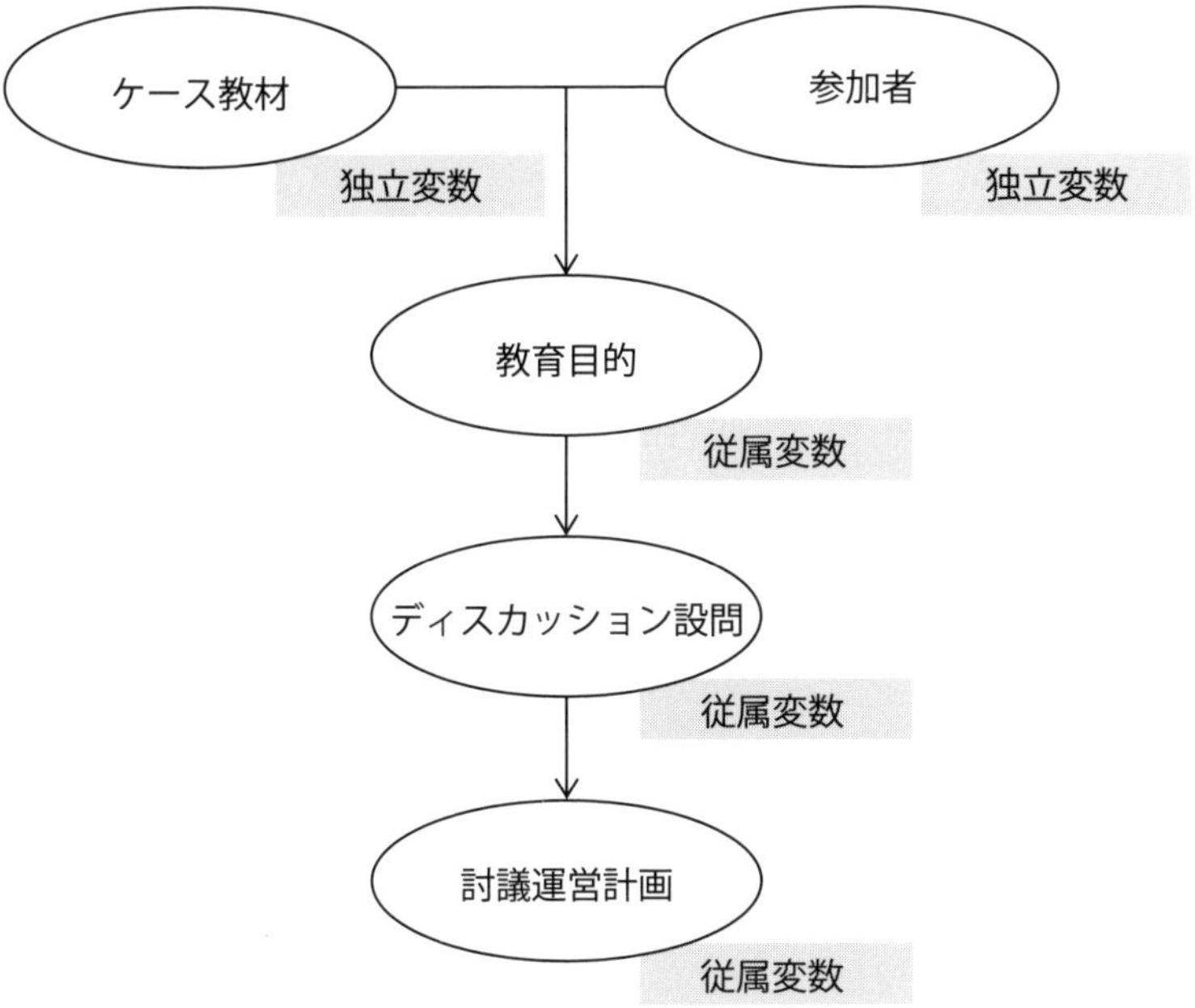

図6－1　五要素の統合（例）

〈教室からのメッセージ〉

五要素の統合——KBS「ケースメソッド教授法」の場合

これから書くことは第Ⅲ部の先取りになってしまうのだが、KBSで開講している「ケースメソッド教授法」では、討議すべきテーマの流列（並び順）をもとに、ケース教材の流列を先に決めてしまっている（もちろん、その背後にはそのケースを扱う目的の流列がある）。このため、ディスカッションリード演習者には、特定のケース教材が強制的に割り当てられる。こうすることにより、「何を教えるために、どのケース教材を用いるか」という悩みから演習者を解放し、ケース教材→参加者→教育目的→ディスカッション設問→討議運営計画の順に授業準備を行えるようにしている。

演習者はまず、この科目を履修してい

る参加者がこのケース教材にどのような読後感を覚え、何を問題視し、どんな議論をしたがるかを推測する。その上で、他ならぬこの参加者たちにとって価値のある教育目的を設定し、その達成の引き金となるディスカッション設問を用意し、それに合わせた討議運営計画を作成する――これが理想なのだが、実際には「討議演習者が自分のしたい議論を参加者にさせるための授業を計画してしまう」ことが多い。そのようなときは、「あなたの討議運営計画には無意識のうちに○○という前提が置かれているので、この計画のままだと、○○という前提を頭の中に置いていない参加者の発言はうまく収容できない討議になる」と示唆することから筆者は指導を始める。そんなやりとりをきっかけに、ディスカッションリード演習者の悪戦苦闘がそこから始まる。この先の話には、第Ⅲ部で改めて触れたい。

授業者が提示したディスカッション設問をもとにケース教材を読み、自分の考えを整理して授業に臨んだら、討議を通して新しい発見が多々あり、これまで考えなかったようなことを考えるようになったとしよう。このとき討議参加者は、授業者が用意した舞台と筋道に乗って、「自分から学んだ」ことになる。それは紛れもなく教師による準備の賜物であり、五要素の統合の妙である。

3　教育目的の吟味

本節では、前節で示された五要素の一つである「教育目的」を取り上げて掘り下げる。ケースメソッド授業は教師による教育行為であるから、その準備はそれぞれの授業に設定された教育目的にしたがって行われ、その教

×：顧客、同僚、部下との信頼関係の大切さを学ぶ
○：リーダー本人の不注意と不運、周囲からの敵意が積み重なり、彼がこれまでに築いてきた信頼関係くらいしか頼りにならず、かつ彼への信頼が時間とともに減少していく状況についての現実的理解を与える。その上で、日常の信頼関係の作り方、そのメンテナンスの仕方を再考しつつ、信頼が急激に損なわれる場面での他者との関係のとり方をさまざまに模擬する。

図６－２　教育目的に必要な具体性

育目的の達成方法が討議運営計画に具現化される。それでは、ケースメソッド教育における教育目的とは何であり、そこにはどのような特徴が備わっている必要があるのか。

（1）教育目的の基本性格

教育目的の基本性格をここで二つ述べたい。

第一に、教育目的はそのケースに固有のものとして設定されるべきである。教育目的とは「あるケース教材をもとにして行う討議を通して、参加者に学ばせたいこと」であった。そこには適度な抽象度があってよいが、参加者に討議させる内容と密接に結びつくものであり、そのケース教材で討議をするからこそ学べるものでなければならない。ときおり、ケース教材を変えても得られる教育目的（図６－２）が設定された授業を見かけるが、そのケース教材に描かれた固有の問題状況を十分生かすことなく、教師が一般的な知見を与えようとしているに留まっており、ケースメソッド授業の教育目的としては不十分と言わなければならない。

第二に、参加者が求める（探している）ものでなければならない。参加者がこれまでの学習や実務経験を通してすでに獲得済みのものであったり、教科書やその他の書籍に書かれている記述をそのまま受け取るのでは、参加者はそれほど嬉しくない。収穫物がその程度のものに留まるなら、大の大人に

長時間議論させてまで達成したい教育目的にはなり得ない。理想を言えば「この学校で、この先生が教えるこのケースでないと学べない」と参加者が感じる水準の教育目的を設定したいものである。

この発想の裏側には、ケースメソッド授業が「明らかに高コストな授業方法」であるという筆者の意識がある。ケース教材の作成、教師の授業準備、参加者の予習、グループとクラスにおよぶ長時間の討議をはじめ、そこに教師の知的研鑽や授業運営訓練費用を加えれば、一コマの授業のためにかなりの手間暇とコストがかかっている。それでも利益が勝《まさ》るので、我々はケースメソッド授業にチャレンジしている。「参加者が最後に享受する利益を最大化しよう」という気概を失うと、ケースメソッド教育は簡単にコスト倒れになる。

〈教室からのメッセージ〉
ケースメソッド授業の価値は教育目的の格で決まる

ケースメソッド授業の価値とは、授業者がその授業にセットした教育目的の価値とほぼ同義である。この教育行為のもとでは、討議することそのものは目的ではなく手段であり、討議を通して参加者がつかむものの価値こそが最終目的であり、そこがもっとも重要であることは本編でも述べたとおりである。

討議授業の価値は、その実現の過程を考えると教師の討議運営技術に負うところもあるが、授業運びの巧拙よりも、その授業が目指している教育目的そのものの格（グレード）が第一に考慮されるべきである。そして、その格を高く維持することは、授業を準備し運営する教師にしか担保できない。この意味において、教育目的の格は授業を担当する教師に依存する。

授業では教師の洞察そのものを教えるわけではないが、ケース教材が例示している課題に対する教師の洞察の水準が、教育目的の水準に大きな影響を与える。ケース教材に対する教師の洞察水準は、その授業の設

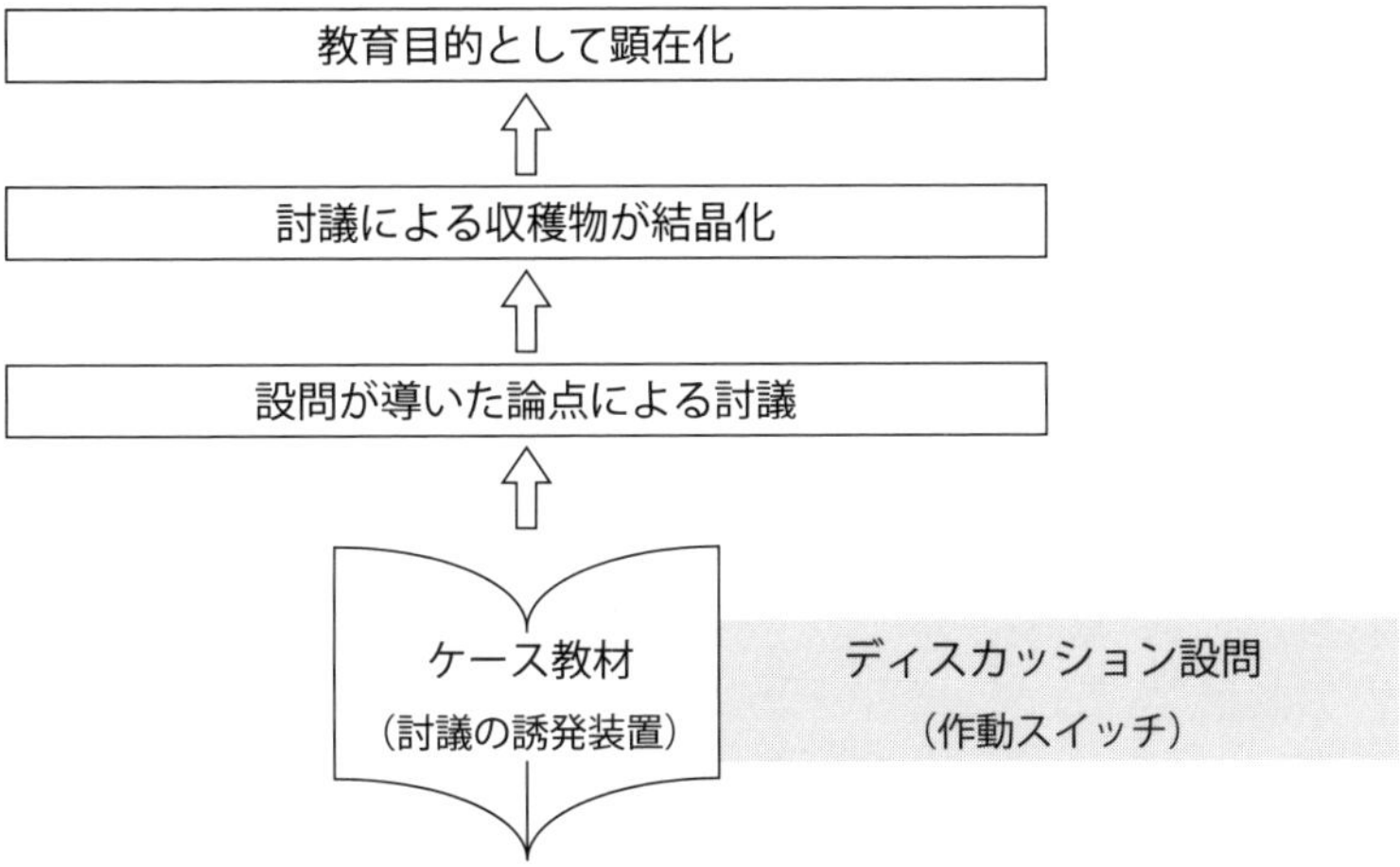

図６－３　教育目的が顕在化する過程

問にも、また討議中の教師の問いかけにも、そして板書表現にも顕著に表れる。ケースメソッド授業では、参加者は自発的に討議を組み立てていくが、その営みは教師が行うディスカッションリードへの対応行動でもあると考えると、同じ参加者であっても、教師が変われば討議が変わり、討議したことで参加者がつかめるものも変わる。教師は紛れもなく「教育の最終品質責任者」である。

(2)　教育目的が顕在化する過程

ケースメソッド授業の一コマにおいて、教育目的がどのように顕在化し、参加者のものとなっていくのかを説明したのが図６－３である。この図全体はケースメソッド授業が教育目的を達成していく過程を図示しており、図では下から上に時間が流れている。

参加者がまず手にするものはケース教材であり、そこにディスカッション設問が添えられていることが一般的である。ケース教材とディスカッション設問は誘発装置とその作動スイッチの関係である。これらの働きにより、教師が意図したたくさんの論点での討議が行われる。討議中は参加者によるたくさんの発言がなされ、黒板にはその足跡が断片的に（授業者の板書技術が高ければ体系的にも）残る。討議の進行とともに参加者一人ひとりの頭の中でも思考が進み、今後の自分の「よりどころ」となる知恵が形成されつつあるはずだが、授業者は教育者の立場で今日の討議の知的結晶化をねらう。ここで言う結晶化とは、授業中に発言されたアイデアの断片を積み重ねたり、組み合わせたりして、ひと回り大きな知恵に結実させることである。ここでアイデアを結晶化させる主体は、参加者一人ひとりであるのだが、授業者である教師は参加者一人ひとりの脳裏でそれぞれの結晶化が進むよう、クラスという単位での結晶化を試みる。こうした過程を経て、参加者の内面で形成され、顕在化し、自覚されていくものが「教育目的」である。

ここまでの説明を逆向きにすると、教師はケース教材に設問をセットする段階から「教育目的」を授業運営計画の中に埋め込み、それが授業時間の経過とともに姿を現してくるように仕込んでおくということになる。

（3）教育目的を明確にするタイミング

前項で述べた教育目的の顕在化過程に関連して、ここで二つの問いを挙げ、回答を試みたい。

一つは、授業者は教育目的をいつまでに明確にすべきかである。教育目的は授業準備の初期段階から明確であるのが理想だが、次節で述べる授業計画書が完成に向かうプロセスで明確化されてもよい。つまり、教育目的を仮説的に掲げ、その目標が授業を通して実現される可能性をにらみつつ、最終的に確定していくというやり方であり、実践上はそのパターンのほうがむしろ自然である。考え方の順番としては、教育目的の確立が先でも、実際の準備作業として生じてくるのは、目的の達成を見通すための試行錯誤であり、それが十分に行われない限りは目的の確立もなし得ない。目的の確立と達成手段の模索は循環的、そして限りなく行われる。だからこそ、ケースメソッド授業では教育目的が進化する。このことについては第8章第4節で詳述したい。

もう一つは、授業者が参加者に教育目的を明示してから授業を始めるべきか、授業の最後に教育目的が伝わるのがよいかを、どのように判断するかである。私見では、「今日何について議論するか」は明確にするべきだが、「今日何を学ぶべきか」は伏せて始めたほうが、参加者の学びは大きくなる場合が多いと考えている。「今日学ぶべきこと」を最初に明らかにしておいて、授業の最後に「さあ、今日学ぶべきことが学べましたか」と問うというのは、主体的なモデル更新に期待しない、お仕着せの教育なのではないだろうか。

（４）教育目的のタイプ

ケースメソッド授業では、参加者の頭の中で「分析」「考察」「検討」「吟味」「判断」「選択」といった知的学習活動が進行する。前節でケース教材には「分析ケース」と「意思決定ケース」があることに触れたので、ケースメソッド授業の教室で進行する知的学習活動と組み合わせて図示すると、図６－４のようになる。すなわち、分析ケースでは左側の学習を大きく求め、意思決定ケースでは右側の活動への要求度合いを高める。また合わせて、分析ケースと意思決定ケースのそれぞれにおいて、設定しやすい教育目的のタイプを図中にいくつか例示した。ここに挙げたものは、常に筆者の意識にあるものに限られており、設定可能な教育目的のタイプはまだまだあるだろう。ともあれ、授業者は教育目的のタイプをいくつか思い描き、そのどれかを選ぶことになる。

図６－４に挙げたタイプ群は、教育目的の類型化を目指して記述しているので、やや具体性を欠いた表現になっているが、実際の場面では、ケース教材固有の情報を含めることになるので、図６－２（一六三ページ）のように、十分に具体的な文章表現になるはずである。

改めて図６－４を眺めた上で力説したいのは、（当然ながら）ケースメソッド授業で設定すべき教育目的とは、討議をして初めて到達できるものでなければならない、ということである。ケースメソッド授業では、参加者が

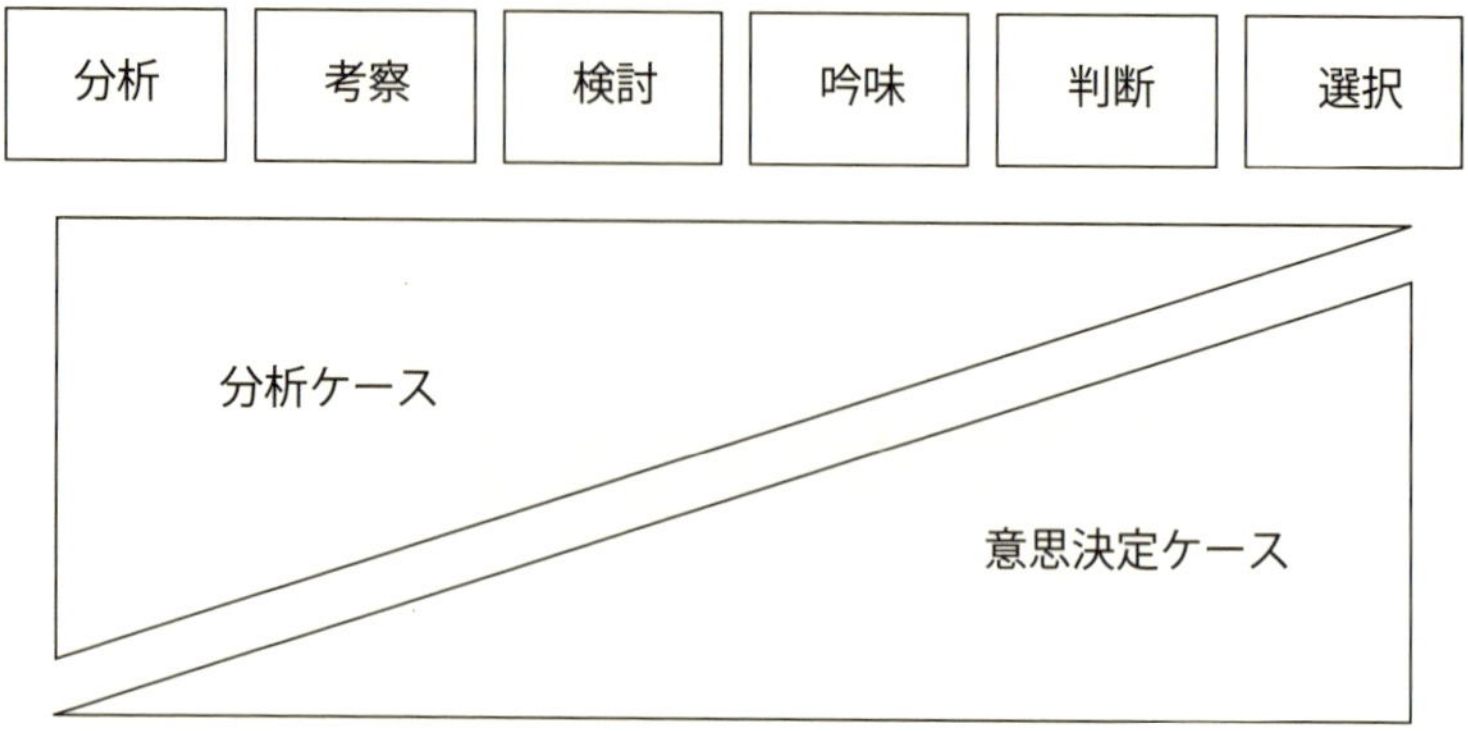

<分析ケースを用いた討議に設定される教育目的のタイプ>
・ある状況下で実現しているものを多面的に分析することで、異なる状況下での転用策を検討する。
・個別事象から法則性・本質性を見抜き、一般化および既存理論の適用を経て、その個別状況にもっとも適応する実行解を導く訓練を行う。

<意思決定ケースを用いた討議に設定される教育目的のタイプ>
・問題状況に直面させ、その解決策を検討・選択させることで、考慮すべき要因を多面的に視野に入れた意思決定訓練を行い、総合的な判断力を養う。また、その過程において、自分ならではの価値観の形成を促し、確立させる。
・悩ましい実行オプションしか選択できない状況に直面する訓練を行うことで、心の強靭さを鍛える。

<ケースの種類によらずに普遍的に設定される教育目的のタイプ>
・既存の理論を議論の前提にしつつも、財やサービスの個別性を考慮して、その事例への理論の適用方法を吟味する。
・そこからさらに一歩進んで、理論の適用限界を検討する。
・未知の問題に対する現実的な理解を与え、問題の解決にあたるためのリハーサルとする。

図6－4　分析ケースと意思決定ケース それぞれの教育目的のタイプ

自分と異なる意見に触れ、自説を修正しながら、自らの主張の妥当性を高めていく機会が、豊かに用意されていなければならない。そのような機会を討議に織り込んで提供することで、上述した教育目標の達成を目指すのである。

ケースメソッド授業の学習成果物を「叡智《えいち》」と捉え、それを「個人による入念な検討を経て、磨かれ、作り上げられる深みのある知恵」と定義すれば、それは決して教師が参加者に直接手渡すことのできないものであり、その獲得は本人のモデル更新に頼らざるを得ない。実務経験豊かな参加者は、授業の最後に現れてくる教育目的が、これからの実務の「よりどころ」となるものか否かを直感的に識別する。

教育目的は絶えず「参加者のよりどころ作り」に向かっているべきであり、ケースメソッド授業の準備とは、そのような「よりどころ」を参加者が自力で形成するプロセスを担保するべく、授業の事前に十分検討しておくことに他ならない。

（5）教育目的が備えているべき条件のチェックリスト

ここまでの復習として、チェックリストを作成したので参考にして欲しい。また、このリストが読者自身の「よりどころ」になるよう、適宜書き足していって欲しい。

□この教育目的は、ケース教材が含み持つ論点と、参加者の興味関心を十分に加味して設定されているか？
□この教育目的は、このケース教材をもとに議論しないと得られがたいものか？（講義では伝授困難か？）また、参加者が真に欲しているものか？
□この教育目的は、討議によって達成される見通しを持ったものであるか？

□この教育目的は、ケース教材の記述内容に立脚した個別性と、それを越えて、類似した状況下でも適用可能な汎用性が備わっているか？
□この教育目的には、討議後に参加者に「次なる問い」を立てさせる奥深さが備わっているか？
□この教育目的は、明文化されており、不動のものになっているか？（授業後に教育目的の維持・達成ができたかどうかを自省できるようにするために重要である）

〈教室からのメッセージ〉

教師が答えを持っていない問いについて参加者に教えを請《こ》う授業の是非

問題状況を記述したケース教材を手にして、そこに「この問題をどう解決すべきか」という設問をセットすれば、少なくとも参加者は予習できる状態になる。このとき、教師自身が問題解決に向けた分析や対応方法を十分に想起できていなかったとしたらどうであろうか。参加者から見ると、授業が終わってみないと、あるいは授業が終わったとしても、この問題について授業者である教師が十分な洞察を持っているかどうかは判断しにくい。これは教師がそのケースの作成者であっても起こり得る。

教師が神様であれば別だが、実務経験豊富な参加者を対象に教育を行う以上、教師がいつでも最高の分析と考察を得ているとは限らない。そこまでを教師に求めるのは「酷だ」と個人的には考える。しかし、教師の分析と考察の水準が、参加者の平均よりも少し上という程度でも困る。同じケースを用いて、異なる参加者を対象に授業を行ったときに、少なくとも参加者一〇〇人に一人くらいの割合で、「自分の頭の中にはなかったが、実務家としての優れた洞察だ」と思える参加者と出会う——願わくはこのくらいでありたい。このときは教師が教育目的を更新するチャンス（第8章で詳述）である。

本コラムのタイトルとした「講師が答えをもっていない問いについて参加者に教えを請う授業の是非」は、個人的には「非」と考える。もし敢行するならば、それは教師から参加者への相談としてするべきであり、教育として行うべきではない。それが教育に関わる者として最低限持つべき倫理観ではないか。

授業者の分析と考察の水準は、その授業者が設定した教育目的の文言に必ず顕著に表れる。教育に従事する人たちの間では「気づき」や「学び」という言葉は頻繁に使われるが、その使い勝手のよさの正体は「何に気づく」「何を学ぶ」の「何」に当たる目的語を伴わずに使っても許される場面が少なくないところにある。本書の読者は、他の教師から「この授業の教育目的は何ですか」と問われたときに、きちんと説明できる授業者であって欲しい。

4　授業計画書の作成

(1)　授業計画書の概要

使用するケース教材が決まり、参加者を見据えて教育目的を設定したら、それを授業計画書のかたちに書き出す。授業計画書の良し悪しを測るもっとも重要な尺度は、この計画書の項目名にもなっている五要素（ケース教材、参加者、教育目的、ディスカッション設問、討議運営計画）の整合性と一貫性である。最初から整った計画書が書けなくてもよいので、とにかく少しずつ書き出し、各項の内容の整合性を取りながら、教育目的とその実現手段が首尾一貫するように、時間をかけて練り上げていく。

以下では、筆者が最近、実際に作成して授業運営に用いた授業計画書を例に挙げながら解説する（図６－５）。

これは、産業医科大学副学長で同大学産業医実務研修センター長の森晃爾教授ならびに同センターの柴田喜幸准教授に依頼されて行う「ケースメソッド教授法セミナー」（一泊二日×二回）で、産業医科大学の先生方とはじめて行ったディスカッション授業のために筆者が作成したもの（一部修正）であり、このときのディスカッションリーダーは筆者であった。ここで用いたケース教材「動くはずなのに動かない授業」は本書第2章の末尾に全文を掲載している。また、このケース教材を用いて、ＫＢＳで行っている「ケースメソッド教授法」の履修者が作成した授業計画書および運営の記録も、次の第Ⅲ部（第9章）で紹介しているので、合わせて参照して欲しい。

（2）授業計画書の書き方

ここからは適宜コラム〈教室からのメッセージ〉を交じえながら、各項をどのように書き進めていけばよいかを順次説明していこう。

（a）「ケース教材」の項

筆者は、教材が例示している問題状況を短く要約して記すことにしている。「教育目的」の項に記述するケースイシューをふくよかに書くイメージである。「ケース教材が決まっているのだから書かなくてもよいではないか」という意見もあろうが、五要素の統合が授業準備の要なので、各項の整合性を確認しやすくするためにもできるだけ記述することを勧める。

（b）「参加者」の項

参加者のプロフィール、バックグラウンド、興味関心、授業へのニーズ、集団性格、重視している規範、授業

デモ授業計画書

竹内　伸一

1. ケース教材

「動くはずなのに動かない授業」

セントラル経営大学院では、今年度から土曜日に、全日制の MBA 課程学生と単科学生による混成クラスを開講していた。そのうちの1科目を担当することになった金田准教授は、混成クラスでのディスカッションは奥深く刺激的なものになると先輩教員から教わり、期待に胸をふくらませて1回目の授業に臨んだ。しかしながら、混成クラス参加者の発言は、金田の期待に反して低調だった。

2. 参加者

産業医科大学産業医実務研修センターが企画した「ケースメソッド教授法セミナー」に参加する方々。ほぼ全員が大学で医療教育に携わっている方、もしくは産業医として企業の従業員に健康や安全衛生の指導をしている方。ケースメソッド授業で教えた経験および受講の経験にはばらつきがあろうが、討議を通して学ばせる方法論の探求と習得に熱心な方々であろう。したがって、誰も発言しなくて困るという心配は不要で、活発な議論が期待できる（はず）。

3. 教育目的

ケースイシュー：ケースメソッドで行うセミナー初回の運営（本ケースに固有の状況として、学内履修者と学外履修者の混成クラス）

教　育　目　的：緊張状態にあるクラスに対して、授業者が行うべき初期設定のあり方を考え、すべきこと／すべきでないことを整理する

討議を通して考え、自分のものとして獲得して欲しいこと

1）初回授業の滑り出しがスムーズであるか否かは、次回以降のクラスの成長を決定付けると言っても過言ではない。初回の沈滞ムードを払拭するために次回以降にできることは皆無ではないが、授業者への期待と信頼の挽回は、思いのほか苦しい戦いを余儀なくされる。それゆえに、入念な準備（教材に対する準備はもとより、受講者への理解も十分に深める）を行い、慎重かつ丁寧にクラスを立ち上げる必要がある。

2）ケースメソッドで教えるクラスに対して、クラスの構築初期に、過度に対立構造を演出することは好ましくない。そのことに端を発した遠慮や疑念の悪循環

図6－5　筆者が作成した授業計画書

が生じると、クラスのコミュニケーションは容易に硬直化する。
3）授業者は「学びの共同体」をゼロから作っていくという意識を常に持ち、全員が等しくクラスに貢献できるように、その道筋を確かに作り、参加者に示すべきである。
4）授業者は特定の参加者層に依存した授業を計画したり、実践したりするべきではない。
5）授業方法としての討議が機能不全に陥っても（もちろん陥らないようにはしたいが）、授業コンテンツまで共倒れにならないように留意する。
6）活発な討議が行われるクラス（理想状態としての「学びの共同体」）は、急には出来上がらないことを心得る。クラスが活発になろうとするスピードと同じくらいのスピードで授業者も活発化していくのがよい。クラスの動きが悪いからといって、授業者が先走らないこと。授業者が我慢することが重要。
7）授業方法にケースメソッドを選び、この授業方法の未経験者を交じえてクラスを構成するならば、適切な時間を用いて、授業方法のオリエンテーションを行うべき。授業当日にそれを割愛するならば、予め情報を提供して、授業方法についての事前理解を促す努力をすべき。

4. 討議参加者に事前に提示するディスカッション設問

1）金田准教授の期待と現実のズレはどこから生じているか
2）金田准教授は、初回の授業に向けた授業の準備とその運営を、これ以後どのように改めるべきか

＜設問に関するコメント＞

1）　問題をあぶり出し、大まかに分析するための設問が望まれる。設問案としては、他に「金田准教授はどのような問題に直面しているか」などがある。「金田准教授の期待と現実のズレはどこから生じているか」としたのは、「期待と現実」という枠組みを与えることで、討議の滑り出しをよくしたいという意図と、あとで「してよい期待」と「すべきでない期待」の識別を迫るための布石を最初から作っておくため。

2）　問題対応訓練を主眼に置くならば、初回授業の運営に失敗した状況を起点にして、「そこから何ができるか」を考える設問も、現実的であり良問と言える。しかし、「初回に失敗している」という状況からの効果的な打ち手は少なく、むしろ初回授業を慎重かつ丁寧に立ち上げるべきことを学んだほうが収穫は大きいと判断し、このようにした。

5. 討議運営計画

（ｉ）　討議の流れ

◆ 導入【5分／5分】

・ このメンバーで行う初めての討議だが、「とにかく自然体で行こう」と呼びかける。
・ ケースに描写された状況と、目の前のクラスの状況を軽く重ね合わせてみせ、「私たちはこのケースのクラスとは違ったスタートを切りたい」と呼びかけつつ、雑談めいた問いかけから切り出す。
・ 問いかけ①「授業科目やセミナーの初回授業の教室に向かう道すがら、どのようなことを考えているか」
・ 問いかけ②「初回授業を行うそのクラスが何らかの組み合わせによる混成クラスだったとしたら、どのようなことが気になるか」
・ ①②の回答に対して短くコメントして討議本編をスタート。

◆ 設問1）の議論【25分／30分】
・ 設問をきっかけにしたフリーディスカッションを通して、ケースに描写されているクラスの苦痛に満ちた状況を、参加者の発言を素材にして、黒板上に描き出していく。
・ 発問「学内者の気持ちを推測すると…／学外者の気持ちを推測すると…」
・ 発問「3者の思いはどのように噛み合っていないか？」
・ 発問「期待と現実のズレはこの世の常だが、してよい期待としてはいけない期待に識別できるか？」
・ 発問「初回授業なので仕方ない部分は？／初回であることを差し引いても、あまりにお粗末な部分は？」
・ 発問「この問題を発生させてしまった責任の所在をどのように考えるか？」
・ 発問「当事者たちに問題の発生を回避するための努力の余地はなかったか？」「なぜ、そのような努力がなされなかったのか？（なぜ、なされにくいのか）」

　・ 発言された意見をひたすら聞く。
　・ 産医大関係者以外の方の挙手は、できるだけ優先して拾う。

◆ 設問2）の議論【20分／50分】
・ 設問をきっかけにしたフリーディスカッション
・ 発問「このままにしておくと、このクラスはどうなると思うか？」
・ 発問「もし最初からやりなおせるなら、改善のポイントは何か？」
・ 発問「次回に向けてこの状況から何ができるか？」

◆ ラップアップの一例【5分／55分】（予備5分）
・ 討議を振り返るコメント：「ケースメソッドで行うセミナーの初回を運営する際に、授業者が考慮すべき事項がさまざまに討議された。また、今日の討議では、初回授業固有の注意点と、さらにそれが混成クラスであるときの注意点の両方が扱われた」
・原則化および一般化可能な知見を板書上でハイライトする。
・討議から得たことを結晶化させるコメント：「初回授業に向けた授業者の期待や不安から、ごく自然にしてしまうことが、悪循環を招く。その悪循環の引き金を授業者が引いてはいけない。むしろ悪循環を断つ側に回らなければならない」「それができないと、たとえ優れた研究業績を持っていても、授業の運営方法が劣っていたために、専門職者としての自分の評価を落としてしまうことになる」
・次の問いを立てるコメント：「ケースメソッドでは授業者と参加者がともにクラスを作っていく責任をシェアするというのが教科書の記述であるが、授業者はどのような責任意識で授業に臨むべきか。私の考えは、『クリステンセンの言及に異論はないが、教室で何が起ころうとも、授業者はその時間に計画した教育の実現責任から逃れることはできない。これも厳然たる事実である』なのだが、みなさんはどう考えるか」
・最後に願望として、計画しているラップアップ内容で本日の討議がうまく収まることを祈る。もし、用意したラップアップ内容が、それまでの討議文脈をうまく後押ししない状況が生じていたら、何か別のことを咄嗟に考えて言う。それがうまく言えなかったら、授業者の負け。授業者が自分の力不足を認める場面である。

（ii）　板書

本日はホワイトボード 3 枚（大・中・中）が使えるので、2 つの設問に対応する板書を以下のように割り付ける。各ボードの作成プランは以下のとおり。

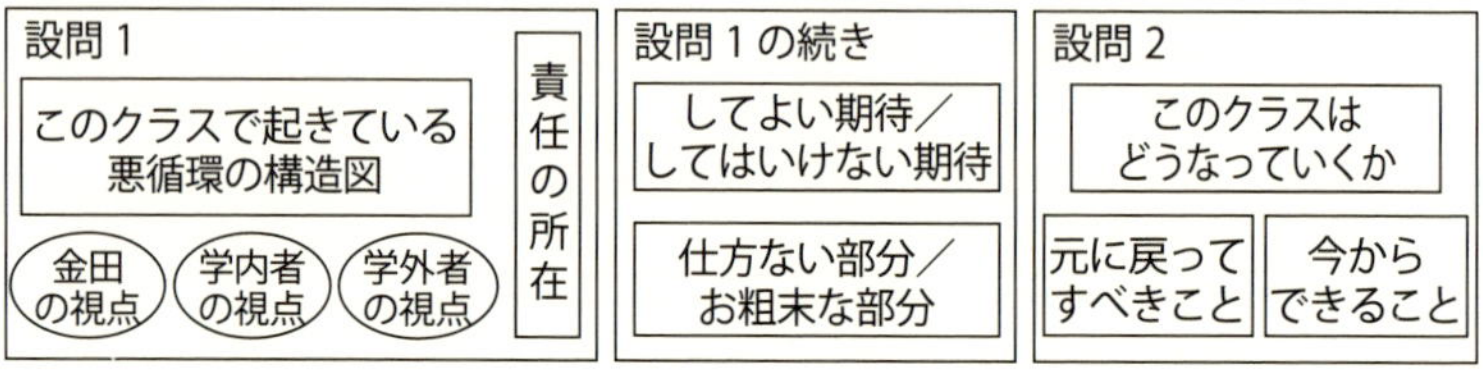

（iii）　リソースパーソン

・類似状況の経験者

（iv）　注意事項

・デモ授業とは言え、討議参加者の発言が連ならないと授業が動かず、よい初期値を作れないので、討議の動きをよくすることを第一に考える。そのためには、討議の品格が維持できる範囲内で、フランクで楽しい雰囲気作りも心がける（ただし、ケースにもある「秘蔵のギャグ」は封印する）。

以上

者が期待すること、などを、短くかつポイントを押さえながら書く。この項に、簡にして要を押さえて記述できるか否かが、第3章で議論した授業者の参加者理解の度合いを示している。

（c）「教育目的」の項

教育目的については前節で掘り下げているので、ここでは多くを述べずに、筆者流の書き方を紹介する。例に挙げている筆者のやり方は、「ケースイシュー」と「教育目的」を短く書いた上で、議論を通して参加者に獲得して欲しいことをいくつか箇条書きにする。討議中の発言の断片が討議の後半で結晶化して箇条書き群に至り、それらがさらに抽象化されることで「教育目的」として自覚されることをねらっている。箇条書き群に書かれる内容は、経営教育であれば、優れたマネジャーに一定の共通性を持って見出せる思考方法や知見（個人による差はもちろんあるとしても）を捉えたものでありたい。また、仮にこのケース教材を授業で扱わなければ、そのような状況を実際に経験し、そこにしかるべき洞察が及ばない限り、なかなか見えにくい視座でもありたい。

教育目的の明文化は、ケースメソッド授業の準備の最重要ポイントであり、その努力を真摯に続けた授業者だけが、参加者を真に学ばせる授業を運営できる。

（d）「ディスカッション設問」の項

設問の設定方法や修辞の仕方には、特に決まりがあるわけではないが、一般的には、あまり長くない疑問文形式で、複数の設問文を設定する。一番目の設問は討議のスターターとなるので、多くの参加者の興味関心を収容できるように、間口の広いものがよいとされる。また、最初の設問ではあっても、単なる事実の指摘を求めるようなものは、参加者の討議意欲をそぐことにもなりかねないので、ある程度の抽象度も合わせ持った問いのほうがよい。設問数は大学での九〇分授業の場合、三問程度が一般的である。三問構成の場合は、単純計算すると一つの設問に三〇分を割くことができる。三〇分の討議に収容可能な発言数は、教師の発話量にもよるが、のべ二五前後となるだろう。

設問数を増やすと一設問当たりの発言数は減少する。討議授業の場合、発言の連なりが文脈を形成し、特定の論点が共通に認識されるようになってから、意見が重なり合うように進むので、一設問当たりの討議時間をあまり短く設定すると、議論がまだ深まっていない（同一論点で意見が十分に重なっていない）のに、先に進まなければならなくなる。

一方で、授業者がねらった教育目的へと討議を近づけていくためには、設問1で討議を立ち上げ、設問2で討議を教育目的に方向付け、設問3で教育目的を射抜くという構造を用意することもできる。ちょうど三段式の宇宙ロケットを打ち上げるようなイメージだ。設問設定のパターンについては、第9章第3節で紹介するディスカッションリード演習事例の中で話題にしているので、詳しい説明はそちらに譲りたい。

参加者は授業者が提示した設問を、提示された順番に読み理解することで、その授業者が行おうとしている討議の方向を予測し、個人予習でもグループ討議でも、それに備える。その意味では、授業者が作った設問の構造とそのディテール（意味や修辞のレベル）が討議授業の初期値となり、その授業による学習可能性を大きく左右することだけは先に述べておく。

（e）「討議運営計画」の項

この項では、討議の流れ、板書、リソースパーソン、注意事項について説明する。

〈教室からのメッセージ〉

ディスカッション設問は設定されない場合もある

ケースメソッド授業に設問が設定されることを疑問視する教育者もいる。「実務の現場には設問などない」というのがその理由であり、これも一理ある。問題の感知能力や設定能力の向上を教育目的の中心に据えるならば、設問を設定しない意義は大きい。

しかし、ケース教材に描かれた状況をもとに、授業者が特定の教育目的を意図し、限られた授業時間を効果的に使おうとするならば、学習内容の方向付けをする設問の価値が生きてくる。設問は、学習者の予習努力を授業者の教育意図に適合させながら促す働きを持つので、限定された教育目的で授業を行うならば、設問は学習活動全体を効率的で効果的にする。

しかし、設問を与えることによって参加者が予習の際に試行錯誤する量を削減する以上、授業者は教育目的をきちんと達成する授業を行わなければならない。これは教育者として当然の責任だが、この責任が、設問を提示しないで授業をするときよりも大きくなることを授業者は認識すべきであろう。

教育目的はよいのだが、その価値が伝わらずに終わってしまう授業

授業者の準備がいつでも功を奏し、参加者の自発的学習に結びつくとは限らない。授業者は自分の授業に「価値がある」と確信する論点を埋め込んでいるが、その価値が参加者に理解されないまま終わってしまう授業もある。「授業者は何がしたいのか」「今日の討議から私たちは何を学べるのか」といった疑問が参加者の意識に残るような授業である。

この理由として疑わしいのは、第一に、参加者に焦点を当てる作業が不十分なまま、授業者が「自分がしたい授業（ひとりよがり）をしてしまった」であり、第二に、「授業者に教育目的を伏せておきたい（授業の最後にそれが現れるようにしたい）という気持ちが強かったために、参加者に教育目的が伝わらなかった」である。これらのいずれも、その教師にとってはたいへん価値あるものに映っていたとしても、その論点が参加者に認識され、共感されるための術を得ていなかったということだ。

ケースメソッドで教える教師であれば、参加者を大きく上回る知的研鑽を積みながら毎日を過ごしているはずである。教育目的の価値が、参加者には認識しにくいものだったとしても、その教育目的を扱うことに価値があり、何とかして教えたいという場面もあるだろう。そんなときであっても、ケースメソッド授業では、討議参加者が「無理なく」自分から学べる授業計画を持っていなければならない。討議の舞台と筋道が「自分から学べる」ものになっていないと、自発的なディスカッションは作動しない。また教育目的がいくらよいものであっても、その達成には向かわないのである。授業者は「自分本位」も「凝りすぎ」も「妥協」も慎まなければならない。

(i)討議の流れ

授業時間の全体を、何にどれくらい使うかを計画するとともに、討議開始から教育目的の達成までの道のりを、討議の流れによって描く。この項の構成は、作成例に挙げたように、「導入」「設問ごとの議論」「ラップアップ」の三部仕立てにするのが一般的だろう。

導入パートは最大五分程度で構成し、参加者にとって快適かつ興味深い討議の入り口を準備する。また、授業終盤のラップアップ・パートは、筆者の場合、「討議を振り返るコメント」「原則および一般化可能な知見の板上での強調」「討議から得たことを結晶化させるコメント」「次の問いを立てるコメント」の順に構成している。

ラップアップの技法そのものについては次の第7章第8節で改めて詳述するので、本節ではラップアップというディスカッションパートの進め方の概要を述べるに留めておく。

授業時間のうち、冒頭の導入と末尾のラップアップを差し引いた時間が、設問ごとの議論に充てることができる時間である。その時間をさらに設問ごとに割り振り、導入とラップアップをつなぐ討議の流れを作る。

ここでの問題は、討議の流れをどのように作るかである。基本的な流れはディスカッション設問によって導かれるが、設問だけでは長い討議時間にわたっての持続的な誘導力に欠け、授業者が議論の深掘りをさせたいときにそのように仕向ける力にも欠ける。そこで用いるのが発問である。設問が参加者に事前に与えられる質問で、明示的な文語メッセージであるのに対して、発問は討議を運営するために授業者が準備しておく質問で、事前に参加者には示されないが、討議の進行に合わせて授業者が自由に発する口語メッセージである。設問と同様、発問も授業者がねらう教育目的に向けて、討議の方向付けを行うためのツールだが、公式的で固定的なメッセージとなる設問よりも気軽にかつ柔軟に使用される。授業者はディスカッション設問を軸としつつ、臨機応変に発することのできる効果的な発問をいくつも用意しておき、それらがいつでも口を突いて出てくるように準備しておくべきである。

発問の準備は、参加者に焦点を当てさせたい論点に伴って行われるべきである。教育目的に到達するためには、討議中の発言の断片が最後に結晶化されなければならない。そのためには、結晶の素材となる知の断片が発話されるための論点が、クラスに持ち出されなければならない。ディスカッションリードのプロセスの大半を占める「設問ごとの議論」とは、運動会の玉転がしのように、その日の学習に必要となる諸論点を順次転がしていくことに他ならない。ある論点を掘り下げ、あるいは次の論点を照らし、そこに導くといった一切の誘導を、授業者は発問によって行っている。熟練した教師のディスカッションリードを聞きながら、その発問をすべて書き出していくと、その教師が隠し持っている発問リストが姿を現す。そして、その発問リストに並んだ問いの先には、その教師が導こうとした論点のリストが浮かび上がっているというわけだ。

討議の準備を済ませて授業に参加している参加者は、各自の分析や主張を各自の文脈に則って構築している。そのような参加者が討議中に共有できるものは、一定の抽象度を持った論点である。参加者の討議参加の原動力は、教室で共有される論点への同意や共感、そして興味である。授業を運営するためには、こうした論点をいくつも準備し、参加者と共有する手続きを踏まなければならない。そのために授業者は、ケース教材を読んだ参加者が抱きそうな問題意識を予測し、討議の主題に据えるべきいくつかの論点を抽象化して持ち、それを参加者と共有するために言語化しておいたり、板書するために予め図示化しておくことが重要になる。討議授業において「論点」は討議の求心力となる唯一のものなので、討議で扱いたい論点とその移行プランがうまく準備されていないと、討議が混乱し、参加者はうまく学ぶことができなくなる。準備された論点を評価する尺度は二つあり、一つは参加者の興味と関心を惹くものであるかどうか、もう一つはその日の教育目的を達成するために、その論点で議論しておく必要度が高いかどうかである。

(ii) 板書

この項には、板書内容の割付計画を記述する。設問と討議運営計画が決まると、授業運営時にどのような板書を行うかの想像が進む。筆者の場合は、その日の授業で使用可能な黒板を設問ごとに割り付け、どのような構造で板書するかを、あくまでも理想形の一つとして書き出しておく。その細かさは産業医科大版に例示した程度のもので、これ以上の詳細な板書計画は作らない。板書計画に限らないが、事前に作り込みすぎると、授業者自身がその計画に拘束されるからである。

なお、ラップアップと同様、板書のスキルについては次の第7章で詳述しているので、ここでは触れずにおく。

〈教室からのメッセージ〉

板書計画の最終現地対応

筆者は仕事柄、ＦＤセミナー（Faculty Development：教員教育）に呼ばれて、他大学の教室でケースメソッドのデモ授業を行う機会が多いが、どのような黒板（あるいは白板）がどれだけ使えるのかは、現地に行ってみないと分からないことが多い。最近の筆者は、デモ授業終了後に、いま行った授業の計画書を公開することが多いので、そのようなときは現地入りしてから「板書の計画」の項を書き足し、その場で印刷してもらって配布している。このように、慣れない場所でケースメソッド授業をするとなると、細かい苦労もあるのである。

(iii)リソースパーソン

リソースパーソンとは、この授業で顕著なクラス貢献が期待される特定少数の参加者を指す。ケース教材の題材企業と同じ業界で働いていた人、まさにその会社に勤務していた人、ケースの主人公と同じ職位で働いた経験のある人など、第3章で述べた「参加者を理解する」プロセスで知り得た、ケース教材と参加者の接点の濃い箇所をたどっていくと、リソースパーソンの候補者に行き着く。とくに、授業者側にそのケース教材に関する周辺情報が乏しいときは、リソースパーソンを頼りにしたくなるものである。しかし、事前に知り得た情報の範囲では、その人物はあくまでもリソースパーソンの候補者にすぎない。授業者が行う授業の役に立つべくそこに座っている参加者などいないので、リソースパーソンの発言に依存した授業を設計するべきではなく、過度の期待は禁物である。

(iv) 注意事項

参加者が自由に発話するケースメソッド授業では、思いがけないことも多々起こる。それを思いがけないこととして片付けるか、それとも事前の配慮によって回避できたと考えるかの差は、教育目的の達成可能性を確実に左右する。

安全な授業運営のための配慮は考え始めるときりがないが、参加者の属性に起因する問題、ケース教材が扱っている話題そのものに起因する問題、授業を行う時期に起因する問題（その時期に社会に生じている重大な問題を前提にして議論をせざるを得ない状況）などをひと通りチェックする必要はあるだろう。

〈教室からのメッセージ〉

授業で扱う題材に伴う配慮――ＫＢＳ高木教授の場合

参加者への配慮の一例を挙げよう。ＫＢＳには阪神大震災からの復興を主題にしたケース教材「住友電気工業株式会社（Ａ）」「同（Ｂ）」「同（Ｃ）」があり、いずれも企業の危機対応を主題としているのだが、そのケースで議論をすると、六、四三四名が亡くなった阪神大震災の悲劇的な被災状況がクラスに必ずよみがえってくる。ＫＢＳの六〇人のクラスには、本人自身が被災した参加者もいるし、家族や親戚が被災したことで、思い出したくないという気持ちの参加者がいるはずだと思って、講師は授業の準備をするべきである。

こんなとき、本書の監修者である高木であれば、授業の冒頭に「今日は阪神大震災の様子が描かれたケースを扱います。このクラスの中にも、この地震の記憶がありありとよみがえってくるという人もいるかもしれないし、大切な方をこの地震で亡くされて、できれば思い出したくないという人もきっとここに座っているだろうと思います。しかし、みなさんとこのケースで議論することで、ＭＢＡ教育としてはとても貴重な学びが得られるので、今日はこのケースを使わせてください。そのようなわけで今日は全員への発言を求めることは私も控えます。辛くなった人は、本当に辛いだろうけれど、がんばって授業を聞いていてください。それでは始めましょう」などと話してから授業に入る。

ＫＢＳでかつて「ケースメソッド教授法」で用いるために制作した映像教材に、このケースでの討議中に、倒壊した家の下敷きになって亡くなった祖母を思い出し、号泣してしまった女子学生を描いたものがあった。そのシーンの最後には、彼女への対応を迫られた若手教師の狼狽ぶりが描写されている。本書に添付したＤＶＤ（ＤＩＳＫ：２）にも類似した状況を扱った一幕を収めた。いつでも起こり得ることとして、受け止めて欲しい。

(3) 授業計画書の完成

授業計画書の完成度を高めていく作業には終わりがない。改訂作業のあるべき方向性は、授業計画と教育目的の一貫性と整合性を高め、教育目的の維持を確かにするべく、教育目的、ディスカッション設問、発問を練り上げていくことである。また、ディスカッションリーダーたる授業者自身に向けた準備と、この授業で学ぶ個々の参加者に向けた準備の両方を視野に入れ、うまくバランスさせることも重要だ。

しかし、授業計画書に基づいて授業を行っても、実現される討議の内容はきわめて流動的である。したがって、授業計画書にあまり期待すべきではない。いくら時間をかけて練り上げても、当日の討議はそのとおりにならないという点で、授業計画書（とりわけ討議運営計画のパート）の完成度は一定の水準以上には高まらないことを、冷静に理解しておきたい。

〈教室からのメッセージ〉

授業計画は一度忘れよう

本章は「ケースメソッド授業では、自律主体集団による自発的な発言の連鎖で討議が形成されていくので、教師側の準備が必ずしもそのまま生きるわけではないが、『それでも』というよりもむしろ、『それだけに』準備が重要になる」と書かれて始まり、「授業計画書にあまり期待すべきではない。いくら時間をかけて練り上げても、当日の討議はそのとおりにならないという点で、授業計画書（とりわけ討議運営計画のパート）の完成度は一定水準以上には高まらない」と結ばれて終わった。授業計画書の作成はいくらでも時間を食うので、授業者はどこかのタイミングで計画作成作業を打ち切り、計画を身体に染みこませるための時間を取ったり、当日の討議に関して空想にふけったりするほうが健全である。

また、次章ではディスカッションリードや板書のスキルの数々を紹介するが、そのとおりに身体を動かそうと思ったら、かなり良好な生理的身体状態が求められることに気づくだろう。授業前夜にすべきことは十分な睡眠を取ることに他ならない。俗っぽい言い方になってしまうのだが、筆者が考えるに、ケースメソッドで教えることは「準備」と「瞬間芸」の合わせ技に他ならない。準備不足も困るのだが、準備に溺れないようにすることも同じように大切である。ところが、教師の卵たちはこのことになかなか気がつかない。ケースメソッドで教える教師には、そのことに早く気づく力も問われている。

第7章　運営とそのための技法

前章で、読者はディスカッション授業の準備を見通した。準備のあとは実践、すなわち授業の運営である。本章では、第1節から第4節をディスカッションリードの基本動作スキルとして、第5節から第7節を板書のスキルとして、第8節を授業のラップアップのスキルとして解説することにしよう。

1　討議を始め、軌道に乗せる——ディスカッションリードの技法①

(1) 討議の幕を開けるためのひと言

一般的なケースメソッド授業では、教師が教室に入ると、前夜までに予習を終え、直前にグループ討議を終えたばかりの参加者が集まっており、教師の第一声に耳を澄ませている。ここで、教師は最初に何を言うべきか。

参加者にはすでにケース教材が配布され、設問も与えられているので、「それではさっそく設問1から始めましょう」でも悪くはない。しかし、「今日、何を議論したいか」という情報は冒頭に明示したほうがよい。設問を頼りに行われてきた個人予習やグループ討議によって、参加者の意見は多様に広がっている。その広がりを適度に削減し、方向付けるためのメッセージは、この先のクラス討議を参加者の主体性に委ねるためにも重要である。

ただし、クラス討議の前に、教師の授業意図を参加者にどの程度伝えるかは、教師にとって非常に重要な選択となる。参加者としての経験上、教師の意図がラップアップの時間になってようやく見えてくる授業には感動があるが、授業者としての経験上、こちらの意図をはじめから伝えておいたほうが、学生はその意図を汲みつつ創発的に議論することも確かである。

(2) コールドコールを用いた授業の立ち上げ

コールドコールとは、挙手していない学生を何の予告もなしに教師が指名することである。HBSなどでよく見られるディスカッションリード・スタイルは、冒頭に教師が一人の参加者(例えばジョン)を指名し、その日に扱う教材についての分析と意思決定を短時間(五分程度)で説明させるというものだ。まずはクラス全員でそのショート・プレゼンテーションを聞き、その後に講師が「今のジョンの分析と意思決定をどう思うか」と投げかける。すると、HBSでは堰《せき》を切ったように「ジョンの意思決定はまったくなっていない。彼の重大な分析ミスは次の三点だ。一つは……」「いや、ジョンの意思決定を私は支持する。ただし、私とジョンでは分析の着眼点が違う。私の場合は……」と半ば自動的に議論が進んでいく。ただし、この方法で討議開始早々から白熱した議論になるかどうかは、ジョンのプレゼンテーションの内容と他の参加者の能力に大きく依存する。

（３）短い発言を重ね合わせて行う授業の立ち上げ

コールドコールは行わずに、最初に指名された学生が、設問に対する回答を言いやすい切り口から断片的にでも発言し、二番目、三番目の発言者も、ほぼ自由に、自分がいちばん言いたいことだけを発言するという立ち上げ方もある。ＫＢＳでもコールドコールが行われることはあるが、こちらのほうが一般的だ。

この方法のメリットは、参加者が気軽にかつ自由に話し始められることである。ただし、当然ながら、発言が速やかに重なり合って共通文脈が形成される場合もある一方、そうならない場合もある。そして、このディスカッションの立ち上がり方が、学生の参加意欲（参加者が授業に惹き付けられる度合い）に影響を及ぼす。

授業の序盤、教師は参加者の発言内容をコントロールしにくいが、発言の連鎖や議論の滑り出しを支援することはできる。講師は最初の数名の発言をどう扱うとよいだろうか。

教師には、最初の発言をきちんと受け止め、その発言と次の発言をうまく重ね合わせていくスキルが求められる。経験的に言うと、最初の五つくらいの発言がそれとなく重なったときは討議が滑らかに立ち上がるが、最初の五つの発言に何の接点もないと、討議は軽い迷走状態に陥る。もちろん、授業はまだ始まったばかりなので挽回は可能だが、討議をスムーズに立ち上げるためには、授業者は最初のいくつかの発言を丁寧かつ慎重に扱い、可能な限り重ね合わせるよう試みるべきである。

（４）討議の立ち上げに必要なテンポ

クラス討議が始まるときのパターンは、大きく分けて二通りある。一つは挙手が少ないなか、一つひとつの意見を丁寧に拾い上げながら、議論がゆっくりと立ち上がっていく場合。もう一つはスタート早々にたくさんの手が挙がり、内容はともかく、議論が速やかに元気よく立ち上がっていく場合である。

参加者の相互作用であるディスカッション授業は初期値の影響を大きく受けるので、なるべく早期に活発な討議状態に入ったほうが議論の内容も安定しやすいし、深まりやすい。また、何と言っても、活発な発言が得られていれば授業者の精神状態も安定するので、授業がよりよく運営される。

そのためにも、最初は難しすぎる（あるいは簡単すぎる）質問や、発言意欲を損なうような言動は控えたい。ディスカッション授業の初期段階では、内容よりも、議論が活発に動き出すという状態作りを優先すべきである。

（5）参加者の発言を重ね合わせる上での注意点

授業開始早々に挙手する参加者の発言は、たいていは事前に準備されていたものである。そのため、直前の発言がどのようなものであっても、頭の中で温められていた内容がほぼそのまま発言される。したがって、この時点では、前の発言との共通文脈はもともと生まれにくいと考えておいたほうがよい。それでも発言の要点を捉え、参加者に共通文脈を感知させ、発言の重なり合いを積極的に作り出していくのが教師の仕事である。そのため授業者には、参加者以上に共通文脈を感知し、創造する高い能力が求められる。そして、このような能力は、授業者が参加者よりもはるかに入念に討議を準備することによって、次第に磨かれていくものである。

討議の序盤で教師がすべき努力は、参加者の発言をあとに続けやすいものに加工することである。発言のポイントを板書したり、短いコメントを加えたりして、それ以前の発言との関係性を示したり、それ以降の発言が連なりやすくなるように、何らかの文脈を提示したりすると効果的である。

（6）言葉の定義が不揃いなまま進む討議への対応

ケースメソッド授業では、参加者たちが言葉を介して自分の意見を表出する。したがって、発言者にとってはどのような言葉を使うかが重要であり、インパクトのある表現を使いたがる傾向がある。これは日米同様のようだが、とりわけ米国では、聞き手に強い印象を与える形容詞や副詞、シャープな響きを持つ名詞、ダイナミックな語感を与える動詞が発言に多用される傾向があり、基礎的な語彙を身につけただけの日本人留学生が討議で発言すると、子供っぽく聞こえるのだと言う。

これとよく似た状況は日本の教室でも生じる。最たる例は、意味が分かるようでよく分からない「カタカナ言葉」の濫用である。ビジネススクールでは参加者がカタカナ言葉をたくさん使う。外資系企業の日常会話はすでにカタカナ言葉のラッシュだが、それが社内で共有されているのであれば、意思疎通上の問題はない。しかし、「新着」のカタカナ言葉や多義的な英単語をカタカナにしたものの中には、意味のあいまいなものも多い。

討議中にそのような言葉を使い続けると、言葉だけが一人歩きして、その言葉を使っている限り議論を深めようがなくなる。そのようなときは、教師から発言者に向けて、「いま、あなたはその言葉をどのような意味で使っているのか」と尋ねてみるとよい。定義を求めるかどうかの判断ポイントは、難解な言葉かどうか、多義的な言葉かどうか、日本人の日常会話の中で市民権を得ている外来語かどうか、などである。こうした教師の指摘は、多義的な参加者が使う言葉を制約することになるかもしれないが、吟味された言葉を用いる討議文化を育む効果がある。

あるとき、「ケースメソッド教授法」のクラスで「コンセプト」という言葉の意味を巡ってひと悶着あった。発言者たちはいくつもの意味で「コンセプト」という言葉を使っていたため、聞いている側が混乱した。

そのとき教師役（ディスカッションリード演習者）は、その発言者に「コンセプト」の意味について説明を求めたが、即座にうまく説明できなかった発言者は、言葉の意味があいまいだという自覚なしに発言していたことに気づき、やがて平易な言葉を用いる習慣を身につけていった。授業者の努力によって、発言者の使った言葉が、真にクラスの共通用語になった例である。
余談だが、自然科学の用語は厳密に定義しやすい（「沸騰」も「変態」も定義は一律）が、社会科学の用語はもともと厳密な定義には向かない面がある。社会科学の用語を使って議論をする授業では、言葉の定義をあいまいにしないことの重要度が大きい。

2　挙手と発言を適切に扱う——ディスカッションリードの技法②

（1）教室の隅々で挙がる手を見逃さない

ケースメソッド授業が行われる典型的な教室はすり鉢状になっていて、参加者たちはめいめい自分の好きな場所・落ち着く場所に座ろうとする。前列正面が好きという人もいれば、中段の端に座るのが好きという人もいて、それは右端だったり、左端だったりするし、また最上段から見下ろして座るのが好きな人もいる。

講義型の授業では、授業者と目が合いにくい場所や指されにくい場所に座る学生も少なからずいるだろう。しかし、ケースメソッド授業では、挙手し、指名され、発言することが学習の基本的な営みになるので、参加者がどこに座っていようと、指名のチャンスは公平に得られなければならず、座った位置が悪かったために、何度も挙手したのに一度も指名されなかったということがあってはならない。

ところが、授業者は利き腕を使って板書をしながら討議を運営するので、教室のどこかに長時間背中が向いてしまうエリア（図7－1参照）が必ず生じる。教室の左右に目を配る習慣が身についていない授業者は、「教室の隅々で挙がる手を、見逃さないための努力を自分に課す」ことが必要だ。

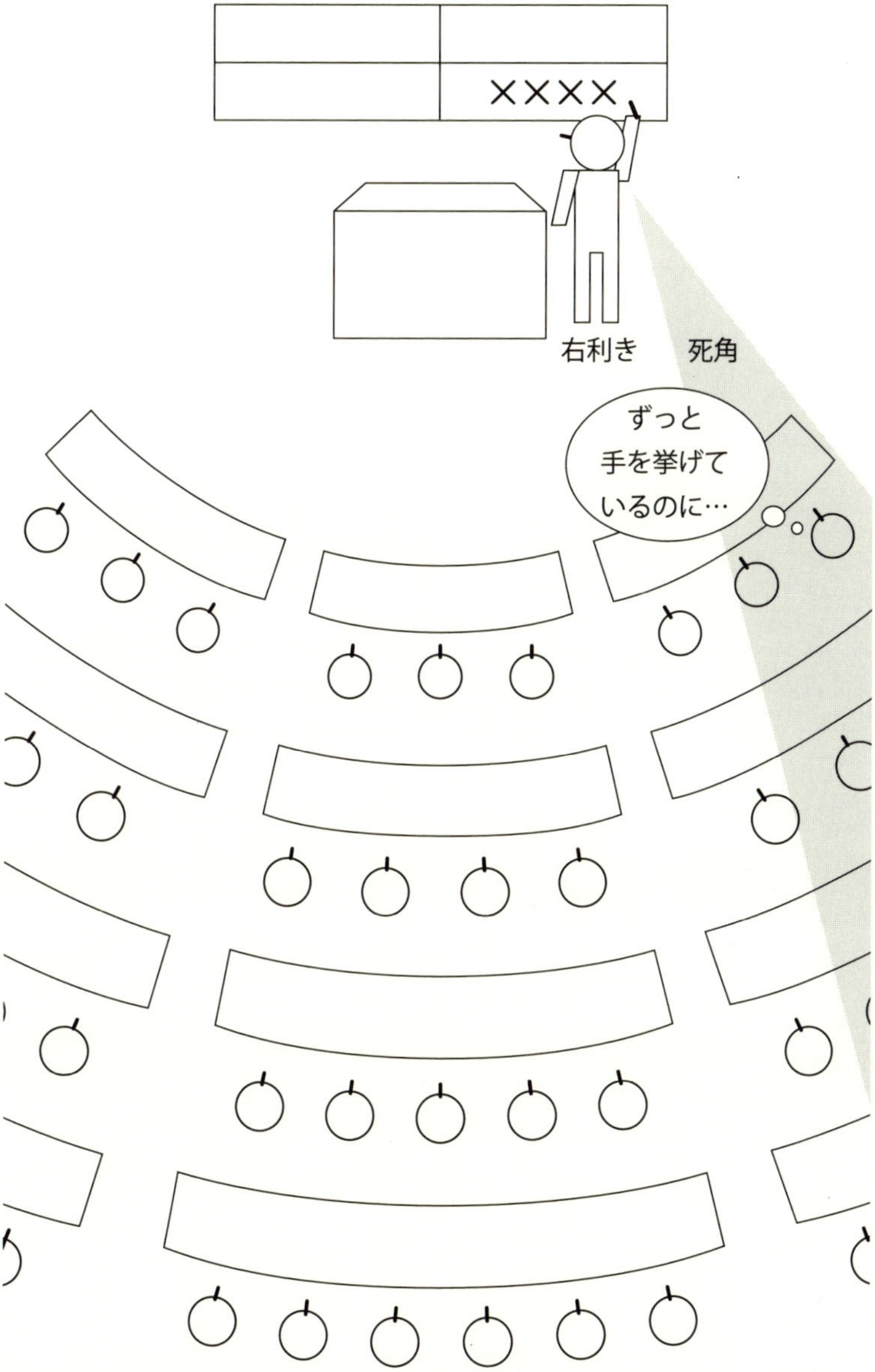

図７－１　授業者の死角

具体的には、次のような方法がある。

・教室の中には自分の目が行き届いていない場所があり、そこで誰かが手を挙げているかもしれないという意識を常に持つ。
・参加者に背中を向けて板書する時間をなるべく短くして、教室の隅々にいる参加者を見回す時間を増やす。
・板書を終えたら、教室全体を見渡せる（正面を向いた）姿勢にすぐに戻る。
・一人でも多くの参加者と目を合わせる。

発言したくて挙手しているのに、授業者の視界に入っていないために指名されない参加者のフラストレーションは非常に大きく、「先生は教室の真ん中しか見ていない」などという不満を募らせることになる。人間の視野角は約二〇〇度あると言われているが、その視野角の端のほうで挙がる手にはまず反応できない。授業中の挙手をほぼすべて拾うために、体の向きを変えたり、首を振り向けたりして、教室中の挙手を積極的に探すようにしたい。ディスカッションリーダーにはここまで求められる。

（2）創発的な意見を積極的に拾う

本書では「創発的」という言葉は「その場で思いついたもの」という意味で用いており、「もともと用意されていたもの」と対置されている。

討議参加者はすでに個人予習とグループ討議を済ませているので、発言したいことをいくつか用意している。したがって、クラス討議の開始直後は、前の晩や授業直前に用意した意見がほとんどとなることは、前述したと

授業開始	30〜40分	90分
予め用意してきた内容	その場で考えた・思いついた内容	

図7－2　参加者の発言内容とその表出タイミングの関係

おりである。しかし、時間が経つにつれて、討議の中から新しいアイデアや枠組みを思いつき、出来たてのアイデアを発言する楽しみのほうが勝ってくる。それが創発的な発言である（図7－2）。授業者としては、そのような発言をなるべく数多く拾い上げ、それらの点を結んで線を描き、さらには面へと討議を展開させたい。

それでは、教師はどのようにして創発的な発言を拾うのか。その努力は、参加者を注意深く観察することから始まる。教壇に立つ授業者は、複数の参加者を一度に視野に入れることができるので、参加者一人ひとりの頭の中がいまどのように動きつつあるかを、ある程度は推測できる。少なくとも、たったいま新しいアイデアを思いつき、その喜びに目を輝かせて挙手した人と、なかなか指名されずに長く挙手を続けている参加者を識別することくらいは容易にできる。

予め用意されていた意見がひと通り紹介され、そろそろ創発的な討議に入りたい時間に差し掛かったら、想起されたばかりの新鮮な意見を持っていそうな参加者を、意識して多めに指名するとよい。この作戦がうまくいけば、討議にパワーとスピードが生まれ、楽しい知的探究活動になる。

ただし、フレッシュな発言を拾うために、指名の公平さが損なわれないように留意したい。このことは、発言によるクラス貢献点を成績評価に組み入れている場合、特に重要になる。公平性を維持するために、長く挙手を続けている参加者を指名する場合は、話題が数分前のものに戻る可能性もあるが、その参加者を傷つけずに話題を戻す技術（第3節の（4）「文脈を戻すための策動」参照）もあるので、指名の公平性と発言の創発性は妥協せずに両立させたい。

(3) 発言者が特定のメンバーに偏ったときの対応

もしクラスに四〇人がいるなら、理想的には四〇人全員に発言してもらいたい。しかし、四〇人が同じ頻度、同じ量の発言で授業に貢献することはあり得ない。「このケースについては言いたいことがたくさんある!」という人もいれば、「今日は体調が悪いから」あるいは「今日に限って予習が不十分なので」、できれば発言せずに授業を終えたい人もいる。理想と現実はやはり違って、どんなクラスでも発言の偏りは避けられない。

しかし、四〇人の参加者がいるクラスで、特定の一〇人しか発言していないという状況を放置するわけにはいかない。ここでの問題は、講師が黙認していると「発言したい人だけが発言すればよいクラス」になってしまうことである。参加者の自主性を重んじるケースメソッド授業ではあっても、クラス全員に発言を求める姿勢は打ち出し続けるべきである。

そこで、発言者が偏ってきたと感じたら、授業者自身がそのように感じていることを、口に出して伝えることを勧める。伝えるのは、挙手がいつものメンバーに留まっているという事実をクラスが共有しやすいタイミングがよい。このとき参加者にかける言葉は、特に決まりがあるわけではないが、次のような意味が伝わればよい。

「このクラスを学びの共同体にするためには、クラスの大多数が議論に参加することが欠かせない。しかし、残念ながらいまは発言が特定の参加者に偏っているようだ。最近発言していない人の声もぜひ聞きたい。このクラスをみんなで作りたい。決して一部の参加者だけが発言をすればよいのではない。ぜひ議論に加わって欲しい。」

ポイントは、このようなメッセージを必ず「口に出す」ことだ。口にしないことは参加者には伝わらない。前回の授業でも一部の人しか発言せず、今日も発言者が少ないまま授業が終わったとする。このような状況が続くと、授業者にそのつもりがなくても、参加者は「先生はこの状況を黙認している」と受け取るようになる。活発な学びの共同体を作るためには、討議に積極的に参加するということが自然で日常的な行為になるまで、根気強く訴えかけなければならない。これは、教師が参加者に行うべき躾と言える。

（４）指名順を固定することの是非

授業中、一度にたくさんの手が挙がり、「私を指して！」という目に囲まれてしまったとき、授業者が半ば当然の対応として、「では、まずAさん、次にBさん、その次にCさんに発言してもらいます。ではAさんからどうぞ」と、まるで整理券を配るかのごとく、数名分の指名順を決めているときがある。この行為の是非はどうか。

まず、よい面を見よう。このやり方は「次に指名してもらえる」「次の次に発言できる」という安心感を参加者に与える。特にケースメソッド授業を始めたばかりのころには、参加者は、今日、自分が発言できるかどうかと不安で仕方ないものだ。発言によるクラス貢献点という成績評価基準を設けている場合は、「どこかで何か発言しなければ」という強いプレッシャーがかかっているが、自分が発言できるタイミングや内容は限られているので、指名されたときの安心感はとにかく大きい。

一方、先ほど創発的な発言を積極的に拾うべきだと述べたが、指名順を固定するとそれが難しくなる。指名順を固定すると、Aさんの発言によって、Bさんの発言の価値が変わり、Cさんに至っては、「Aさんが○○と言い、Bさんが××と言ったあとで、この意見を言うのは……」とかえって発言しにくくなるかもしれない。

したがって、指名順の固定という技法は、意見につながりがなくても問題がない場面、すべての意見を横一列に並べて考えたい場面では比較的使いやすい。しかし、それ以外の場面で用いると、参加者の安心感の代償として、創発的な発言が出にくくなることを講師は理解しておきたい。すなわち、議論をある方向へ深めたいときなど、ケースメソッド授業における多くの討議場面では、指名順の固定はあまりお勧めできない手法だというのが筆者の考えである。

(5) 長すぎると感じられる発言への対応

ケースメソッド授業では、発言者によってその発言の長さもさまざまだ。授業時間とのべ発言回数から計算すると、一発言当たりの平均時間はだいたい三〇～四〇秒ぐらいであり、授業の後半に行くほど長くなる傾向がある。中には五～一〇秒ほどの、短く断片的な発言もあるが、ケースメソッド授業では、まとまった意味が伝わる発言のほうが好まれる傾向にある。

しかし、長すぎるのは問題である。一人の発言があまりにも長いと、周りの参加者にはフラストレーションが溜まる。話の論理構造が明快で、展開もおもしろく、参加者の多くが興味を持って聞けるのならばまだよいが、考えがまとまらないために話が長くなっている場合は、授業者が発言している本人にとってもマイナスだし、それに付き合わされるクラスメートはいい迷惑である。この場合には、授業者が発言を中断させる必要がある。

ここでの授業者の仕事は、まず、「教師を含め他の参加者は、あなたの発言が長すぎて、ストレスを感じ始めている」ということを発言者に気づかせることである。気づかせ方には直接的なものから間接的なものまである。

直接的には、発言者が息を吸ったその瞬間を狙って、「ちょっと待って。発言がかなり長くなっているので、ここで一度止めましょう」と遮る方法がある。ここで、その発言者が言おうとしていることを授業者が短くまとめ、発言者の同意を得るところまでできれば、なお丁寧である。間接的には、教師自身がすでに発言の内容に集中できなくなっていることを、時計を見る姿や、教卓のメモに目を落とす姿、他の参加者と小声で雑談する姿などで、暗に伝える方法がある。

直接的な方法でも間接的な方法でも、発言者を傷つけるリスクはあるが、講師がそのリスクを冒したくないという理由で、発言者に長々と話をさせてしまい、時間を使った割に他の参加者には得るものがなかったという事態にならないようにしたい。講師は、長すぎる発言を制止し、参加者のための快適な討議環境を維持する責任を負っている。

(6) 尖った発言をする参加者への対応

第４章でも述べたように、ケースメソッド授業の教室が有意義な学びの場になる理由は、授業者側の討議運営技術によるものよりもむしろ、参加者側が主体的に作る学びの共同体の協働効果による部分が大きい。学びの共同体は時間の経過とともに成長し、成熟するので、授業者はその成長プロセスに合わせて適切に振る舞うのがよい。

このプロセスの初期段階で生じるつまずきの一つに、参加者の「尖った発言」がある。ケースメソッド授業で参加者間の信頼関係を損なうきっかけは、そのほとんどが参加者の発言にある。発言の意味や言い回し、口調などが他の参加者の神経を逆なですると、その発言者はクラスの中で暗黙のうちに「ちょっと困った人」のリストに載る。特に複数回の授業によって構成されるコースの初回では、参加者も少々力が入っており、最初の発言が自分の第一印象を決めてしまうと思い込むあまり、つい不必要に強い表現を用いてしまったり、過度に断定調の言い方になったりすることが多いようだ。

しかし、このような状況があっても、教師がちょっと気を利かせることで、この発言者は悪者にならなくてすむ。教師は、尖った発言にやすりをかけて、角を丸くして場に戻すことができる。例えば、個人的な経験だけを頼りに「○○であるに決まっている」と断定的に言いきる参加者に対して、教師がひと言「Aさんは『決まっている』と言い切るくらい、そういう思いが強いらしいですよ」と言い沿えるだけで、場はなごむものだ。発言したAさん本人も、他者に負けまいと精一杯言いきった緊張を緩め、笑顔を取り戻して次の発言者にバトンを渡す余裕が生まれる。授業者がこうした一連の緩和術をはさむかどうかによって、参加者たちのA氏に対する印象は大きく変わり、それによって今後A氏が取り得る態度や言動が変わり、クラス全体が学びの共同体へと深化していく速度が変わる。筆者の経験上、ここで何かしないとA氏は非常に高い確率でクラスの要注意人物になっていく。

もっとも、「ケースメソッド授業の教室は社会の縮図でもある」ことを考えると、参加者のキャラクターにまで介入しようとする行為は、クラスというコミュニティの自然な営みを歪めるという批判があるかもしれない。それも確かに一理ある。クラスの外に出てしまえば、A氏はやはり困った人であり、誰も彼を助けないのかもしれない。

しかし、教師になら、A氏を学びの共同体の一員に組み込む努力ができる。少なくとも教師には、参加者たちが後々「このクラスにA氏がいてくれてよかった」と思うようになってくれることへのインセンティブがあり、協働的なクラスを運営できることの恩恵は必ず授業者である教師に及ぶ。そして、すべての討議参加者が気持ちよく楽しく学べてハッピーになる。教師は「学びの共同体」の構築に責任を持つ立場にいる以上、それを構築する一意であれば、「一見行き過ぎた介入」を自らの役割の一つに加えてもよいのではないか、と筆者は考えている。

（7）推測はどこまで行っても推測

授業で使用するケース教材には、文章量が多いものもあれば少ないものもある。中には七〇ページを越える長文ケースもあるが、それでも実際に起こったことの全てを書き尽くすことはできないので、ケース教材には情報量の不十分さが必ず残る。したがって、討議の中では少なからず「実際にはどうだったのか」を探ろうとする議論が含まれる。

集団ならば、一人では想像が及ばないようなところまで、格段に幅広く、さまざまな可能性を考慮に入れて、非常に詳しく推測できる。問題の周辺状況まで推測が行き届くと、多くの原因・選択肢・可能性を考慮に入れることができるので、最終的な打ち手が効果的になる。つまり、推測の議論は問題解決方法の最終決定に必ず生きるので、適度に行われる必要がある。

ただし、これが行き過ぎると、推測の正しさを戦わせる議論へと向かってしまう。推測はどこまで行っても推測であり、いくら議論を重ねても「書かれていない事実」にはたどり着けない。にもかかわらず、参加者は無意識のうちに推測の正しさを巡って競い合い、時間と体力を浪費しがちである。また、授業者自身が推測のための議論にのめり込まないようにしたい。

3　教師に求められる言動と態度──ディスカッションリードの技法③

（1）教師の発話量をコントロールする

ケースメソッド授業は、教師と討議参加者がともに授業を作るものなので、言うまでもなく、教師だけが話し続けているのは望ましくない。教師の発話量に関するガイドラインは特にないが、筆者の経験から言えば、授業中の総発話時間を【講師三割以下─参加者七割以上】でシェアできればよいと考えている。つまり、教師は自分の発話量を意識的に三割以下に抑え、七割以上を必ず参加者に話させるということだ。このバランスは、講義型の授業に慣れ親しんだ教師には「授業」とは考え難いものかもしれないが、ケースメソッド授業をすると決めた以上、教師の発話量を抑えることは授業成立の生命線である。なお、このために教師は授業中に話すべきことと、そうでないことの線引きを意識せざるを得なくなるが、この点については次の節で述べることにしよう。

ただし、教師という職に就くような人には、話好きが多いのもまた事実である。しかも、話好きな人は、聞き手のポジティブなリアクション（例えば、微笑みながら頷いてくれること）をキャッチして勢いづいていくので、逆に話さないと調子が出ない。そのような教師は、ケースメソッド授業では自分の話す量を意図的に減らし、参加者にたくさん話させることで自分の調子を上げていく方法を覚えなければならない。

教師の発話量が多すぎる授業を観察していると、多くの場合、「教師が発話量を増やしている真の理由は、自ら講義して教えていないことからくる不安感への対処である」と推測できる。

いずれにしても、授業者たる教師は授業中の自分の発話量を絶えず認識しているべきだ。この発話量は教育目的の達成のために最低限必要な量なのか、それとも参加者が学んでいるかどうか心配なために発話量が増えているのかを、自分で正しく識別する必要がある。これは、講義型授業の教壇に立つ教師の意識下にはない発想であろう。

（2）パラフレーズの善し悪し

ここで言うパラフレーズとは、参加者の発言を講師が言い換えたり、言い直したりすることである。教師は、半ば本能的に参加者の発言をパラフレーズしようとする生き物である。一般的には、参加者よりも教師のほうがボキャブラリーも表現力も豊かなはずなので、教師によるパラフレーズは参加者から歓迎されることが多いと考えがちだが、はたして本当にそうなのだろうか。

発言が冗長でポイントが印象に残らないときや、発言者の意図が教師にのみ伝わって他の参加者には伝わっていないときなどには、教師によるパラフレーズは重宝される。自分の発言を言い直された参加者は教師の言い回しから学び、次回以降の発言にそれを取り入れていく。このような営みを通して、クラス全体のボキャブラリーが増え、表現力も豊かになっていく。このとき、教師が参加者の発言に付加しているものは、代替表現、情報、解釈、文脈などであり、教師のパラフレーズがクラスにとって有益になっている。

しかし、教師の中には、人が言ったことを自分の言葉で言い直さないと気がすまない、「言い換え癖」のある人もときどき見かける。そもそも、ある程度の社会経験があり、自分の考えを自分の言葉で主張できる人たちのクラスであれば、教師がパラフレーズするべき機会はそれほど多くないはずである。自分なりの文脈、自分なりの言葉で表現したにもかかわらず、それが教師によって曲げられてしまうのでは、本人には不快であるに違いない。気の強い参加者の中には「私はそういう言い方はしていません。私の言ったとおりに黒板に書いてください」と言う人もいて、教師と参加者の対立の火種となりかねない。このように、原則として、言い換えには本人の了解が欠かせないので、了解を得る作業は丁寧に行うのがよい。

教師による行き過ぎたパラフレーズの弊害は他にもある。参加者による発言の直後は、その発言に触発された創発的意見が想起されるゴールデン・タイミングである。そのタイミングで次の挙手を拾わずに教師のパラフレーズを優先させると、直前の発言に触発された創発的な発言が摘まれてしまう。また、パラフレーズの多い教師は、それだけ長い時間を占有しているのであり、参加者の時間を奪っているとも言える。

Participants Centered Learning を標榜するケースメソッド教育において授業者が守るべき姿勢は、参加者の発言を可能な限り尊重することであり、パラフレーズするかどうかも参加者尊重の姿勢から判断されることが望ましい。

もっとも、大学院の授業では学術的に重要な言葉も数多く扱うので、そのような言葉が正確に使われていないときは、教師の責務としてきちんと訂正する必要があることは言うまでもない。

(3) 討議のスピードを上げすぎない

授業中、参加者の頭の中では、「思考する→思いつく→検討・整理する→言葉にする→手を挙げる→発言する→思考する→思いつく……」というサイクルが繰り返されているが、そのスピードには個人差がある。コンパクトに考え、整理し、すぐに発言する人もいれば、考えることに多くの時間をかける人もいる。考えている間に他の参加者が発言し、それを聞いて考え直し、その間に次の参加者が発言し、それを聞いてまた考え直す人もいる。あるいは、考えを整理してからも、その言葉が周りの学生に誤解を与えることがないかどうかを慎重にチェックをしてから、手を挙げる人もいる。発言しようとする内容の大きさや深さによっても、サイクルのスピードには差が出る。

授業者は、こうしたスピードの個人差を理解し、授業のスピードをどのようにコントロールするのがよいかを考えなければならない。ケースメソッド授業では、テンポよく発言をさせる時間と、ディスカッションのスピードを落としてでも深い議論を行う時間の、どちらも重要である。

頭の回転が速い教師の授業で起こりがちなのは、討議のスピードが速くなりすぎることである。こうなると、速く考えて話せる人だけが参加できる会員制の授業になる。速やかに考え、速やかに発話することが第一の目的ならば、そのような訓練もよいだろうが、実務家であれ学生であれ、慎重な探求姿勢を身につけることも重要であろう。

ケースメソッド授業の参加者には二つの態度があり、いま進行している討議に参加するために自分の「エンジン」を回していて、いつでも発言可能な状態（参加モード）で臨んでいる人と、進行している討議からは少し距離を置き、自分のエンジンは止めている状態（傍観モード）の人がいる。自分が心地よいと感じるスピードよりも議論が速いと、その参加者は「傍観モード」に入りがちになる。授業者が討議のスピードを適切にコントロールできれば、より多くの参加者が「参加モード」でいられる。

スピードを上げて討議することの訓練効果も大きいが、それはあくまでも「参加者を鍛える」という愛情豊かな教育行為の一環として行われるべきであり、決して「授業者自身が心地よいから」という理由で行われてはならない。

（４）文脈を戻すための策動

ケースメソッド授業で散見される例だが、ある論点で議論が始まり、一人目、二人目、三人目も順調に意見が重なり合ってきたにもかかわらず、四人目の発言者が別の論点について発言したために文脈が壊れ、議論の深まりが絶たれてしまうことがある。この場合、授業者が四人目の発言のあとに、文脈の回復や維持に向けたひと言をはさむと、意見の重なりを回復しやすい。その場合、授業者自身が発話して、先の三人が維持してきた論点を明確にし、それが今日の学習において重要であることを示唆したほうがよい。

このように教師は、参加者の発言を無加工でそのまま生かすか、それとも何らかの加工を施し、それまでの発言と関連付け、後続の発言を喚起すべきかどうかをその都度、判断する。ただし、過剰な介入は参加者の自発性と討議の創発性を損なうので注意を要する。また、クラスを活発にしたい一意から発言者の意図を封じたときは、授業のどこかでその発言を活かす場を作るか、その発言者に次の活躍の場を与えるよう心がけたい。

（5）発言が止まったときの対応

ケースメソッド授業は、参加者の発言の連鎖によって形成されていく。発言と発言の相互作用によって討議が活発になっていくことを「プラスの連鎖反応」とするなら、討議の停滞に向かう「マイナスの連鎖反応」も同じように生じる。事実、討議はささいなことがきっかけで止まる。クラスの論客たちが発言を止めると、他の参加者もそれに合わせて黙り、気がつくとみんなが話すことを止めている、というのがマイナスの連鎖反応だが、そのスピードは意外と速い。参加者の発言の波にいつも乗っていたい教師は、自分が行う授業を発言の連鎖によって勢いづけていくという一面もあるので、新米教師の中には、参加者の発言が止まると自分の頭の動きも止まる（頭が真っ白になってしまう）人が少なくない。

しかし、発言が途切れたときというのは、それまで自らの発話を抑え気味にしていた教師が、授業者として無理なく教育行為に踏み出せるチャンスでもある。ケースメソッド授業の運営に少し慣れてくると、発言が途切れることが恐怖ではなくなり、むしろ歓迎できるようになる。

参加者の発言が途切れたとき、熟練した教師の頭の中ではおそらく次の判断が行われている。「いま行われている議論は内容的に不十分であり、このテーマに割り当てた時間も残っているので、引き続き議論すべき」、もしくは「すでに十分な議論が行われ、時間もほどよく経過しているので、次の話題に進むべき」と。前者ならば、「まだ誰も話題にしていないけれど、○○についてはどうか？」と刺激して、教師がさせたい議論を起動させればよい。また、後者であれば、何も問題はない。「では次の話題に行こう」と伝え、もしそのときに少し時間の余裕があれば、「次の話題に進む前に、この話題での言い残しがある人の声を聴いておきましょうか」と丁寧に進めることもできる。

授業の進行中、授業者は絶えず、チャンスがあれば自ら発話すべきことを用意しておきたい。どのような状況とともにチャンスが訪れるかは分からないが、「参加者の発言が止まったら、講師の頭も止まる」ということだけはないようにしたい。教師の頭の中には、討議の進行に合わせて「チャンスがあれば○○の議論をさせたい」「いまの文脈だったら、その先にある○○について話せる」「その次はこうしたい」というプランを生々しく持ち、そのきっかけを作るメッセージを常に維持・準備しておくべきである。それは、授業者たる教師が、学生と討議しながらも、頭のどこかで五分先、一〇分先の討議イメージを動かしておくことでもある。それができるようになれば、「いま発言が途切れたら何を言うか」は自明であり、参加者の発言がいつ止まっても何も怖くはない。

（６）沈黙から次の創発を引き出す

前項とやや重なるが、教師は参加者の沈黙に弱い。参加者が発言する授業であるのに黙られてしまうというのは、教師にとって悪夢である。ケースメソッド授業に慣れていない教師にとって、五秒の沈黙は非常に長く感じられ、焦りを覚える。そんな沈黙が一〇秒も続けば、冷や汗も流れかねない。しかし、参加者から見れば、五秒、一〇秒はそれほど長い時間ではなく、次の発言の中身を考えるために必要な時間でもある。教師は沈黙を恐れず、誰も話さなくても決して慌てないことである。

経験上、ケースメソッド授業における沈黙には二種類ある。一つは、参加者が「何をしてよいか分からないとき」や「討議がどこに向かっているのか分からないとき」に起こる沈黙であり、もう一つが、「参加者が本当に考えているとき」に生じる沈黙である。前者の沈黙は授業者に問題があるので、参加者への問いかけ方を改善することで防止できる。一方、後者は、授業者が参加者を深く考えさせることに成功している証であり、歓迎すべき沈黙でもある。ただし、ケースメソッドは一義的には活発な討議状態を理想とする授業方法なので、そもそも沈黙が場になじみにくく、ひとたび沈黙が生じると授業者はもとより参加者をも不安にさせがちである。

その意味で、授業者は場の不安解消のために、何らかの発話をするとよい。例えば、参加者に本当に考えてもらいたい場面では、「いま私たちは、難しいけれど非常に大切なことを考えています。発言を急がせるつもりはないので、じっくり考えてください。考えがまとまった人から少しずつ発言をしてください。それまで待っています」と伝えて、考えることを勇気づける演出をしたり、「いまとても難しいことを尋ねているので、これから三分間考える時間をとりましょう。三分たったら、もう一度みなさんに意見を聞きます」とひと言添えたりすることで、沈黙のネガティブな印象が消え、創造的な時間に変わる。

(7) 参加者との対立を避ける

ケースメソッド授業の趣旨を理解した参加者は、何度か授業を繰り返すうちに、自由に自分の意見を述べるようになる。ありのままの自分の考えに基づく意見は実に多様で、こうした伸び伸びとした発言に耳を傾けていると、講義という授業方法が、学生たちの自由な発言をいかに封じているかということに嫌でも気がつく。学生が話す機会があったとしても、多くの講義型授業においては、参加者は自分の言いたいことではなく、どうしても「その場にふさわしいこと」「教師が喜びそうなこと」を発話する傾向にある。その点、討議型には発言の自由がある。

しかし、この自由さゆえに、参加者にとっての素直な発言が、ときに参加者間の対立の原因になり、さらには教師との対立の原因にもなり得る。とりわけ、正解のない話題において、教師は参加者との意見の対立をどのように扱えばよいだろうか。

教師が参加者と対立関係になると、教師という立場ゆえに、参加者に負けるわけにはいかないという気持ちが生じる。これまでに積み上げてきた知的研鑽や研究業績が参加者に劣っているとはあまり考えたくないし、教師としての権威を守りたいという気持ちもあるだろう。このように、教師は参加者に対して譲りにくい状況にあるので、教師と参加者の対立は、参加者間の対立よりも深刻なものになりやすい。筆者が籍を置くビジネススクールでは、教員と参加者との年齢の逆転や、社会経験量において明らかに参加者のほうが豊富という場合が頻繁にあるし、参加者も「この先生になら勝てる」と踏んで、戦いを臨んでくることもある。

しかし、ケースメソッド授業では、いかなる場合も授業者たる教師は参加者と対立すべきではないという立場を筆者は取りたい。対立はお互いのエネルギーを消耗し、建設的な探求姿勢を必ず損なう。本来であれば、探求テーマを掘り下げていくことにこそ自由闊達な討議のパワーを使いたいのに、対立関係になると大なり小なり、それが相手を打ち負かすために浪費される。また、教師と一部の参加者の対立は、前向きに討議したい他の参加者にとっては迷惑以外の何物でもない。対立というスイッチはオンにしないほうが、クラス全体にとって必ずプラスになる。そのためには、あからさまに話を変えてもよいし、教師が一歩引いてもよい。いずれにしても、授業方法が討議型である以上、教師は参加者と簡単に対立しないように、思慮深さに裏打ちされた忍耐を大切にしたい。

蛇足ながら、参加者の発言内容に基礎的な知識の誤りが含まれていたら、早期に指摘しなければならない。明らかな誤りの修正は、教師の職責において行われるべきことであり、教育品質の維持に直結する問題である。

4　教育目的の達成に向けた努力――ディスカッションリードの技法④

（1）リソースパーソンの扱い

ケースメソッド授業では、参加者のメンバー構成は多様であるほうがよい。ビジネススクールを例に挙げると、参加者の多様性は、その人が仕事をしていた業界、企業規模、主に担当していた仕事、そこで直面した問題、その人ならではの価値観やポリシー、そして年齢、性別などであり、それがさまざまだということである。

一方、その日の授業で議論する内容は、固有の業界、固有の会社で生じた、固有の問題状況なので、主人公の悩みが皮膚感覚で理解できる参加者もいれば、まったく馴染みがなく、その日の討議に活用できる自分自身のリソースがほとんどないという参加者もいる。平たく言えば、教室にはケース教材に描かれた状況を詳しく理解できる人とそうでない人が混在しているということだ。したがって、授業に貢献できる度合いも個々人で大きく異なると、一般的には理解されがちである。

しかし、ケースメソッド授業での討議は、知識量で勝負する場ではないので、そのケース教材についての予備知識や先端知識をたくさん持った人ばかりが発言している状態は、理想的な討議ではない。もちろん、その日のケース教材が扱っている業界や企業、製品について豊かな知識を持っている参加者は、授業の「リソースパーソン」として一定の貢献をしてくれる。状況に詳しい人間が一人もいないで議論するよりも、誰か一人でも頼れる人がいてくれることで、討議の生産性や安定感は少なからず向上する。ここでの問題は、授業者がその日のリソースパーソンをどのように扱うかということである。

できればその人には、その道の専門家として、他の参加者の状況理解を支援する役割を期待したい。授業者が用意したその日の教育目的は、クラス参加者全員のものである。したがって、リソースパーソンが授業の最初から最後まで発言し続けているという討議状態は望ましくない。もしそうなってしまったら、教師は、クラス全員で議論できる（議論すべき）論点に積極的に誘導し、討議を立て直す必要がある。クラス参加者がリソースパーソンから効率よく情報を得つつ、より本質的な論点について全員で議論するのが理想であり、リソースパーソンだけが気持ちよく、たくさん発言する授業に終わらないようにしたい。

（２）討議運営主導権の譲渡と奪還

本書で何度も登場しているフレーズだが、ケースメソッド授業における討議は、教師が自分の望む方向に進めるのではなく、参加者が自分たちで進みたい方向に、自律的に進んでいくほうがよい。教師の役割は、あくまでも参加者が自分たちで討議を進めていくことへの援助である。この基本方針をもとに討議を運営していくと、いつしか討議が講師の手を離れ、参加者たちの意思によって動き出すときがある。このとき、議論に没頭している参加者の意識下では一時的にディスカッションリーダーが不要になり、討議も教師のコントロール下にはなくなる。参加者にとっては、教師から討議の主導権を奪ったわけなので、気分爽快で実に楽しいのだが、この状況をどのように評価し、授業者としてどのように対応すべきか。

筆者の考えは、この状況を放置することには反対である。参加者が自律的に討議しているのは確かに理想的だ。しかし、授業者である教師にはその授業時間を使って達成したい教育目的があり、その達成責任は必ず授業者側に残る。参加者にすべてを預けたほうが、教師が持つ教育目的をよりよく達成するのならばよいが、実際にはそうはならない場合が多い。その意味でも、討議の道筋を参加者に預けるというのは「ある種のポーズ」であり、授業者はその授業に込めた教育目的を達成するためのコントロールレバーを手離すべきではない。「参加者が自発的に討議した」ということは、教師の喜びではあっても、授業の最終目標ではない。その代償として教育目的の未達を招いたならば、それは授業者が討議運営責任を放棄したのと同義である。参加者から受講料をもらうセミナーであれば、講師が講師料を返納すべき事態とも言えるかもしれない。

奪われた主導権は折を見て取り返すべきであり、そのときにかける言葉は「いまの議論とは別に、みなさんに議論してほしいことがある」などでよい。ただし、講師の口からこの言葉が出てくるためには、教師の脳裏に自分が設定した教育目的が常に維持されている必要があるが、ディスカッションリーダー初心者にとっては、教育目的の維持が意外と難しい。その難しさは、授業者の目標達成意志の弱さによる以外に、参加者の主体的な議論を尊重したほうが学びの深い授業になるのではないかという誘引にもよる。事実、教師が用意した教育目的よりも価値のある目的に向かう討議が、参加者に主導されて実現することは多々ある（第8章第3節）。もしこのとき、教師が自分の描いた教育目的に固執したら、その実現はない。社会人が参加者に多く含まれる実践教育の現場では、その科目領域において教師が参加者より多くの研鑽を積んでいたとしても、あらゆる面で参加者に勝《まさ》っているわけではない。教師は自分が構想した授業の価値を上回る価値に出会ったときには、討議の進路変更を決断する柔軟さを持ちつつ、しかし当初の教育目的の達成を絶えず意識し続けていることが必要なのだ。

（3）教師の発話を優先させてよいとき

ケースメソッド授業では、授業場面のほとんどにおいて、教師が自分で話すよりも、参加者に発言させることを尊重・優先させるべきである。しかし、自分の発話を優先させてよいとき、優先させるべきときもある。それはどのようなときか。

一つは、クラスで明らかに誤った内容や不適切な内容が発話され、それを黙認できないとき、あるいは他者を中傷する発言があり、学びの共同体が重視しているルールへの違反があったときである。そのようなときは、教師からの警告および訂正の求めが最優先されるべきだ。それが優先されてはじめて、教師は教育機会の健全さを維持できたことになる。

もう一つは、「いま教師が発話して、討議を誘導すれば、今日の教育目的の方向に議論が向かっていきそう」であり、かつ「参加者は自発的にはその方向に向かわないであろう」と判断したときである。教えたい方向に議論を向けるチャンスが到来したとき、できることなら、そのことを参加者が自ら気づき、その方向に議論を深めていくのが理想である。しかし、教師と参加者は教育目的を予め共有しているわけではないので、自由に発言を続けさせると、議論が教育目的から離れていくことがある。参加者の自発性に委ねる討議を基本としながら、その日の教育目的にアプローチできるチャンスは実はそれほど多くない。したがって、ここがチャンスと見たら、参加者の発言よりも教師の発話を優先させるべきである。これは「躊躇せずに行うべき介入」であると筆者は考えている。

ただし、これをあまりあからさまに行うと、参加者は「教師にうまく誘導された」という印象を持つ。教師の誘導を過度に嫌う参加者は、教師が誘導していることが分かると議論から降りてしまったり、わざと他の論点を持ち出したりすることもある。しかし、教師に誘導される参加者は不幸なのであろうか。筆者の考えでは否である。

参加者にとってもっとも不幸な状況は、その日の討議による学びがなかったときである。そう考えると、多少は教師に誘導されてでも、参加者が学んで最終的にハッピーになれるほうがよい。ただし、あからさまな誘導が嫌われることも確かだ。授業者たる教師は「教育目的を達成する」という本質的責務を全うすべきで、そのためにも議論をさりげなく誘導する技術を常に磨かなければならない。

（4）ディスカッションの時間管理

ケースメソッド授業の時間管理は意外に難しい。講義型授業の場合は、教師自身が時間を守るだけでよいので、教師に自己管理能力さえあればきちんと管理できるが、ケースメソッド授業の場合はそうはいかない。討議型の授業では、誰かの意見に触発されて、他の誰かの意見が重なるのだ。そこには「相互作用を時間管理する」という発想が必要になる。相互作用なので、誰がどのくらい発言するかを事前に計画できない。これは政府がある政策を発表したとき、それに対してどのような世論がどのような速度で形成されるかを推測するのが難しいのと同じである。

そもそも参加者は、自分が興味を持っている論点について議論しているときは、時間など気にしていない。時計を見る回数が多いのは、教師と、その討議が退屈な参加者だけであり、討議を楽しんでいる参加者の視野には時計の針などない。

授業者が決められた時間の中で授業を効果的に進めていくためには、粛々と時間を管理しなければならない。多くの場合、ケースメソッド授業の進行はディスカッション設問に沿って行われる。例えば九〇分授業で設問を三つ用意していて、一つめの設問に三〇分を充てる計画だったとしよう。このときのポイントは、三〇分程度経ったところで、とにかく次の設問に移ることである。ケースメソッド授業を運営していると、設問1に後ろ髪を引かれ、設問2に移りにくい理由はいくらでもあり、設問1だけで六〇分以上使ってしまうことも大いにあり得る。しかし、授業者として三つの設問での議論を経て教育目的を達成する授業を設計しているのであれば、心を鬼にしてでも、時間がきたら先へ進むことが肝心である。

反対に、計画では設問1に三〇分の討議時間を充てていたのだが、問題の核心を突く発言が続いたために、一〇分で話すことがなくなってしまったという状況も起こり得る。講師にとっては「沈黙」も怖いが、「時間が持たない」のも怖い。そのようなときに備えて、例えば設問を四つ準備し、最初の二つの設問さえ議論できれば教育目的が達成できるのだが、もし時間が余れば、設問3や設問4を議論することでさらに先まで進めるという授業を設計しておこう。こうしておけば、設問1と設問2にあまり時間がかからなくても設問3と設問4があるし、設問1と設問2で九〇分近く使うことになっても教育目的はきちんと達成されている。この場合、設問3と設問4は参加者に予め知らせておくこともできるし、伏せておくこともできる。

冒頭でも述べたが、ディスカッションの時間管理は非常に難しい。KBSで行っている「ケースメソッド教授法」の授業でも、ディスカッションリード演習にチャレンジする人が授業を時間内に終わらせ、ねらった教育目的を達成した事例はほとんどなく、「時間が来てしまったので、これで終わります」と急降下して不時着することのほうが圧倒的に多い。場数を踏みながらでよいので、乗員乗客が快適な着陸を目指したい。

5　討議授業における板書——板書の技法①

討議授業における板書は、討議のナビゲーションシステムである。教師の中には「字が上手でない」といった理由で、板書に消極的な人もいるが、板書の少ない授業は、参加者にとっては発言のための手がかりの少ない授業となるので、とにかく書くことである。書かないことに起因する問題は、字が下手だという問題よりはるかに大きく、ケースメソッド授業では板書せずに済ませられるものではないことを、まずは理解すべきである。

航海にたとえると、板書は船の軌跡を表し、海図、羅針盤、そして灯台として機能させるべきものなので、これらが欠如した航海がいかに危険なものかを考えれば、板書の重要性は言うまでもないだろう。

図7－3　KBSの階段教室の黒板

ケースメソッド授業では、教師がたくさんの板書をするため、広い黒板が必要になる。KBSでは、典型的な階段教室に、縦八〇cm、横三mの黒板が四枚設置されている（図7－3）。筆者らはこの環境で授業をすることに慣れているので、学外での研修となると、まず気になるのは会場に「ホワイトボードを何枚用意してもらえるか」である。日ごろの習慣でつい「四枚ご用意いただけますか」と言うと、たいていの研修担当者は驚かれる。しかし、一度授業をやると納得してもらえる。

ケースメソッド授業における板書が、講義授業で行われる板書と大きく異なるのは、参加者によって発言された順番にしか書けないことだ。また、討議授業では、議論の入り口を事前に正確には特定できないし、進行方向も定かでない。さらに、参加者の発言は議論の一角を占める断片でしかなく、それ自体は必ずしも文脈を伴っていない。

教師はそのような「点」から線や面を描いていく必要があるので、予め教師の側に、断片が構造物になったときのイメージがある程度できていなければならない。描き持ったイメージは、そのとおりに黒板上に実現しないかもしれないが、最終イメージ、または中間イメージでも持っていないと、描き始めることさえできない。

授業者の計画にある板書を、講義を進めながら順番に書き上げていくのと、進行する討議の中からエッセンスを汲み上げ、それが次第に構造を持った絵になるように仕上げていくのは、同じ板書とは言い難いほど異なる作業になる。しかし、発言の断片をパーツ（部品）と捉え、教師のイメージする絵に近づけながら描いていくと、教師が描こうとしている絵に参加者が自らパーツを提供してくれるようになる。これが黒板上に現れる参加者と教師との相互作用であり、それが参加者間にも広がると、精緻に計画され構造化された黒板にはない魅力が、誰にでも自覚できる。ケースメソッド授業における板書は、参加者と教師による相互作用のログであり、参加者に次の発言を考えさせるための強力なツールになる。

6　板書の計画――板書の技法②

第一に、前節の繰り返しにもなるが、授業者は授業を通して実現させる板書の全体図を、ある程度の具体性を持って用意していなければならない。討議の全体図は個々のパートにきれいに分解できるとは言い難いが、一般的には、その構成は設問単位になるので、設問ごとに討議の写像としての板書を想起し、図７－４に示したように黒板の枚数に応じて板書の内容を割り付ける計画を持つ。

第二に、討議計画をもとに、それぞれの黒板に浮かび上がらせたい絵を、できるだけ具体的に、かつ何通りかイメージしておく。授業者がケース教材への理解を十分に深めていれば、この作業はそれほど苦痛ではない。その上で、そのような絵が討議当日に実際に出来上がっていくストーリーを、何通りも思い描いておく。

第三に、少し踏み込んだ準備として、授業の要所要所で用いるために、討議を深めるためのきっかけとなる板

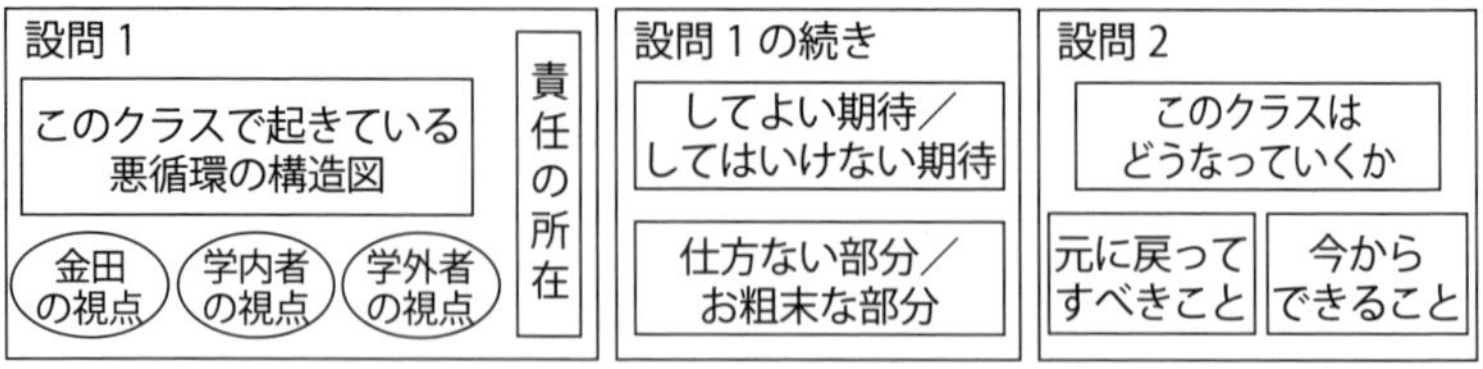

注：この図は、図 6－5 として掲載した、産業医科大学で用いた授業計画書から抜き出した板書プランである。現地では 3 枚のホワイトボード（大・中・中）が使用可能だったので、3 つのパートにホワイトボード 1 枚ずつを割り当て、各ボードの作成プランを構想した。

図 7－4　ある授業の板書計画

書パーツ（図7－5）をいくつか考えておき、チャンスが訪れたらそれを書けるよう、十分に備えておく。

前節の冒頭にも述べたが、板書は討議授業における非常に有効なナビゲーションシステム（誘導ツール）になる。発話による誘導と比べると間接的になるが、そのぶんだけ参加者の自律性を維持しながらの誘導も容易になる。それゆえ、板書の技法は教育目的の達成を目指す上できわめて重要である。

7　基本原則――板書の技法③

(1) 全員の発言を板書する

参加者の発言に対して教師が板書で応えることは、参加者の発言を歓迎し、受容したことのサインとなる。基本的には全員の発言を黒板上に残すため、文章ではなく短い言葉で書くことになる。これを繰り返すことが板書の基本的な営みだが、それだけだと断片的な言葉が併置されていくだけなので、教師の手によって断片群に構造を与える。

(2) 記述の断片を構造化する

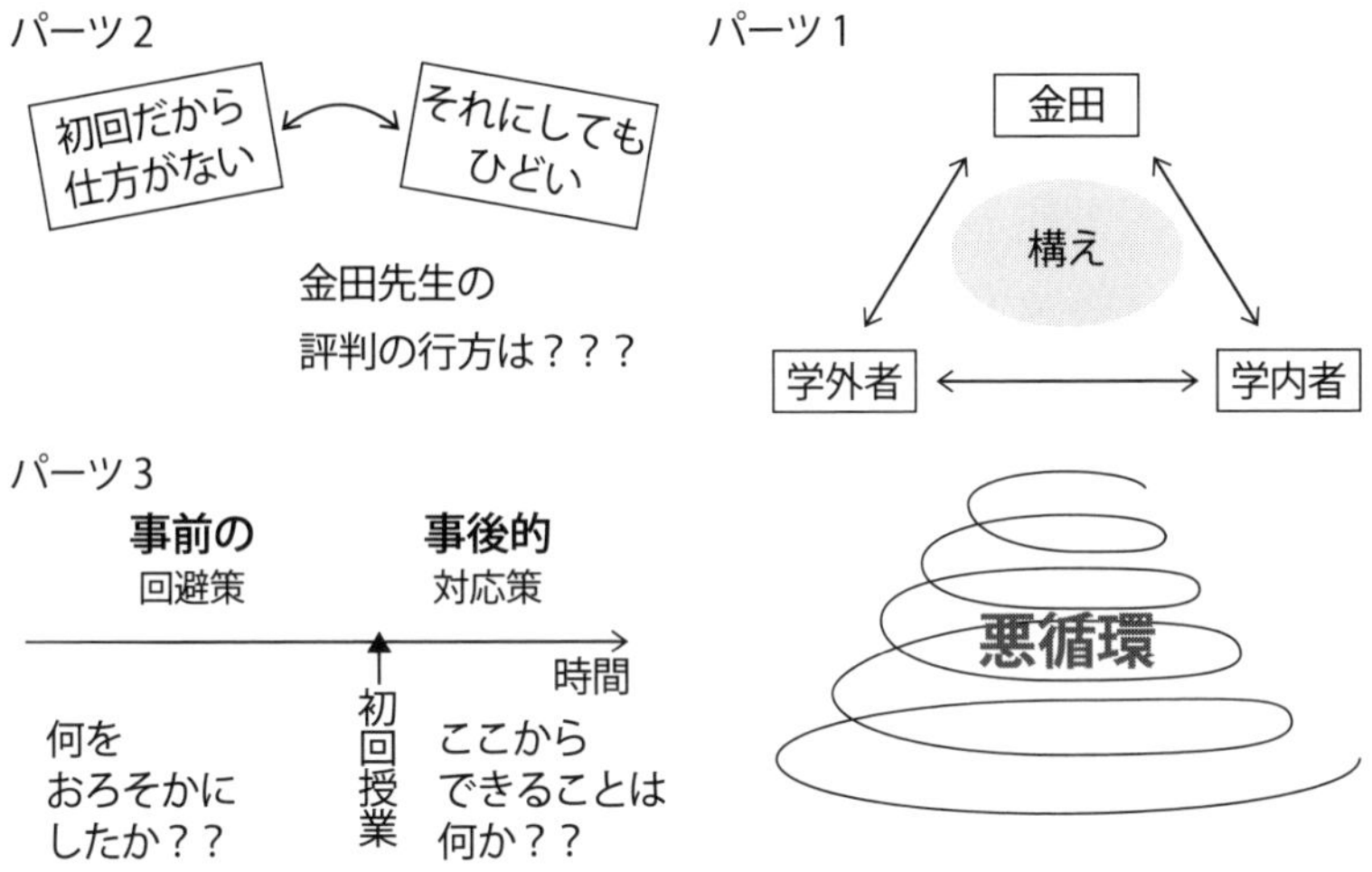

図７−５　板書パーツ

具体的には、黒板上の言葉同士を結びつけたり、対比させたりする。このとき、チョーク（あるいはマーカー）の色を変えて内容の分類を行ったり、強調したりするのもよい。落書き状の記述が討議の鳥瞰図になっていくよう、絵を整えていく。最初から絵を描くのだと身構えずに、あとから絵にしていけばよいのだと考えれば、いくらか気が楽になる。

（３）参加者の発言を妨げずに書く

参加者が発言している間は教師はひたすらそれを聞き、教師が板書しているときは参加者が発言を控え、教師が板書を終えてから次の参加者が発言する……という授業では、板書が討議の勢いを妨げることになる。教師は参加者の発言を背中で聞きながら、自分なりに板書を進め、参加者は教師の背中に向かって発言し続けると、討議は快適に進む。

（４）ラップアップに備える

ラップアップの素材には、原則として板書上に書き留められたものが用いられる。したがって、討議の後半では、板書内容をどのように結びつけてラップアップすべきか、そのための心の準備と下ごしらえを進めておく。ここで、討議されていないことをたくさん持ち出してラップアップすると、今日の討議内容が授業者からは評価・尊重されていないことを、参加者はすぐに見抜く。

では、板書をラップアップに結びつける話題が出たところで、本書もラップアップの節に進もう。

〈教室からのメッセージ〉
ディスカッションリーダーとは別の人が板書をすると……

「初心者がディスカッションリードするときは、板書がかなりの負担になるようだから、私が代わりに板書してあげようか」。あるとき、高木がこのようなことを言い出して、「ケースメソッド教授法」のディスカッションリード演習で、板書の代役を試してみたことがあった。

「それではまず私が」と思った筆者が、板書を高木に委ねて、口頭でディスカッションリードするだけの授業を運営してみた。これが実に楽で快適なのである。討議のテンポもよくなり、「ここではこんなふうに書くのか」と師匠の板書に見とれつつ、贅沢なディスカッションリードを楽しんだ。しかし、それも束の間であった。始めて一〇分もすると、高木の板書が筆者のディスカッションリード意図と異なり始めた。口頭での発問と板書を二つの脳みそで別々に動かしているのだから当然なのだが、高木の板書と筆者の発問がうまくシンクロしなくなってきて、参加者もどちらに従うべきか混乱し始めたのである。

しかし、これは討議運営意思を強く持たない初心者には喜ばれるサービスでもあった。そこで二〇〇七年度の授業では、ディスカッションリード演習者が、①自分で板書をする、②高木に板書を委ねる、を選べるようにした。第Ⅲ部に二〇〇七年度の演習を二例掲載したが、彼らはいずれも高木に板書を委ねて演習を行っている。ただし、力のある演習者であればあるほど、ケースメソッドの権威者による板書代行サービスを受けているとはいえ、板書の内容を自力で御しきれない不満もゼロではなかったようだ。

　ディスカッションリーダーとは別の人間が板書を行うことには良し悪しがある。企業研修や大学院で行われているケースメソッド演習などでは、討議運営役と板書役を分業している事例をときどき見かけるが、両者は事前にかなり入念な打ち合わせをして授業に臨んでいる。筆者の考えでは、最終的に目指すべきは、やはりディスカッションリーダーが口頭と板書を駆使して行う授業運営であろう。とりわけ次節で述べるラップアップを成功裏に収めるには、自分の意思で書いた板書が欠かせない。

8　ラップアップの技法

　討議授業では、学習主導権のほとんどを参加者に委ねているため、授業の最後には授業者が適切なラップアップを行うことが重要である。これはクラスの中で「教える」という責任を参加者よりも大きく持つ授業者の責務に他ならない。筆者は、ビジネススクールへの在学中、また教師となってからは同業者や同僚の授業オブザーブにおいて、さまざまなラップアップを見てきた。そこで本章では、世の中で行われているラップアップを大きく二つに分類した上で、いま現在、筆者が取り組んでいるラップアップの進め方について述べる。

(1) ラップアップのバリエーション

ケースメソッド授業のラップアップは、その授業の教育目的の性格に応じてそのあり方が変わる。一つの着眼

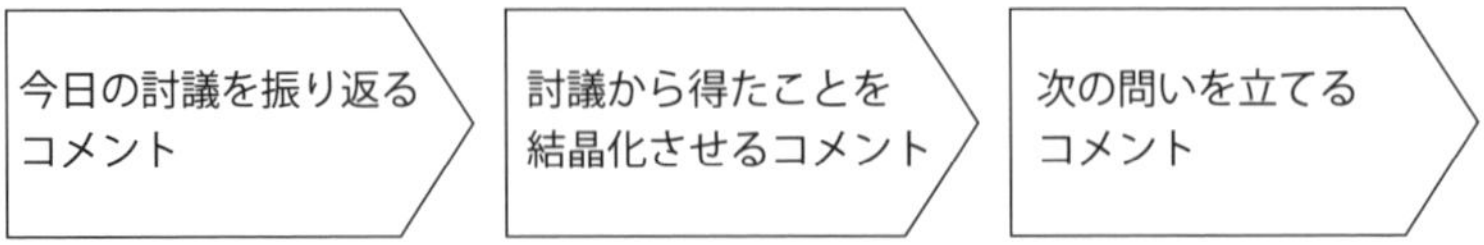

図7－6　ラップアップの進め方

点は、教育目的に占める理論教育の重要度である。

例えば、教育目的に占める理論教育の重要度が相対的に高い授業では、理論の解説を目的としたショートレクチャーで授業を締めくくるのが一般的である。その場合は、理論の解説手順や内容を事前に計画・準備しておくことも容易なので、パワーポイントやハンドアウトなどを使うのも有効だ。

一方、理論教育の重要度を相対的に低く設定した授業の場合は、事前の計画による予定調和的なラップアップはむしろ逆効果になる。なぜなら、その日の授業は、特定の理論に依拠して進められているわけではなく、その日の討議に現れた論点しか、ラップアップの素材にはなり得ないからである。つまり、その授業のラップアップは、その日に参加者とともに議論した教師にしか成し得ないはずであり、事前に計画できる類のものではない。

このように、ラップアップのスタイルは、授業目的における理論教育の度合いの大小によって大別することができ、その違いはラップアップ内容を事前に準備できる可能性の大小となって現れる。

ここで問題になるのは、理論教育の重要度を相対的に低く設定した授業の場合に、どのようにラップアップすべきかである。この問いに対し、次に筆者なりの回答を示してみよう。

(2) ラップアップの進め方

その日の討議を知的学習活動に仕立て上げ、授業後にも思考を続けさせるように促す方法として、筆者が現在のところ依拠しているラップアップの進め方は図7－6のとおりである。

このラップアップの枠組みは、授業者である教師が三種類のコメントを連続的に発することで構成されている。

第一のコメントは、「今日の討議を振り返るコメント」である。ここでは、その日の討議を教師がレビューし、共通の文脈で理解できるようにすることをねらっている。つまり、その日の討議に教師が特定の文脈を与えることであり、どの文脈上で語るかは教師に選択権がある。

とはいえ、ここで過度に操作的な文脈付与をすると、参加者は「最後に教師に強く誘導された」と違和感を覚えるので注意が必要である。しかし、討議への適切な文脈付与は、授業中には幾多の混乱があったかもしれないその日の討議を、教育目的に昇華させるための最初の手続きとして、重要な教育行為である。

また、文脈付与を行いながらも、原則化および一般化可能な知見を板書上で強調しておくと、次のステップへの橋渡しがスムーズになり、効果的である。

例「動くはずなのに動かない授業」（第2章末尾に掲載）のラップアップ

今日の討議を振り返るコメント

「ケースメソッドで行うセミナーの初回を運営する際に、教師側に求められる要考慮事項がさまざまに討議された。また、今日の討議では、初回授業固有の注意点と、さらにそれが混成クラスであるときの注意点の両方が扱われた」

第二のコメントは、「討議から得たことを結晶化させるコメント」である。結晶化とは、すでに前章で「授業中に発言されたアイデアの断片を積み重ねたり、組み合わせたりして、ひと回り大きな知恵に結実させること」であると説明したとおりである。このコメントは、討議を通して意識が多様に変化しているであろう参加者の背中（もちろん複数の背中である）を一本の手ですっと押すものでなければならない。すなわち、討議を終えた多くの参加者の琴線に触れるものであるべきということだ。授業者は授業の終盤以降、この結晶化をどのような言葉で導くかをひたすら考えながら、討議を運営することになる。もちろん、討議の流れは何通りか予測しておくべきなので、結晶化コメントもいくつか準備しておくべきではあるが、結晶化するのは他ならぬその日の討議内容なので、当日の討議を経てしかコメントが確定しない。そのため、予め準備した結晶化コメントは、ラップアップの直前に修正・再表現されることがしばしばである。

例「動くはずなのに動かない授業」（第2章末尾に掲載）のラップアップ

討議から得たことを結晶化させるコメント

「初回授業に向けての授業者の期待や不安から、授業者がごく自然にしてしまうことが、結果的に悪循環を招く。その悪循環の引き金を授業者が引いてはいけない。むしろ悪循環を断つ側に回らなければならない」

「それができないと、たとえ優れた研究業績を持っていても、授業の運営方法が劣っていたために、専門職者としての自分の評価を落としてしまうことになる」

第三のコメントは、「次の問いを立てるコメント」である。その日の授業でともに議論した参加者であるからこそ、討議の先にある課題として立てたい問いを持ち出すのだ。私たちの多くは、問題に対する答えを生み出し、吟味することを学習活動の中心に据えてきたが、よい答えが手に入ることよりも、価値ある問いが手に入ることのほうが、その後の知的活動は活性化する。とりわけ大学以上の高等教育では「課題を探す」ことが最重視されるべきであり、そのために先人たちが紡いできた学問の系譜や学習者の経験が総動員されるべきであろう。

例「動くはずなのに動かない授業」（第2章末尾に掲載）のラップアップ
次の問いを立てるコメント
「ケースメソッドでは教師と参加者がともにクラスを作っていく責任をシェアするというのが、バーンズやクリステンセンの主張だが、講師の責任意識は『学生とのシェア』で本当によいのだろうか」
「私の考えは、『クリステンセンの言及に異論はないが、教室で何が起ころうとも、講師はその時間に計画した教育の実現責任から逃れることはできない。これも厳然たる事実である』なのだが、みなさんはどう考えるか」

（3）ラップアップ補論

企業研修などでは、ラップアップが講師の力量を測るものさしになっていると聞く。これは、講師にとってはなかなかのプレッシャーだ。これまで見てきたとおり、ラップアップには事前の計画が生きる部分とそうでない部分が共存しているので、少なからず「瞬間芸」の要素を持つ。講師は、何通りかのラップアップ・プランを準備したり、授業の最後に的を射たラップアップが即興でできるように備えておく必要がある。また、パワーポイントを用いたラップアップには時間効率面でのよさもあるので、こうしたツールを使ってはいけないとも言いきれない。ただし、そのようなものを事前に用意してあったとしても、その日の討議の文脈によっては、それを使わない判断を下す勇気も必要である。

〈教室からのメッセージ〉

授業後に余韻が残るか

自発的な学習は、授業時間に拘束されない。ケースメソッド授業では、討議をきっかけに参加者が自分から思考を巡らせ、たとえ授業終了のベルによって学びが区切られても、（授業者が用意した舞台と筋道がよく練られたものであれば）学習活動は末広がりになる。換言すれば、授業の教育効果が授業後も長く続き、深まっていくような九〇分のあり方を、教師は追求すべきなのだ。

一般に（すべてではないが）講義型の授業では、学習は教師が行う講義への対処行動になりがちで、講義が止まれば学習も止まる。授業終了とともに脳は解放され、授業後に学習を引きずらない。これに対してケースメソッド授業は、討議参加者の知的好奇心の続く限り、授業後にも学ばせることをねらっている。ケースメソッド授業は、時間に拘束されない学習のきっかけを討議によって与えることで、強い慣性を持った学習機会を提供していると言える。

したがって、ケースメソッド授業の終了時には、学びの余韻が欲しい。参加者がそれを感じるためには、どうしても時間が必要なので、授業のエンディングが時間的に窮屈になってはいけない。この授業方法においては授業終了後に表れる余韻こそもっとも効果的な教育装置となり、最良の結晶化促進剤となる。最後まで一人でも多くの参加者に発言させたいという気持ちは分かるが、時間に追われて終わる授業はそれだけで学習効果を損なっていると言っても過言ではない。

第8章　評価とそのための技法

1　授業評価の考え方

第Ⅱ部では、ケースメソッド授業の実践過程を「準備」「運営」「評価」の三工程に分けて紹介しているが、その最終工程である「評価」は、その結果を次回授業の準備に反映させることを第一の目的として行う。第Ⅱ部の初めに示した図Aは、準備を経て運営があり、評価をもって一段落するようにも読めるが、実際には、「準備」「運営」「評価」が繰り返されてつながっていくことで、教師とともに授業が進化していく（図8－1）。

現在の科学技術では、ケースメソッド授業の教育効果を定量的に測定する方法が見つかっていない（筆者らの努力不足も大きい）ので、私たちは教育効果を高めていくための努力を続けていくしかない。数値での測定が難しい教育効果であっても、たゆまぬ努力を続けていくことで、教育効果を増大させることはできる。客観評価が十分にできなくても、結果的に授業が進化すれば、評価が機能したと言ってもよいだろう。

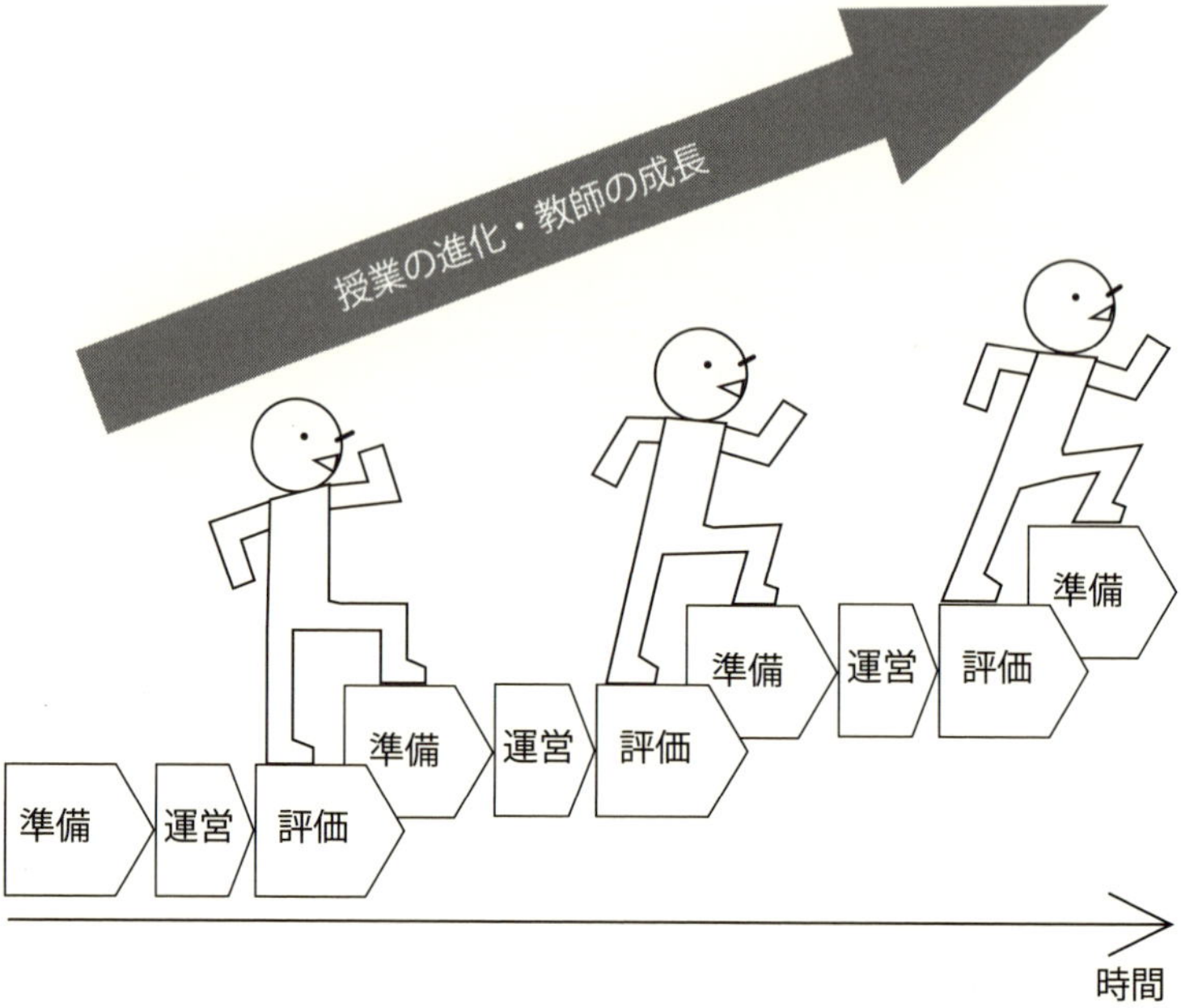

図8－1　準備・運営・評価を繰り返すことによる授業の進化

2　定量的評価

教育効果の代理指標にはなり得ないが、定量的かつ客観的に測定可能な足跡もいくらか記録されるのがケースメソッド授業である。本節では、発言数および発話時間に関する定量評価指標について述べる。

(1)　総発言数

その授業でのべ何回の発言がなされたかを測定する。筆者の経験上、討議参加者の総発言数は九〇分授業で平均して七〇前後である。これより多ければ、発言自体は活発であっても、一回の発言で述べられている内容の量(文字数)が少ないことになり、参加者が論旨を伴う発話をせず、断片的な意見を言うに留まっていることが疑われる。また、七〇に大きく届かない場合は、参加者の発言の一つ

ケース	ディスカッションリーダー	参加者数（a）	発言者数（b）	(b) / (a)	のべ発言数
噛み砕いて教えてもらえる場	竹内伸一	34	25	73.5%	66
動くはずなのに動かない授業	○○○○	28	21	75.0%	58
今日の授業に失望しています！	××××	28	21	75.0%	49
クラス発言の裏事情	△△△△	30	22	73.3%	42
日本人留学生　田中功一	●●●●	31	25	80.6%	50
ベンチャー電子工業	□□□□	31	24	77.4%	56
あの人が話し出すと授業が止まる	▲▲▲▲	29	23	79.3%	52
この授業は難しすぎます	■■■■	29	20	69.0%	53
あるコンビニエンスストアの現金違算	◎◎◎◎	27	22	81.5%	64
合計／平均		267	203	76.0%	54

図８－２　KBS「ケースメソッド教授法」ある年の発言状況

ひとつが長くなっていることも考えられるが、参加者の発言機会自体が少ないことのほうが多い。その場合、授業者が話し過ぎているために参加者の発言機会が奪われているのか、参加者が発言をしないために沈黙時間が増えているのかは、その場に居合わせた授業者ならば容易に判断できるだろう。

（２）発言者比率

ある授業への参加者のうち、一回以上発言した人の比率を表す。発言者比率はなかなか一〇〇％にはならないが、半分の人しか発言していないというのでは、Participants Centered Learning の名が泣くので、筆者は八〇％以上を自分の目標にしている。恥ずかしながら図８－２では達成できていないが、相互に面識のない学内者／学外者の混成クラスで、初回の授業から七五％をクリアするには、それなりの苦労があることも付記しておきたい。

クラス全体：70分
講　　　師：19分24秒
講師発話比率：27.7%

図8－3　授業者の発話時間比率

(3) 授業者の発話時間比率

授業時間全体を一〇〇としたときに、授業者が発話している時間の比率がどれくらいであるかを測定したものである。この数値を得るにはどうしても専任者によるタイムクロッキング（時間測定）が必要になるので、いつでも気軽に測定できるものではない。授業者の発問が短時間で行われれば行われるほど、授業者の発話時間比率は減少する。理想は三〇％以下であるが、三〇秒発話した参加者に対して、その発話が終わる都度五秒かけて受け応えをした上で、ときどき授業者がまとまったことを話すと、それだけで簡単に授業者の発話時間比率は三〇％を超える。図8－3に、筆者のデモ授業を日本ケースセンターのスタッフが測定してくれたときの数字を載せた。辛うじて三〇％に収まっていて、ほっとひと安心

（注）日本では、日本ケースセンターがディスカッションリーダーの発話時間を測定する取り組みに熱心である。筆者も日本ケースセンター主催の研究会の席上でデモ授業をしたときに、発話時間を実測してもらった。ここに掲載した図も、同センターからそのときの測定値の提供を受けて、作成したものである。数字は授業開始から終了までの時間を、黒線は講師の発話時間を表す。

したことを記憶している。

3　定性的評価

次回の授業に向けた改善に大きく役立つのは、定量的評価よりむしろ定性的評価である。ここでは定性的な評価の視点をいくつか紹介する。

(1) 授業者による教育目的の自覚と維持の度合い

ケースメソッド授業で教える教師同士の会話で、「討議が盛り上がったか否か」はいつも話題になるが、活発な討議が行われることはケースメソッド授業を行う上での前提であっても最終目標ではない。目標はあくまでも、ある程度の再現性を持った教育行為として授業が運営されることであり、授業者が教育目的を最後まで自覚し、維持し、実現することである。

しかし、参加者の自発的な発言にさらされながら、授業者が自ら設定した教育目的を最後まで自覚し、維持することは、それほど簡単なことではない。「ケースメソッド教授法」でも、参加者の自由気ままな発言に引きずられ、教育目的を途中で維持できなくなった演習例はいくつもある。討議中の授業者の心理としては、「参加者がしたがる議論こそ価値ある議論なのだ」と自分に言い聞かせがちになるので、教育目的が維持できずに腰折れになりやすいのである。

このようなわけで、授業時間の最後まで、授業者が教育目的を維持していたかどうかは、ケースメソッド授業のもっとも重要な評価視点となる。

（2）教育目的の達成度合い

授業者に最後まで教育目的の自覚があっても、それで目標達成ということにはならない。目的の自覚は確かにあったのに、結局教育目的を達成できなかったときには、その教師は、授業の終盤以降、かなりの焦りを意識しながら教壇に立っていたことだろう。計画していた討議運営計画のとおりになっていなくてもよい（なろうはずがない）のだが、ねらった教育目的に向けて議論の結晶化が最後に成功したか否かは、ケースメソッド授業の重要な評価視点である。

（3）代替教育目的の設定とその達成

最初に設定された教育目的が、いついかなるときでも絶対のものかと問われると、決してそうとも言えない。当初目的とともに代替目的も重視される。以下、当初目的の維持と代替の両面をにらみながら、議論を進めていこう。

ケースメソッド授業では、討議の最中に授業者が用意していた教育目的よりも価値の高いゴールに向かえる状況が生じたり、当初の目的とは少し異なるが、その代替目的として十分に価値のあるゴールに向かい得る状況が生じることがある。これは「不測の事態」と後ろ向きに捉えるべきものではなく、参加者が自分から学ぼうとする気持ちが強いゆえに生じることである。さらに言えば、授業者側に当初の計画があり、そこに導こうとする討議の流れがあったからこそ、見つかった代替ゴールであったとも言える。教育目的が柔軟に（しかし妥協なく）扱われることこそ、参加者と教師がともに教える責任と学ぶ責任を共有するケースメソッド授業の真骨頂である。とりわけ社会人教育においては、教師側が授業参加者よりもいつでも知識や経験などの点で優位だということはあり得ない。実践を主題にした教育を行えば行うほど、このようなことが起こる。だから、教師は柔軟に対応する必要がある。

とはいえ、授業者は自分が掲げた教育目的を簡単に下ろすべきでもない。「柔軟であれ」と言いながら「簡単には譲るな」とも求めているわけだが、その真意は次のとおりだ。授業者が用意した討議計画は、数人の発言の連鎖によっていとも簡単に壊される。したがって、討議が授業者のねらった筋道を通り、当初の目的が計画通りに達成される可能性はきわめて低い。これは嘆くべきことではなく、ディスカッション授業の宿命であり、授業者はこれを受容しなければならない。

当初の教育目的の達成可能性が下がっていくことと、より価値のある教育目的の達成に向けて舵を切り直していくことは、結果的には原因と結果の関係になりやすい。しかし、この両者は、本質的には「別のもの」だと理解したい。

授業者は、設定した目標の達成が困難だと自覚すると、その目標を下ろすことを正当化したくなる。当初の目標を手放しつつあるときの授業者の胸中は、多くの場合、参加者の意向に従って進めていく討議の価値を高く見積もりがちであり、当初の目的の達成をあきらめてもよいことの理由付けを自分に求めている。参加者が主体的に行う議論の先にしか主体的な学びの可能性がないことは厳然たる事実だとしても、授業者が全力で準備した教育目的よりも意義のある討議展開がそう頻繁に起こるようだと、それは授業者の力量不足と言わなければならない。新米の教師が経験豊かな社会人学生の討議をリードする場合には、その教師の計画した授業が、社会人学生の経験的知見に触れながら、当初の計画よりも意義深い授業に昇華していくという場面が少なからずあるだろう。しかし、教壇に立って五年も一〇年も経った授業者が、討議参加者からそう頻繁に教育目的を上書きされるようだと、それもよろしくない。参加者の発言に流されて、当初の目的が維持できなくなったからといって容易に目的を変更するのでは、教育行為として不十分だということである。

このように考えると、自分が用意した教育目的と当日の議論によって見えてきた代替目的の優劣を、授業者自身が客観的かつ冷静に見極められたときのみ、教育目的は変更されるべきである。授業者が設定する教育目的は、教育効果の最低保証ラインでもある。その意味においても、授業者は自分が掲げた目的を維持し、授業品質の最低保証にまずは努めるほうが、教育行為としては健全である。

ここまでをまとめると、受講者の自発的な議論を受け入れるなら、その先にある代替教育目的を認識し、その達成に確かに向かうこと。さもなければ、当初の目的達成に全力を上げること。筆者はこのいずれかに収まるディスカッション授業を推奨したい。

以上のことからも容易に推測できるように、ある授業の教育目的は参加者の自発的発言の連鎖とその相互作用によって、なかなか思ったようには達成されない。参加者の自律性を犠牲にしてよいのであれば、授業者がねらった教育目的を達成することは比較的容易である。また逆に、教育目的の達成にこだわらないのであれば、参加者の自律性はいくらでも守れる。しかし、参加者の自律性を守りながら教育目的を達成させることは決して容易ではない。ケースメソッドで教える教師には、この両立が求められる。そのためには、ケースメソッド教授法を駆使するための専門的な技術、知識、そしてそれらの向上を底辺で支える教育への情熱が欠かせない。

(4) 授業計画の巧拙（あるいは適否）

授業者が決して陥りたくないのは、当初の教育目的にも向かわず、代替目的も認識できず、参加者が自由に議論しただけで授業が終了することである。授業者がケースメソッドに不慣れであればあるほど、このような授業が現実には多くなる。参加者の自律的学習能力が高ければ、それでも参加者は十分な学びを形成するが、授業者が学ばせたとは言いがたい。こうなったら授業者は深く反省すべきである。

この状況に陥ったら、授業の準備工程にさかのぼって授業計画書全体を見直すべきであろう。五要素の統合の段階ですでにつまずいている可能性もあるし、教育目的と設問まではよいのだが、討議運営計画に無理があるのかもしれない。第６章の最後に「授業計画書（とりわけ討議運営計画のパート）にあまり期待すべきではない」とは書いたが、準備に不足があると、特にディスカッションリーダー初心者のうちは、それを運営で補うことが困難である。準備には『しすぎ』がもたらす弊害」とともに『不足』がもたらす致命傷」という両方の側面があることを心得ておきたい。

4　次回授業への申し送り（教育目的の進化）

第6章第3節で、「この学校で、この先生が教えるこのケースでないと学べない」と参加者が感じる水準の教育目的を据えたいと述べたが、こうした高度な教育目的は、もちろん一朝一夕に得られるものではない。授業を行う都度、「準備」「運営」「評価」「準備」……のサイクルが回り、教師がねらう教育目的が奥へ奥へと進んでいったために得られたものである。このことは、教師の努力と同様に、参加者との討議を積み重ねていく歩みもまた、教育目的を進化させる重要な原動力であることを示唆している。

ケースメソッド授業を運営した日にはできるだけ、その日の授業経緯を次回の授業準備に生かすための「申し送り文」を書き留めておくことを勧める。計画書自体は次の参加者が確定してから作り始めればよいが、授業の直後にだけ意識下にある揮発性の高いアイデアを、次回、授業準備を始めるときの自分に宛てて、書き残しておくのである。そうすると、次の授業では必ず教育目的が進化し、授業運びもうまくなる。

このように考えると、ケースメソッドで教える教師は、自分が教えることのできるケース教材のレパートリーを広げることも大事だが、一つのケース教材を異なる参加者に教え続けていくことのほうが大事だと、筆者は考えている。その理由は、一つの授業を磨いていく能力が早く身につくからである。

筆者を例に挙げれば、「ケースメソッド教授法」で扱う約一〇種類の教育ケースは、すでに丸六年教え続けているので、教育目的も毎年少しずつではあるが、討議の都度必ず進化していく。また、これらのケースであれば、誰がどのように登ってこようとも、全員に山頂の景色を見せる術もあるので、どんな参加者と討議することになっても落ち着いてディスカッションリードができる。そしてまた、同じケース教材を用いて繰り返し教えた経験の積み重ねによって、ディスカッションリードの初歩的なミスはしない身体能力がおそらく得られているので、新しいケース教材に果敢にチャレンジしたいという気持ちにもなるという好循環が形成されはじめている。

こうした好循環のきっかけとなっているのは、やはり、一つのケース教材に関して設定した教育目的ヒストリーの厚みと豊かさであり、その進化の歴史を自分で切り開いたという自信でもあるだろう。もちろん、授業の深みはその教師の研究研鑽の深みとほぼ同期しており、より深い洞察を求めてやまない教師の知的向上心や、その全人格的な魅力とも大きく関係している。こうして教える側も考え続け、授業に設定する教育目的を進化させる営みが延々と続くこと——これがケースメソッドで教える道なのだろう。

administratorが座るコックピット——第Ⅱ部の終わりに

ビジネススクールで学んだ学生が取得する学位は経営学修士号（ＭＢＡ：Master of Business Administration）である。英語の〝administration〟が想定している経営管理行為の水準は決して低いものではない。トップダウンであれ、ボトムアップであれ、「必要な配慮を行き届かせ、艱難辛苦を伴って、何とかやり遂げる」というのが〝administration〟の語感である。英語の類義語と比較しても、単に実行に移す語感の〝execution〟よりも、実行の難しさがにじみ出ている〝management〟よりも、さらに高度な管理を遂行するのが〝administration〟である。〝administration〟の舞台には、必ず多数の人間が登場する。そこには自分のシンパも抵抗勢力もいる。また、そこで扱われる問題はそう簡単に解決するものでもない。

それでは、優れた〝administration〟ができるマネジャーは経営をどのように捉え、そこにどのように介入し、どのように行動を起こすのか。その「答え」なくして実践的な経営教育のあり方は議論できない。経営教育のためのケースメソッド授業では、参加者それぞれの経営の捉え方、介入の仕方、行動の起こし方が相互に観察され、磨かれていかなければならない。第6章の中心的話題であった教育目的も、それと重なるように据えられるべきだと筆者は考えている。

ここで、第Ⅰ部、第Ⅱ部と読み進めていただいた読者に紹介したい視座は、優れた〝administrator〟たるマネジャーが何をどのように視野に入れて経営を管理しているかである。わが国でも大きく取り上げられたＢＳＣ

（Balanced Score Card）の提唱者であるカプランとノートンも、彼らの著作（Kaplan & Norton, 2008）の中で“dashboard”という概念を用いて、マネジャーと経営現場情報との接点のあり方を説いた。マネジャーにとって、現場とのインターフェイス（接点）をどのように持つかは、適切な状況把握、判断、対応を行う際にきわめて重要になる。

それではここから、マネジャーが行う経営管理をパイロットによる航空機の操縦と比較しながら、話を進めていこう。まずは、航空機のパイロットの操縦席であるコックピットの様子を思い浮かべて欲しい。航空機のコックピットは機体メーカーが設計した仕様で作られていて、パイロット一人ひとりに合わせてコックピットを作り変えることはない。

パイロットが物理的な操縦空間としてのコックピットで機体を操縦しているのに対して、ビジネスのマネジャーには確たるコックピットがない。また、少なくとも誰かからコックピットを与えられることはない。マネジャーはオフィスを離れて会議にも出るし、支社、顧客先、役所にも出向く。つまり、ビジネスのマネジャーは彼らのコックピット機能の多くを自分の頭の中に備えている。彼らが用いる経営管理ツールの多くは傍目《はため》には見えず、経営管理のやり方もマネジャーの数だけある。マネジャーは自分が理想とする経営管理に必要なコックピット機能を、自分で選択し、構成し、使い勝手のよいものにしていく。

このように考えると、ケースメソッドで行う経営教育は、マネジャーのコックピット機能の強化を支援するものでありたい。ケース教材を用いて行う討議がもたらす教育効果は、マネジャーあるいはその候補者にとって、ときには着眼点の拡張（視界の拡大）でもあるし、また、あるときには判断力の向上（計器類の充実化）でもあるし、問題に介入する方法の発見（制御装置の高機能化）でもあるだろう。だとすれば、個々の授業における教育目的を設定する際には、授業を準備し運営する教師に、マネジャーのコックピット機能のどの部分を向上させるのかという視点が必要となる。教育目的が、教師が重要だと信じる理論知識の付与に留まっても、教師の体験情報の提供に留まっても、その時代の先端的研究情報の提供に留まっても、やはり不十分である。“Business Administration”を担うプロフェッショナル人材を育成すると宣言する以上は、経営現場との接点となるコックピットと、そこでの思考を扱わない教育を「実践教育」とは呼び難いのではないか、と筆者は考えるのである。

このことは経営以外の多くの領域での実践教育にもそのまま当てはまり、福祉教育には福祉士としてのコックピットが、また、看護教育には看護師としてのコックピットがあるはずである。上述の視座は、ケースメソッド教育に限らず、実践的な教育を目指すときに重要になると思われる。このエッセイだけでは抽象的な議論を仕掛けているようで忍びないのだが、本書をここまで読んでくださった読者ならば、きっと具体的なイメージとともに理解してもらえるのではないかと期待して、ここに持ち出した次第である。

CASE METHOD

PRACTICES

第Ⅲ部
ディスカッションリードの実践演習

初心者がケースメソッド授業を運営するとどうなるか。第Ⅲ部には読者の代表として４名の演習者に登場してもらい、その準備から運営、そして振り返りの入り口までの全過程を、筆者の視点で解説する。

ディスカッションリードの実践——第Ⅲ部を読む前に

これから紹介する内容は、「ケースメソッド教授法」科目の中核部分となる「ディスカッションリード演習」の準備の記録を中心としたものである。「ケースメソッド教授法」はその名のとおりケースメソッドを用いた討論型の授業での教え方を教えるものだが、これはレクチャーでは教えきれない。そこで、受講生が教師役となりディスカッションリードを体験することを通して、ケースメソッドでの「教え方」を学んでもらっている。

授業では、ディスカッションリード演習で使用するケース教材を予め決めているため、教師役になる人は、クラス参加者の興味や関心を的確に捉えた上で、教育目的を設定する。次に、ディスカッション設問を決め、それを他の参加者（演習授業に学生役で臨む人たち）に知らせ、参加者たちは予習に着手する。その間、教師役は、演習での議論をどのように導き得るかを検討し、授業進行計画を作成して、ディスカッションリード演習の当日に臨む。

毎日のようにケースメソッド授業を行っている教師でも、必ずしも計画通りには進まないのがディスカッション授業である。それを、訓練の場とはいえ、初めて体験する人が行うのだから、たいへんチャレンジングな機会である。このような訓練機会を継続的に提供している教育機関は、世界でもおそらくＫＢＳだけではないだろうか。

実際の演習がどのように進んでいくかを追いかけることで、初めて話題にできる討議準備・運営の技法がある。

第Ⅲ部では、演習者と筆者の準備のプロセスをまっすぐにたどっていくつもりだが、個々のシーンを借りて、半ば脱線しつつも、第Ⅰ部および第Ⅱ部では紹介しきれなかった着眼点、考え方、諸技法も積極的に紹介したい。そしてまた、このような記述の先には「教える側の苦悩」も当然描かれることになるだろう。これも新しい話題である。

これより、二つのケース教材について、それぞれ二人のディスカッションリード演習者が行った授業準備と運営の全過程を紹介する。ケースメソッド授業では、同じケース教材を教えるのでも、授業運営者が異なれば討議計画も異なる。そこにはある種の優劣も浮かび上がるが、優劣では語れない部分も多くある。二人の計画アプローチの違いに注目しつつ、読み進めていただきたい。

第9章　ケース「動くはずなのに動かない授業」を用いた演習

1　演習で使用したケースについて

（1）本ケースのあらすじ

セントラル経営大学院では、今年度から土曜日に、全日制のＭＢＡ課程学生と単科学生の混成クラスを開講していた。そのうちの一つを担当することになった金田准教授は、混成クラスでのディスカッションは奥深く刺激的なものになることを先輩教員から教わり、期待に胸をふくらませて一回目の授業に臨んだ。

しかしながら、参加者の発言は、金田の期待に反して低調だった。服装はカジュアルでと案内したのに、単科学生はほぼ全員が隙のない服装で教室に現れ、階段型教室の右上半分に固まって陣取ったため、ＭＢＡ学生はその対角に当たる左下半分に固まった。そんな雰囲気の中で、ＭＢＡ学生には普段のキレがなく、単科学生ともうまく議論が噛み合わずに、討議は何度も止まった。

これに困惑した金田は、くだけた態度を取ってみたり、救いを求めてMBA学生を擁護し、単科学生よりも引き立てようとしてみたが、討議はついに活発にならないまま終わった。授業終了後、研究室まで追いかけてきたMBA学生は、金田に問うた。「僕たち、どうすればいいんですか」（ケース1・六一ページ）。

（2）本ケースを作成した動機と学習のねらい

「ケースメソッド教授法」のクラスでは二〇〇七年度から、第二会合でこのケースを使っている。筆者がこの教材を作成した直接の動機は、本科目の授業者である「自分への戒め」である。

ケースに描いたクラスの様子は、筆者が本科目を担当するようになって数年目に実際に遭遇した状況を基調としている。それぞれの期待を胸に抱いて第一会合に集まった学内履修者と学外履修者が、相互に馴染むことなく、ややぎくしゃくしていた。第一会合を終え、授業の疲れに加えて、双方がうまく馴染まなかった無念さを感じながら研究室に戻った筆者は、その日のクラスがうまく立ち上がらなかった原因について、夜遅くまで振り返った。その延長上に作成したのが、このケースである。本ケースで扱いたい課題は「ケースメソッドで行うセミナーの初回を運営する上での留意点」であり、本ケースに描いた固有の状況に、「学内履修者と学外履修者の混成クラス」がある。こうしてできた「動くはずなのに動かない授業」は、物語の基本設定を意図的に「ケースメソッド教授法」と重ねてある。

「ケースメソッド教授法」では科目の設計段階から、クラスの成長を促したり、クラスが抱えている問題に気づかせる働きを持たせたケース教材を、いくつか埋め込んでいる。このケースもその一つであり、もしその年のクラスで第一会合がうまく立ち上がっていれば、「自分たちはこのケースのような苦境に陥らずに済んだようだ」と喜びつつ、会合を振り返ることができる。また運悪く、第一会合がうまく立ち上がらなかったときは、学内履修者と学外履修者がうまく馴染み合っていない自分たちの姿をケースに照らして認識できるので、その修正のきっかけが得られるのではないかと考えた。

ケースメソッドで運営されるクラスでは、その初期状態において、どのようなチェックポイントがクリアされているかが、「学びの共同体」たるクラスを運営しようとする教師にとって重要課題となる。

このケースを第二会合に入れておくことで、⑴第一会合で「学びの共同体」づくりに向けて初期設定を行うべき筆者が、金田准教授を反面教師と捉えて慎重に授業の準備および運営をすること、⑵「ケースメソッド教授法」の参加者が、自分たちのクラスの初期状態を評価しながら、「学びの共同体」への初期設定のあり方について、金田准教授と筆者を対比的に捉えて理解すること、が促される。こうすることで、「ケースメソッド教授法」の導入部の学習効果を構造的に作り込もうという趣旨である。

〈教室からのメッセージ〉

「ケースメソッド教授法」は劇中劇構造

読者のみなさんがディスカッションリード演習の様子をより生々しくイメージできるように、ここで、ＫＢＳの「ケースメソッド教授法」のクラスが持つ劇中劇構造に触れておこう。図９－１にもあるとおり、本科目では「ケースメソッド授業が進行する教室の状況」が三層構造になっている。

①いちばん奥で上演されている劇中劇

ケース教材の中に描かれているケースメソッド授業が進行している教室の状況（問題含みの進行になっていることが多く、教師も参加者も苦労している）。

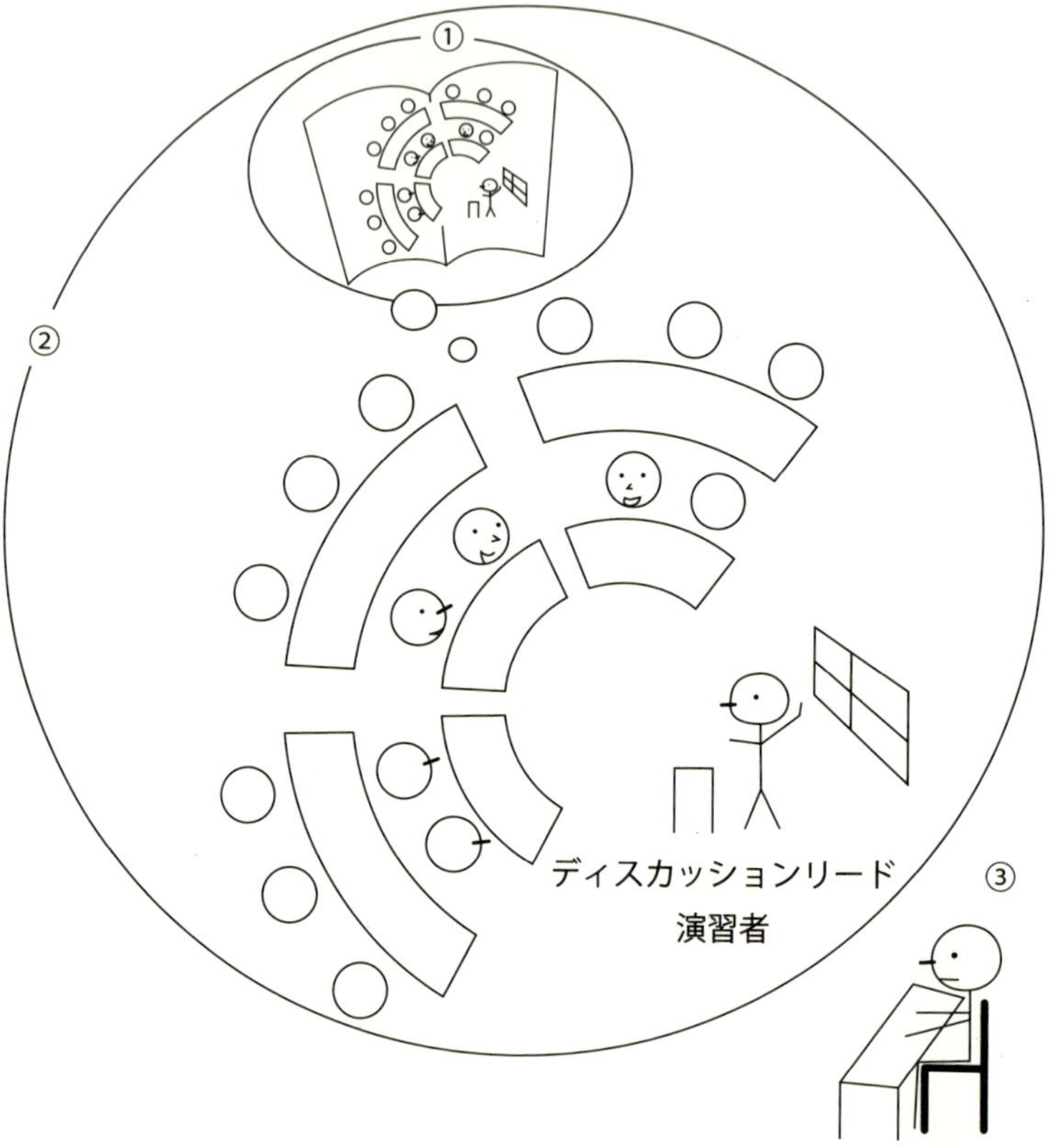

図９－１　劇中劇構造図

②「ケースメソッド教授法」という劇場の中で上映される劇

①のケースを使用し、教師役（演習者）のリードによるケースメソッド授業の演習が行われている教室の状況（扱っている題材と似たような問題、または新たな問題が、実際に教室の中で起こる可能性がある）。

③実際に行われている授業

筆者が科目担当者（授業者）を務める「ケースメソッド教授法」のクラスが進行している状況（②の演習を指導している教室でも、何らかの問題が生じているかもしれない）。

少しややこしいのは、「教師」と「参加者」が、上記①～③のどの層にもいることだ。本文で登場する「教師」「参加者」という言葉が、どの層で登場する人々を指しているのか、できる限り明示するよう努めたつもりなのだが、読んでいるうちに混乱してくる読者もいるかもしれない。申し訳ないのだが、あとは読者のみなさんにうまく読み分けてもらいたい。

2　演習事例①　演習者・大谷雄二さん（仮名）の授業計画とその実践

〈大谷雄二さんのプロフィール〉

当時三三歳、大学を卒業して国内シンクタンクに勤務した後、ＫＢＳの修士課程でＭＢＡを取得、さらに同博士課程（組織行動専攻）に進み、博士論文の作成過程にあった。学位を取得して教職に就く準備の一環として、大谷さんは本科目を履修していた。ケースメソッド授業の受講経験はＭＢＡプログラム在籍時に約三五〇ケースあり、ケースで学ぶことについてはすでに熟練している。教えることの資質にも恵まれており、教える経験も少しずつ積んでいたが、ケースメソッドで教える経験（ディスカッションリードの経験）はそれほど多くないと思われた。実は謙虚な人なのであるが、教壇では「わが道」を行こうとする傾向も散見される。

〈大谷さんがディスカッションリードしたクラス〉

大谷さんの演習は、二〇〇七年度「ケースメソッド教授法」第二会合の午前に行われた。彼は、この年最初に行われるディスカッションリード演習者であった。クラス参加者は総勢四五名で、一三名を占める現職大学教員（そのうちの一〇名は慶應義塾外の教員）の影響が大きいクラスである。ＭＢＡ学生と教員たちの間には、何とも形容しがたい立場上の距離があり、現職教員の発言には断言的な物言いがやや目立つ。ＭＢＡ学生が、教室にいる「よその大学の先生たち」に一生懸命食らいついていくというのがコミュニケーションの基本構図。ＭＢＡ学生から見ると、ＯＢである大谷さんはＭＢＡ課程の「兄貴分」なので、いくらか身内意識があったようだ。

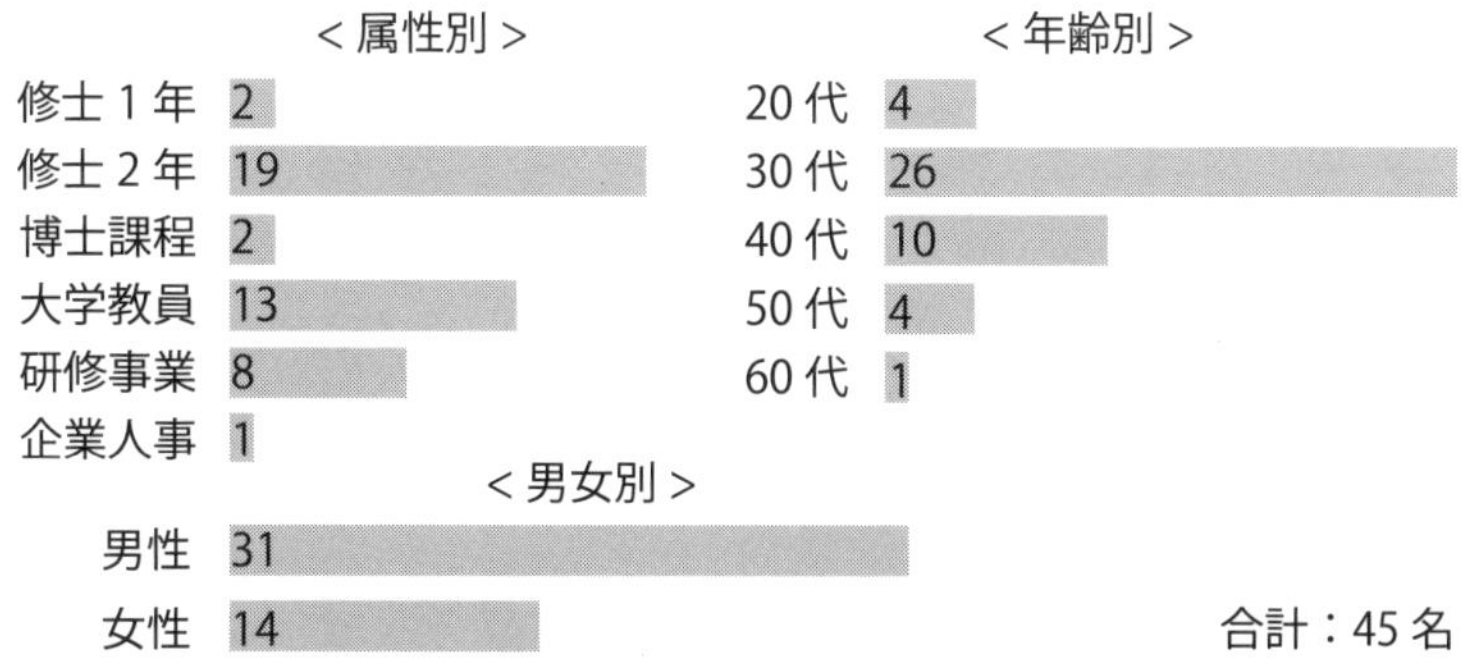

大谷さんがディスカッションリードしたクラスの属性

〈大谷さんが最初に作成した計画〉

教育目的

ケースメソッドにとって重要と考えられる「学ぶ場」をどのようにつくりだすか、を議論する。ケースに記述されるクラス構成は本科目のクラス構成とほぼ一致する。ケースにあるＭＢＡ学生、単科学生の立場と自分の立場を重ねることでディスカッションリーダーに求める学生からの希望や期待を実感し、同時にケースにおける当事者の状況を理解することで、今後ディスカッションリーダーとして討議を行う際に必要な「学ぶ場」をどうつくるべきかの基本的な姿勢や心がけを理解することが授業の目的である。

また、本講座「ケースメソッド教授法」におけるクラスづくりを第二の目的とする。ＭＢＡ課程の学生は学外の人々とともに授業を行う機会が少なく、同様に学外の人にとってもＫＢＳは「謎の学校」である（この点でも、ケースと本講座の状況は近似している）。そこで、ケースを通してお互いについてのイメージを明らかにし、お互いを理解することでケースにある金田准教授が目指したコラボレーションを可能とするクラスへとクラスの雰囲気を盛り上げていく。

最後に、本授業は受講生がディスカッションリードを担当する最初の授業となる。なるべく楽しい雰囲気で活発な授業を目指し、今後受講生の人々が「私もぜひやってみたい」と思うような、よい意味での〝閾値《いきち》〟を下げる授業を行う。

ディスカッション設問

①金田准教授の「人的資源管理論」の授業が「動かなかった」原因は何でしょうか？
②次回の「人的資源管理論」の授業で、金田准教授はどうすれば今回のような授業ではなく「動く」授業を行うことができるでしょうか？

ケースメソッドで学ぶ経験を多く積み、この授業方法で教えることを職業としても見据えている大谷さんは、本ケースを一読しただけで、作者の教育意図である「初回運営の留意点を、混成クラスという状況下で考える」ことを捉えてくれた。さらに、大谷さんの計画のよいところは、教育目的を重層的に捉えていることであり、第一層で本ケースの直接的な教育目的を、第二層で本科目にとって重要なクラスビルディングの側面を、第三層でディスカッションリード演習の皮切りになる者としての自覚と後続の演習者への配慮を、見事に含み持ったものになっている。この意味において、大谷さんの授業計画ドラフトは第一稿としては十分すぎる内容であり、設問も修正不要と感じた。

しかし、授業計画書のドラフトに添えてくれた詳細なメモを読むと、このケースが描く問題への焦点の当て方について、大谷さんと筆者の間には若干の相違があることにも気づかされた。そもそも彼と筆者は別の人間であり、履修者と授業者という立場の違いもあるので、問題認識は違って当然である。しかし、こうした差異を大谷さん自身が事前に意識しておくことで、大谷さんの演習準備が豊かなものになり、クラス討議での洞察を深められるかもしれない。それが実現できると、筆者にとっても間違いなくよき学習機会となる。

では、大谷さんと筆者の違いとは何か。それを説明するために、このケースの作者である筆者の視点を明らかにしておこう。多様な参加者を迎える初回の授業に向けて、授業者である金田准教授は良くも悪くも「構え」ている。また、金田が教えようとしている教室内には学外履修者に対する学内履修者の「構え」、そして反対に学外履修者の学内履修者に対する「構え」もあり、個人と個人の間に生じているミクロな「構え」もある。ケースメソッドで教える授業者には、参加者の「構え」の連鎖や、それに伴って起こる遠慮や疑心暗鬼が循環的に生じる構造を捉え、それを「学びの共同体」の実現に向けて適切に調整していく役割が求められる。しかし、こうした大局観は容易に得られるものではないし、問題を教壇から適切に調整しようとするのは意外と難しい。しかし、この調整・対応がうまくできないと、クラスの立ち上がりが悪くなるばかりか、その後のクラスの成長にもマイナスに影響するので、初回の授業は授業者にとって非常に重要になる。したがって、「ケースメソッド教授法」クラスを担当している筆者としては、ケース中に登場する授業者の「構え」についても十分に分析して欲しいという気持ちが強くある。

これに対して、大谷さんはどうか。彼は「授業者の構え」にも興味を示してくれたが、彼の意識下では「学内履修者」対「学外履修者」の「構え」の構図のほうが大きく捉えられていた。それも、どちらかと言うと「ＭＢＡ学生がもっとしっかりしろ」と言わんばかりの調子である。自らがＫＢＳのＭＢＡ学生であった記憶がまだ新しい大谷さんのことを思えば、理解できないことではない。

だとすると、大谷さんのこの問題意識は、折に触れて彼のディスカッションリードに顔を出すだろうし、討議が「学内者がもっと学外者から学ぶべき」という文脈を捉えたときに、彼はもっとも大きな充実感を覚えるだろう。大谷さんの授業計画書の第一稿を、筆者はこのように理解し、そして授業の展開を予測した。

筆者としては、特に大学教員の履修者が多い今年こそ、大谷さんには、ケース中の授業者の「構え」のまずさを十分に扱って欲しい。しかし、これは科目担当者である筆者側の都合であり、願望であるに過ぎない。それを率直に押し付けるのも悪くはないが、できれば大谷さんの内面に授業者側の「構え」を十分に、そしてある程度は優先して扱おうという気持ちが育まれるように、演習当日までの時間を過ごしたい。大谷さんと筆者とのやりとりは、このように始まった。

〈授業計画改善のためのコミュニケーション〉

本科目のディスカッションリード演習では、筆者は演習者をできる限り支援することを大原則としつつも、「おせっかい」は慎もうと心に決めている。演習者の「意図」に対して、クラスが返してくるありのままの「帰結」に触れてもらうことを大事にしたいからだ。筆者は、演習者本人の意図と帰結との関係を歪めない範囲で支援する、黒子に徹するべきなのだ。その意味で、筆者が行うことは、演習者の意図を煮詰める手伝いと、その意図を演習者の授業中の言動に反映させるための支援、そして演習者が帰結を解釈し、自らが招いた帰結をよりよく理解できるようにするための支援などが中心になる。もちろん、演習の安全確保のため（演習者に不要に恥をかかせないようにするなど）や、演習者本人からの強い求めがあれば、あるいはこちらが必要性を感じれば支援を強めることもあるが、基本線はこのように引いている。

もっとも、「基本線はこうだ」とは言っても、「おせっかい」をしたい気持ちと、それを慎むよう自分に言い聞かせる気持ちが筆者の中で常に戦っていて、負けてはいけない場面であっさり負けてしまうことも皆無ではない。この科目の履修者に気づかれていないことを祈るばかりだが、この仕事にはなかなか精神力が要る。

話を戻そう。上述の基本方針に則り、筆者から大谷さんへの支援は最小限に留めた。この当時、彼はＫＢＳの博士課程の学生であり、慶應の日吉キャンパスにも頻繁に来ていたため、二人で対面して相談するチャンスに恵まれていた。今回はこの恩恵に与《あずか》ることにして、私たちはこのケースが突きつけてくる問題について、教師と学生という立場を離れて一対一で議論した。このように、筆者には、科目担当者として演習者と授業演習計画について話し合うことに先立って、筆者自身が一討議者として、ケースが提示する問題そのものについて演習者と討議することがしばしばある。

その過程で知ったのだが、大谷さんが「学内履修者」対「学外履修者」の構図を重視したい理由の根幹には、彼の七年間に及ぶＫＢＳ生活から生じた問題意識があった。「修士・博士と七年間ＫＢＳと関わってきて、ＫＢＳの学生は良い意味でも悪い意味でも教員とともに日吉の校舎という閉鎖された世界にいるわけだが、そのようにして学んだＫＢＳの学生が経営者や管理者となることを考えると、本当にそれでよいのかという疑問も湧く」と、彼が問題意識の一端を吐露してくれたことで、筆者はその気持ちをよく理解することができた。彼はこのケースの読了後に、「学内履修者はもっと学外履修者を理解し、学外者から真摯に刺激を受けるべきだ」という思いを新たにしたのだろう。これは正論であり、自分に厳しいＭＢＡ学生ならば、無理なく同意できるものだ。しかし、学内履修者にはたいへん厳しい要求でもある。したがって、このまま進むと、ディスカッションリーダーが議論させたいこととクラスが議論したいことの不一致に、心ある人は気づきつつも、討議時間が過ぎていくという展開になる可能性もある。こうなってしまうと、大谷さんにとってこの演習は「よき思い出」にならない。

望むべくは、討議の底流に上述のような問題意識があったおかげでクラスの学びが上向くことであり、ディスカッションリードを務める大谷さんにとっても、彼がそのような問題意識に駆られて授業を設計したことによって新たな気づきを得たり、何かしらの反省を迫られたりする場面があり、願わくは筆者にも科目担当者としても一歩前進するためのヒントが得られることである。

逆に、できることなら避けたいのは、「ＭＢＡ学生はもっとしっかりしろよ」というトーンが前面に出過ぎることで、ＫＢＳのＭＢＡ学生が討議に距離を置くことである。実務から一時的に遮断されているＭＢＡ学生を批判するのは簡単だが、長い目で見た飛躍のために実務を離れ、二年間は思いきってＫＢＳという殻に籠もることを決めたＭＢＡ学生の尊厳も守られるべきである。また、純粋に授業運営方法を学びに来ている他大学の教員たちも、「ＭＢＡ学生、もっとしっかりしろ」という批判にはそれほど関心を示さないだろう。その意味で「学内履修者対学外履修者」という構図は、必ずしもすべての参加者に共有され得るものとは言い難い。

望まないシナリオを避け、望むシナリオに近づけるために、科目担当教員としてどうすればよいか。これはなかなか悩ましい問いだが、筆者はこの問いへの答えを、大谷さんとの議論に求めた。筆者との予備討議を通して、このケースに登場する、学内履修者、学外履修者、そして金田准教授の間に生じていく「構え」を解く役割として、金田准教授がいちばん大きな責任を持ち、クラス参加者が自分たちの「構え」から自力で抜け出せなかったときの「最後の砦」となるべきことを、筆者は非明示的に匂わせ続けた。そして、筆者の努力はここまでにして切り上げ、大谷さんに何か気づきが及んでいることを祈りつつ、あとは大谷さんの作成する授業計画書の最終版が送られてくるのを待った。

〈大谷さんが完成させた計画〉

大谷さんの計画改善成果を概説すると、「教育目的」「ディスカッション設問」には変更を加えず、初稿の内容を維持した上で、

(1)このクラスの参加者が問題状況をどのように解釈しているか。その想定が豊かになり、金田准教授、学内

履修者、学外履修者の三者への洞察量が均等に近づいた。
(2) 教育目的を達成するための軌道から外れた際に、討議を修正するための緊急脱出用発問群が三つほど用意された。
(3) ディスカッションのクロージングプランが書き加えられていた。

大谷さんの計画書最終版は、初稿と比べて文字量も増え、体裁もよりよく整ったものになっているが、表面的に見ると、初稿から大きく書き改められた部分はそれほど多くない。演習者と筆者が授業計画書を介して演習の準備を進めていく限りにおいては、演習者の内面の変化が一つひとつ文字に現れてくれたほうが、こちらとしては安心できるのだが、文字に書いてあっても、頭では必ずしもそのように理解していない状況も多々あり、その逆もある。この演習準備のために大谷さんと交わした議論の量を考えると、彼の内面に起こっている変化の量は決して小さくはないはずだ。その意味では、筆者の側が不安負けしないようにしなければならないと、自分に言い聞かせたことを記憶している。

大谷さんの授業計画は、学びの場作りのあり方をその主題にしている。計画では、金田准教授、学内履修者、学外履修者というプレイヤーを個別に見据えはするが、特定プレイヤーの責任に帰さないアプローチで、教室という「場」がどのように作られるべきかを、大谷さんはじめ参加者が実際に学んでいる「ケースメソッド教授法」のクラスになぞらえて探求することが意図されていた。

討議は、設問①の「金田准教授の『人的資源管理論』の授業が『動かなかった』原因は何でしょうか？」により、活発な議論が生まれなかった原因を多面的に分析する。ここには、このクラスの学内履修者と学外履修者が、自分たちの立場を擁護するための論争状態となる可能性を織り込んだ討議計画が立てられていた。また、設問②

の「次回の『人的資源管理論』の授業で、金田准教授はどうすれば今回のような授業ではなく『動く』授業を行うことができるでしょうか？」により、金田准教授の初回授業終了後から実行可能な建て直し策を検討し、「学びの共同体」という学びの場作りのあり方に迫ろうとしていた。設問②では、問題となった状況を事前に回避するための議論と、問題が発生した後の現実的な対応策を検討するための議論とが選択できたが、大谷さんは意図的に後者を選んだ。いくら事前に検討しても当日に発生する問題をゼロにすることは難しいし、どん底から這い上がる方法を考えるほうが、タフなディスカッションになるという判断である。したがって、大谷さんの授業計画は、「学びの場作り」のあり方を、一度壊れた集団状態を修復して実現する方向で探求するためのものになった。

ところで、彼が最終版を送ってきたのは演習本番の前々日の深夜であった。多くの演習者は授業計画の修正に演習当日の朝ぎりぎりまでの時間を投じてしまうが、計画した討議を実現させるための準備時間も必要なので、計画書作成を早めに切り上げるのは、授業準備のやり方として賢明である。大谷さんは演習の前日に、完成させた計画をもとにどのように授業を進めるかをあれこれ考えながら過ごしたのだろう。授業をいくら用意周到に計画しても、ケースメソッド授業では、授業者の事前計画がそのまま実現することはほとんどない。その意味では、計画の完成度を高めることよりも、自分が練った計画を一日かけて自分の身体に染み込ませることのほうが重要になる。その時間をきちんと確保した大谷さんには、教育目的を達成するための表面的な手段に縛られることなく、教育目的を柔軟に達成する準備が進んでいることが期待された。

〈実際に行われた討議〉

さて、授業は、（筆者の読みが外れ）学外者を中心に「ケースメソッドで学び慣れたＭＢＡ学生が多数参加していながら討議が深まらないとは、ＭＢＡ学生の実力不足であり、学外者に対する適応力不足である」という強い意見から滑り出した。また、中盤の議論では、「ケースメソッドという授業方法上の難点が顕在化していることも事実だが、より本質的な問題は、この授業が受講者にもたらすべき主産物の不足であり、要するに授業の内容に魅力がないということである」という意見が大勢《たいせい》になった。このように、全体的な傾向として問題が鋭くかつ批判的に指摘され、例年になくケース中のＭＢＡ学生と金田准教授に厳しいトーンとなった。特にＭＢＡ学生の力不足に関しては、大谷さんの当初の受け止め方以上に厳しい論調が多く、これに対してＫＢＳの現役ＭＢＡ学生が必死に応戦する構図となった。このような議論を舵取りすることになり、大谷さんは満たされたかもしれないし、それを超えて圧倒されたかもしれない。

授業の終盤に入ったころ、大谷さんは板書に残ったあるフレーズ「学びの場を育む」をカラーチョークで強調し、この言葉を頼りにしたラップアップの準備を始めた。というのも、授業計画にもあるように、大谷さんがしたかったのは「少々シビアな状況にあったとしても、工夫次第で学びの共同体を育むことができるか」「できるとすれば、どうやって育み得るのか」という問いに答えるための知恵を出し合う議論だったのだ。しかし、彼の目の前のクラスは、「ＭＢＡ学生が力不足だ」「金田准教授がお粗末だ」「今からできることはほとんどない」という主張に終始しており、その意味では、大谷さんの目の前にあるクラスは彼が考えるところの「学びの共同体」にはなり得ていない。

終了時間が近づき、ラップアップとなった。大谷さんは「学びの場を育むことはクラスに居合わせた全員による協働作業として行われるべきであり、全員がそれぞれの貢献をすべきではないか」という自分の考えを述べて結んだ。

大谷さんが運営した討議時間は四七分で、出席者四一名のうち一回以上発言したのは一九名で、発言総数は四三。発言者比率は一九／四一名で四六％なので、発言者率も、発言総数も多いとは言えない。この討議の中心的な発言者は八名ほどで、その内訳は教員四名、ＭＢＡ学生四名と半々であった。

〈この演習からの収穫〉

大谷さんは、ＫＢＳの博士課程学生の名にかけて、この年のディスカッションリードの口火を力強く切ってくれた。この日の議論はおおむね大谷さんの想定内であったと思われ、大谷さんは終始落ち着いて討議をリードしていたように見えた。討議の想定が行き届いていたこと、そして前日に睡眠をよくとっていたことも幸いしただろう。

設問も討議進行もおおむね好評で、大谷さんはその大役を立派に果たしたと言えよう。ただし、ラップアップに関しては意見が割れた。ＭＢＡ学生と金田准教授を厳しく追及した参加者の多くは、大谷さんのラップアップに納得し、異論もないようであったが、「討議の末に得た価値ある知見をつかめたか」と参加者に直接尋ねたところ、あまり手が挙がらず、参加者からのフィードバックの中には「何を学ばせたいのかが分からなかった」という声もあった。ケースメソッドという授業方法を採用している限り、こうした声はなかなかゼロにはできないのだが、授業者にとっては、つらいコメントの代表格である。

この授業の場合、「何を学ばせたいか」についての自覚が教師役の大谷さんには明確にあった。それは、教育の目的の筆頭に挙げられた「学びの共同体をどのように作るか」を考えることである。ケースメソッド授業で教える経験の浅い教師が陥りやすいのは、⑴「何を学ばせたいか」の自覚が乏しいまま、授業を進めてしまう、⑵「何を学ばせたいか」を自覚しつつ授業を始めるが、参加者の発言に振り回された果てに、教育目的を見失ってしまう、である。その点、大谷さんは最後まで自分が設定した教育目的を自覚し続けた。しかし、参加者の発言は、大谷さんの教育目的に近づこうとはしなかった。単純化すると、「学びの共同体はどうすればできるか」と問う授業者に、参加者は「ＭＢＡ学生が悪い」「講師が悪い」「もう手遅れ」を繰り返すという図式である。ここで、当のクラス参加者たちが、「自分たちもまだ、学びの共同体を築けていない」「それはなぜか」と気づくべきだったのだ。

この授業では、決して議論が深まらなかったわけではないのだが、議論をうまく結晶化できなかった。その理由の一端を演習者の討議運営技術に求めるならば、討議の構造化不足、板書の活用不足を指摘できる。具体的な事象については十分に討議できたのだが、その抽象化水準を高めるための作業が不十分だった。具象から抽象化に転じる糸口は、具体物の数々を並べてじっくりと睨《にら》むことで見えてくるのだが、その作業は可視化された具体物のリストがないと難しい。そのためにも、抽象化に向かう具体物リストを、討議の終盤で全参加者の視界に入るようにしておかなければならない。それができるおそらく唯一のツールが黒板である。板書の活用技法は第７章でも紹介しているが、なかなか奥深い。討議ログである具体物を抽象化して初めて教育目的が達成されるという事実がある以上、板書をおろそかにすることはできない。このことが、参加者全員の腹に落ちて理解されるとよいのだが、第二会合というタイミングでそこまでの理解を求めるのは、筆者の求めすぎかもしれない。

一方、筆者自身が内省すべきは、ケース中の「学内履修者」対「学外履修者」の対抗図式を強く意識していた大谷さんに向けて、金田の「構え」のまずさに関心を持つよう仕向けたことが、この日の演習に本当にプラスになったかどうかである。ディスカッションリード演習を通して自分の偏りに大谷さんが自分で気づくのがよかったのか、一足先に自分の偏りに気づき、演習を通して参加者の偏りを矯正する体験をしたことがよかったのか、うまく答えが出せない。

大谷さんの事例に限らず、こうした筆者によるコントロールの功罪が、毎回の演習でプラス方向に、あるいはマイナス方向に、必ず顔を出している。「おせっかいをしない」と「演習者を支援する」の二つの役割の狭間《はざま》に揺れながら、これからもこの科目を運営していくのだろう。

〈授業終了直後の大谷さんの声〉

私の計画では授業のねらいを三つ挙げたが、与えられた授業時間に対して、目標を欲張ったという自覚はある。究極の問いとして「学びの共同体は人為的に作れるのか」を考えたかった。学びの場を育むことはクラスに居合わせた全員の共働作業として行われるべきであり、全員がそれぞれの貢献をすべきだと考えるからだ。第一の目標に対しても善戦はしたが、第二、第三の目標のほうがよりよく達成されているのではないか。

しかし、教壇で討議を運営することがこんなに緊張することだとは思わなかった。途中で何回か頭の中が真っ白になった。また、ディスカッションリーダー自ら議論を止めてしまった言動もあったし、中には失言もあった。このケースに書かれている状況と違って、私たちは第一会合をうまく過ごせているので、今日は「本音トーク」を目指せるかと思ったが、それは叶わなかった。

〈その後の大谷さん〉

その後、大谷さんは博士号学位を無事取得し、現在は都内の私立大学の教員になっている。筆者とは企業研修先などで会うこともあるが、たいへん元気に活躍中である。

3　演習事例②　演習者・桂木真由さん（仮名）の授業計画とその実践

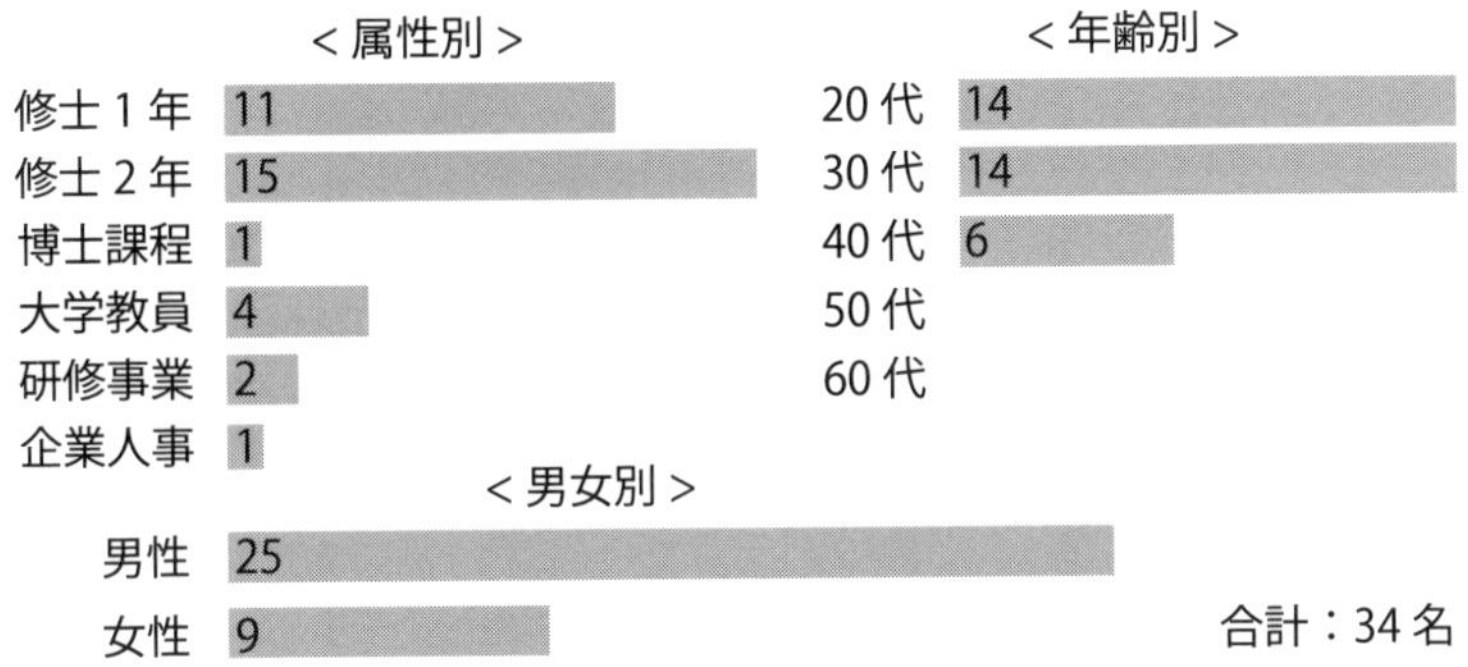

桂木さんがディスカッションリードしたクラスの属性

〈桂木真由さんのプロフィール〉

大卒後勤務経験五年の女性。ＫＢＳのＭＢＡ一年生。新卒後の就職先には、猫の手も借りたいほどのベンチャー企業を選び、内定後にすぐにそこで働き始めた。ソーシャルビジネスに強い興味を持っているが、事業の社会性が高いだけでは不十分で、きちんと採算が取れ、経営として成り立つものでなければ評価しないというのが桂木さんのポリシーである。性格的には明るく元気で、コミュニケーションも上手。周囲への配慮はするが、それが過剰になることはなく、はっきりとものを言うタイプでもある。年長者からも可愛がられるタイプ。ＭＢＡ修了後はできれば博士課程に進み、大学教員になることを目指している。

〈桂木さんがディスカッションリードしたクラス〉

桂木さんの演習は、二〇〇九年度「ケースメソッド教授法」第二会合の午前中に行われた。前出の大谷さん同様、この年最初のディスカッションリード演習者に立候補したのが桂木さんだった。この年のクラス参加者は総勢三四名で、現職大学教員はわずか四名と非常に少ない年だった。その代わりに、ＭＢＡ学生が総勢二六名と過去最高。教育ビジネス従事者および企業人事マネジャーも比較的最近のＭＢＡ取得者（ともに海外のビジネススクール）であったため、総じて「ＭＢＡランド」という印象。これに四名の大学教員が精一杯絡むというのが全体の構図である。年齢構成上、四〇代以上の年長者が少ないことが、近年にない特徴とも言える。

そんな中での桂木さんは、ＫＢＳのＭＢＡが誇る若手のホープという役どころで、周囲からかけられる言葉には厳しいものもあるが、総じて言えば、みんなに温かく見守られながらの演習となった。

〈桂木さんが最初に作成した計画〉

教育目的

金田准教授の振る舞いの是非を議論しながら、討論授業の四つの基本原則（教師と学生のコラボレーション育成、学びの共同体構築、学生との盟友関係、内容とプロセス双方のつかさどり）についての理解を深め、クラス討議の事前・最中において「学びの共同体」を育むためにディスカッションリーダーがなすべきこと、してはいけないことに関する、本日のクラス参加者にとっての気づきを支援する。

ディスカッション設問

①グループ討議が学生たちにどのような影響を与えたか。また、それはなぜか。
②なぜ金田准教授はＭＢＡ学生に偏って発言を促したり援護したりしてしまったのか。

桂木さんは当時二七歳。新卒で就職し、五年勤務した後、ＫＢＳに入学したばかりの修士一年生だった。この科目でディスカッションリーダーを務める演習者としては、過去最年少である。

ＫＢＳでは、この前年までは「ケースメソッド教授法」の履修条件をＭＢＡ二年生以上としていた。この科目が開講される秋には、修士課程の一年次は基礎科目三科目に加えて、専門科目の履修が本格的に始まるため、その学習負荷はＫＢＳ在学中のピークを迎える。このような時期に授業方法を教える科目を履修することで、基礎科目や専門科目の履修に支障が出ないようにという配慮から、自由科目である「ケースメソッド教授法」は一年生の履修を制限してきた。しかし、二年次に国際単位交換プログラムを選んで海外留学する計画のある学生は事実上「ケースメソッド教授法」を履修できないことから、履修ルールの改定を求める声も上がっていた。そこで、二〇〇九年は試験的にＭＢＡ一年生の履修を認め、桂木さんは本科目を履修する機会を得ていた。

このようなわけで、彼女はこの秋、すでにかなりの科目数を履修していたのだが、本科目も意欲的に履修した。ディスカッションリード演習を行うチャンス（権利）は八枠しかないため、嬉しいことに、例年八枠の奪い合いになる。そして、彼女はこの権利を勝ち取った。同時に、勝ち取ってしまったがために、桂木さんにはこのチャンスを生かすべき責任が生じた。科目担当教員としては、「選に漏れた人の分まで、このチャンスを生かして欲しい」という偽らざる気持ちはあるが、ＭＢＡプログラム全体のことを考えると、「彼女にとって本来優先されるべき基礎科目の履修がおろそかにならないようにして欲しい」という気持ちもある。こうした相矛盾する気持ちに揺れながら、授業計画の改善に向けて、桂木さんとのやりとりが始まった。結論から言うと、桂木さんはこのクラスでの演習準備と、基礎科目の入念な予習を両立させた。この時期の彼女の一日の学習時間は、大幅に増えていたであろう。演習準備のために、桂木さんは「膨大な量の試行錯誤」をやりきった。若いから無理が効きやすいとはいえ、たいへんだったと思う。

さて、桂木さんから最初に送られてきた計画を読んだ筆者の第一印象は、次の二つだ。一つは、このケースで討議すべきことの全体像が、桂木さん自身、まだうまく描きされていないことである。それを端的に表しているのが、彼女の設問である。現時点での桂木さんは、「クラス討議に先立って行われたグループ討議の運営上の問題」と「金田准教授がＭＢＡ学生に対して期待過剰であるという問題」の二つの問題を捉えようとしているが、参加者の多くが求める議論の入り口とは少し距離があるように感じた。

もう一つは、読者もすでに気づかれていることと思うが、直近の会合（第一会合）の講義内容の影響を、良くも悪くも受け過ぎていることである。桂木さんの意識下では、前回の授業内容の中核であった「討論授業の四つの原則」（第1章図1－7）の具現化が強く志向されていることがうかがえる。私見ではあるが、基本原則は毎回の授業の都度、正確かつ忠実に具現化されなければならないというものではなく、一定の期間にわたってケースメソッド授業を行ったときに、ごく自然に網羅されているべきものである。大人が討議すべきは、原則の維持が困難な状況を見据え、そこでどのように判断して行動するか、また、そうした判断や行動を通して、より高次の原則をどのように得ていくかである。既存の原則を確認するために討議することや、原則に則って討議することが重要なのではない。

しかし考えてみれば、桂木さんは学習者としてケースメソッド授業を受け始めてまだ半年。しかも教える側のクラスに参加してまだわずか一日（五・五時間）で、現職教員を含む年長者たちに対してケースメソッドで教えるための授業計画を作ろうとしているのだから、無理はない。

桂木さんへの授業計画作成支援は、ディスカッション設問の表現の改善から始めることにした。筆者は、送られてきた計画書にコメントを上書きして、彼女に返送した。

〈授業計画改善のためのコミュニケーション〉

ディスカッション設問は、クラス参加者が個人予習を行うための唯一の手がかりである。同時に、クラス討議では、設問が討議の方向を決めることになるので、当然ながら討議計画と密接に関係していなければならない。参加者から見れば、ディスカッション設問は講師が隠し持っている討議計画の露出部分なので、設問作りは授業計画作りの根幹を成す。

第6章で述べたことの繰り返しになるが、生々しく説明できる場面なので、ここでもう一度触れておこう。本来であれば、授業計画を隅々まで完成させてから設問表現を仕上げるべきである。しかし「ケースメソッド教授法」では、原則として二週間で演習の準備を行うことになっており、他の参加者の予習を促すために、準備開始から一週間後にディスカッション設問を開示しなければならない。しかる後に、その設問を所与としてさらに一週間をかけて授業計画の詳細を作り込む。このため、後半一週間の追い込みで、先にオープンにした設問の不十分さに気づき、後悔の念に駆られることもあるが、教師役である演習者はそれに耐えて演習に取り組んでいる。

これは新米教師のみならず、ケースメソッドで教えるすべての教師を拘束する前提条件であり、経験を積んだ教師であっても、まだ使い慣れていないケース教材を使うときには同様に直面する問題である。参加者に設問を通知するのが討議当日の約一週間前だとすると、そこからの一週間、特に前々日と前日に教師の討議準備は山場を迎える。そうすると、「火事場の何とか」ではないが、翌日に迫った討議を目前にして、「すっ」と突き抜けた討議プランが、まるで天から降りてきたように急に想起されるときがある。そのときに「設問をこうしておけばよかった」と悔いることはしばしばある。

本題に戻ろう。桂木さんの授業計画第一稿にある設問は、ケース教材を一読した桂木さん自身の「素朴な疑問」が文字化されたものだと考えられる。つまり、これは桂木さん自身が自分に向けて立てている問いなのである。この問いを、今年のクラス参加者を駆り立てるものに昇華させるためには、桂木さん自身の関心から、参加者の関心がどこにあるかという問いに向けて、桂木さんの思考に刺激を与えていく必要がある。具体的には、桂木さんに次のように伝えた。

・授業計画書全体を見せてもらっている筆者には、桂木さんの頭の中にある全体構造図が見えているが、設問だけしか与えられない参加者は、この情報の範囲で準備を迫られるので、頭の中にもっと大きな絵を描いて授業に臨もうとしている参加者はおそらく窮屈に感じるはずである。
・今年のクラスには、ケース教材に登場する学外者の立場に自然に立つことができる履修者もいるし、学内者と学外者を束ねて演習授業を運営すべき人（八人のディスカッションリード演習者）もいるので、このケース教材を生々しく議論するための役者は揃っている。そのことを積極的に生かしたい。

設問に関する桂木さんとのやりとりは数回にわたって行われたが、ディスカッション設問が最終形に導かれるプロセスで筆者が意識して話題にしたことは、討議計画の時間軸と設問配置の考え方である。この点について、筆者からは次のように説明した。

四五分のディスカッション授業全体を登山にたとえたとき、登山道のどのあたりに設問を置くのがよいかという視座があり、その課題に対応するための、設問設置上の戦略がある。一般には以下の三つが選択可能である。

・一合目と六合目に設問を置き、設問による討議推進力を二つの設問に均等に負担させて山頂を目指す方法。
・一合目に設置した設問で七合目くらいまで登らせ、八合目に次の設問を置いて、一気に山頂に導く方法。
・一合目と三合目あたりに設問を置き、登頂の基本的な方向を作ったあとは、参加者の自発的な討議力を頼りに山頂を目指す方法。

この三つがすべてではないが、桂木さんがどのような戦略を持って設問を設定しているかが筆者にはあまり伝わってこない。もし、桂木さん自身がどのような考え方でどのような設問設置戦略を選んだかという自覚がなかったり、戦略と設問セットが整合していなかったりすると問題である。

こうしたやりとりを通して、桂木さんは討議の時間軸と設問の関係についての理解を深め、最終的に二七一ページの設問を作り上げた。クラス参加者の興味関心をうまく捉えた、たいへん整った設問に仕上がった。

他にも気になる箇所はあったのだが、それは「桂木さんに考えさせるモード」よりもむしろ「筆者から明示的にコメントするモード」で行った。どのレベルの改善を求めるか、また具体的な改善方法をどのくらい伏せつつそれを求めるかによって、筆者が桂木さんから奪う時間の量が決まる。設問の改善のために彼女はすでに多くの時間を費やしており、それが彼女の通常科目の予習に要する時間とかなり競合しているはずである。桂木さんには時間配分上の懸念を中心に「ここはこうするとよい」というコメントを数多く送った。

筆者が最後まで悩んだのが、桂木さんのラップアップ・プランへの事前フィードバックをどうするかであった。要するに彼女のプランは、教科書の記述を用いて、その日の討議を整理しようという試みである。このラップアップ・アプローチでは、参加者に討議から得られた知見をつかませることができない。このような授業のまとめ方は、大人の学習には適切でないということを、桂木さんには演習の最後に知ってもらいたい。彼女の授業計画自体はよくできているので、ラップアップの直前まではうまく走れるはずだ。そんな達成感と安心感を覚えつつ、最後に次の課題にぶつかるという演習も悪くないと考え、筆者はこの問題点を放置しておくことにした。

また、授業の二日前に筆者が桂木さんに送ったメールの内容も、最後に紹介しておこう。当日の朝まで計画書と格闘しないように促すコメントとして、このような趣旨のことを綴ったのである。

「授業計画書は修正しようと思えばいくらでも直せるが、どれだけ直しても、実際の討議は大なり小なり計画から逸《そ》れていく。したがって、授業の当日が近づいてきたら、残された時間は、計画書をチューニングすることよりもむしろ、計画から逸れてもこの授業の教育目的（ズバリ当初の目的でなくてもそれに近いもの、または当初目的に代替するもの）を達成していくイメージを、頭の中にいくつか描くことに充てるとよい。そうしたイメージの中から、「計画書を修正しておいたほうが安全だ」というアイデアが出てきたら、そのとき文章を修正すればよい」

よい討議を運営するためには、計画と柔軟性の両方が必要である。計画書を作り込み過ぎると、計画者が自分の計画に縛られて柔軟性を失うので、計画を練っては、そこから逸れることも考え、また練っていく、を繰り返すと、緩やかなよい計画ができ、意外な展開に柔軟に対応する準備も同時に進んでいく。この内容を読者に届けるのは「ここで初めて」ではないが、実践でも繰り返し確認される原則であることを伝えたくて再掲した。

〈桂木さんが完成させた計画〉

桂木さんの改善成果を概説すると、「教育目的」には大きな変更はなく、授業目標としての基本原則の具現化はまだ維持されているが、「ディスカッション設問」は大きく変わった。また、事前に文章で参加者に通知する「設問」と、授業中に口頭で発して討議を促す「発問」との二本立てで計画された。桂木さんの当初の設問は「発問」のレベルに下げられている。このように、「議論したいこと」と「その導火線になる問いかけ」を構造化したことが、桂木さんの討議計画上の大きな前進である。

教育目的

金田准教授のクラス討議で起こった問題を議論しながら、討論授業の四つの基本原則（教師と学生のコラボレーション育成、学びの共同体構築、学生との盟友関係、内容とプロセス双方のつかさどり）についての理解を深め、クラス討議の事前・最中・事後において「学びの共同体」を育むためにディスカッションリーダーがなすべきこと、してはいけないことに関する、本日のクラス参加者にとっての気づきを支援する。

ディスカッション設問

①このクラス討議では、どのような問題が起こっているでしょうか？

状況把握、構造化、関係性の整理（金田准教授、ＭＢＡ学生、単科学生それぞれの立場）

発問「グループ討議が学生たちにどのような影響を与えたか。また、それはなぜか」

設問①の文脈で、学びの共同体を構築すべきタイミングと、グループ討議中のケアの必要性を認識（グループ討議での出来事に想像力を働かせて深く掘り下げる）

発問「金田准教授が授業中に試みた工夫や試行錯誤と、その是非（効果）について、あなたの意見を述べてください」

設問①の文脈で、討議の最中に参加者の学ぼうとする気持ちを削ぐ行為を理解

発問「なぜ金田准教授はＭＢＡ学生に偏って発言を促したり援護したりしてしまったのか」

設問①の文脈で、本来はすべきでないと頭で分かっていることも、焦りや不安からつい行ってしまうリスクを自覚（討議の際には心身のコンディションを安定させる重要性を認識）

②第二セッションに向けて、何か金田准教授ができることがあるでしょうか？

必ずしも最初から完璧な授業ができなくても、トライ＆エラーの繰り返しであることを認識

ラップアップ「今日の議論を振り返って、ケースメソッド授業の初回セッションの事前対策と、クラス討議がうまくいかなかったときの対応策を整理してみましょう」
討論授業の四つの基本原則の総合理解
ディスカッションリードに完成形はなく常に進化していく、過去より未来を見ること

このように、大きく改善された討議運営計画ではあったが、ラップアップ・プランのところだけは、依然として「討論授業の四つの基本原則」が維持されていた。桂木さんは、やはりこのようにラップアップしたいのだ。ここは黙って見守ることにした。

〈実際に行われた討議〉

このクラスで行われる初めてのディスカッションリード演習ということもあり、教師役にチャレンジする桂木さんを見守りつつ、数多くの参加者が丁寧に意見を重ねた。この授業の討議時間は五〇分、出席者二八名のうち二一名が一回以上発言し、発言総数は五八に達した。発言者比率は二一／二八名で七五％なので、十分な発言者率であり、発言数も十分に多い。討議が活発だったことの証と言えるだろう。二つの設問での討議時間配分は、実績値で設問①に三七分、設問②に一二分となり、桂木さんの計画値である設問①三五分、設問②一〇分に近づくようコントロールされていた。設問の設置と授業の時間軸について、事前に桂木さんと十分に議論できていたので、納得のいく時間配分計画を持ち、それが計画通りに実践されたということだろう。

内容的には、学外履修者と学内履修者という対立軸が金田准教授の意識下に大きく存在していることの是非、授業コンテンツと授業方法のあるべき関係、そして混成クラスにおける授業方法オリエンテーションの必要度に

ついての議論が中心になった。たいへん穏やかな討議基調が終始維持され、論点の範囲、各論点での議論の深まり、対立意見のハンドリングなど、初めてとは思えない、たいへんバランスのよい討議授業運営であった。この成果は、桂木さんのディスカッションリード・スキルの冴えもさることながら、参加者の努力や配慮によって実現された部分も大きかった。ある意味では、「無菌状態の孵化《ふか》機の中でのディスカッションリード」であったという一面もあるが、「ケースメソッド教授法」クラスという同じ環境で行う演習でも、参加者をうまく味方につける度合いには個人差があり、桂木さんはかなり上手に参加者の支持を得たと言えるだろう。それは討議の穏やかな進行を支えた特殊要因であるとも言えるし、桂木さんが自分の手で獲得した討議環境とも言える。

このように討議は常に安定して進み、時間配分もよく、所定の時間を経過したところで、桂木さんは計画していたラップアップ・プランに沿って話し始め、ひと通り話し終わったところで授業を終えた。

〈この演習からの収穫〉

穏やかで深みもある討議は、優しく温かい参加者に恵まれて得た果実でもあるが、それは桂木さんの入念な演習準備によってももたらされている。このことを参加者は十分に理解すべきである。

演習直後に行われたフィードバックでは、桂木さんの用意した設問セットがたいへん好評であり、設問セットとそのサブセットである発問群を緻密に用意することの意義が確認された。この日の討議では、設問は計画通りに討議されたが、討議の中間刺激剤となる発問群は、桂木さんの判断ですべてではなく選択して使用されており、そのような準備と判断の重要性をクラスの全員が学んだ。

懸念していたラップアップについては、予想通り「ラップアップだけが残念だった」「結論はそれ？」という声がクラスから上がった。事前に用意していたラップアップなので、今の今まで行われてきた討議の筋道が、このラップアップに生きてはいない。理想的なラップアップが具備すべき条件の探求が行われ、桂木さんのみならず全員の学びの機会に結びついた。

この演習には、もう一つ嬉しいことがあった。桂木さんは机上で計画書を練り上げていく作業に加えて、KBSのMBA学生、博士課程学生の協力を得て、何とディスカッションリード演習のための予行演習を行っていたのである。桂木さんがこのことを筆者に伝えてくれたメールには「予行演習をして、少しイメージが湧きました。おっしゃるとおり、計画通りには進まない部分もあり、順番を柔軟に変えながら進めていくことが大切だと思いました」と書かれていた。慶應型ケースメソッドは「学生間の協働能力の向上」に力点を置いて教育を行っている。そんなビジネススクールらしい取り組みに触れ、筆者は嬉しくなった。科目担当教員の立場から、筆者なりに演習者である桂木さんに精一杯教えようとするのだが、それでも仲間から教わることのほうがはるかに大きい。講師はこのことを寂しく思うのではなく、真摯に受け止め、生かしていくべきなのだと思う。

〈授業終了直後の桂木さんの声〉

授業計画と実際の議論はそれほど乖離がなかったが、なかなかうまく議論を深めることができずに、もっと深い議論を望んでいた方には不完全燃焼感が残っただろうと、申し訳なく思っている。ラップアップで述べたことは、この演習授業の準備を通して学んで得た、私自身の教訓である。

〈その後の桂木さん〉

無事二年生に進級し、修士論文作成の準備、米国の経営大学院への交換留学準備、そして筆者らが行っているケースメソッド教育関連プロジェクトへの参加と、多忙な日々を過ごしている。

第10章　ケース「クラス発言の裏事情」を用いた演習

1　演習で使用したケースについて

（1）本ケースのあらすじ

平成大学ビジネススクールでマーケティングを教えている春日准教授は、ＭＢＡ一年生のＣクラスで教えるのが苦痛だった。というのも、このクラスでは、ある学生が発言すると必ずクラスが「引いて」しまい、発言を控えてしまうという現象が起こるのだった。この現象を引き起こす二人の学生――岩淵と水野――は、クラスではともに優れた発言をするのだが、クラスメートによれば、一方の岩淵は自分で予習をせずにグループ討議で他学生の発言を盗んでおり、他方の水野はグループ討議にほとんど参加せず、クラス討議に賭けているのだと言う。

春日准教授は活発なクラス討議を期待して、成績に占めるクラス貢献の割合を四割と高めに設定し、科目の折り返し点となる中間テストの返却時に、学生全員にクラス貢献点の中間フィードバックを行うことを約束していた。四月に始まった彼の担当科目は、まもなく半分の授業数を終えようとしていたため、春日はこの二人のクラス貢献点をどう評価し、どのようにフィードバックすべきかと悩んでいた（ケース2・八五ページ）。

(2) 本ケースを作成した動機と学習のねらい

このケースは、筆者が「ケースメソッド教授法」のクラスを担当するようになった二〇〇四年度から使用している。本ケースで扱っている課題は「学びの共同体の理想と現実」であり、KBSでは日常的に生じている問題場面の描写である。

本ケースは、クラスに利己的な参加者がいたときに、教師はどうすべきかという問いを突きつける。

本科目の授業者である筆者が、クラスで「学びの共同体」という言葉を強調して使うことで、履修者もこの言葉を頻繁に使うようになる。すると間もなく、「学びの共同体」という概念がクラス全体で尊重され、強く意識されるようになる。過去六年間「ケースメソッド教授法」を担当してきて思うことは、学外からの履修者であれ学内の履修者であれ、「学びの共同体」という授業コンセプトを愛好し、その実現水準を過大に求める傾向が強いということだ。ケースメソッド教育の研究と実践を行き来する身としては、クラス参加者のこの傾向を放置して、非現実的な理想像の形成に加担するわけにはいかない。

このケースを第三会合の教材として選んでいるのは、参加者が「学びの共同体」の現実に触れることで、その形成についての理解を深める契機としたいからである。ややもすると過剰になりがちな期待値を下げつつ、共同体の形成を妨げる問題とどのように向き合い、対処するか。このケースでは、登場する問題学生への教育の可能性を探るとともに、彼らから受ける影響を僅少にして、「学びの共同体」を維持・向上させる努力の余地について、クラス参加者と教師の立場の双方から議論させたい。

また、授業者である筆者としては、本ケースをKBS学生が多数履修するクラスで議論することの教育可能性も強く意識している。すなわち、「ケースメソッド教授法」のクラスの中にも、二人の問題学生である岩淵・水野と類似した志向の学生、あるいは自分の内面に岩淵・水野と同様の志向を抱えながら、それを理性や計算により抑えている学生が必ずいることを前提とすることで、学生各自の内省を促したいとも考えている。

2　演習事例③　演習者・井上香織さん（仮名）の授業計画とその実践

〈井上香織さんのプロフィール〉

履修当時三〇歳の女性。都内の有名女子大学を卒業後、商学系大学院修士課程、同博士課程を修了。独立行政法人のリサーチャーを経て、東京近郊の私立大学に就職、専任講師の職にあった。その大学では、文科省補助金事業の採択を受け、サービス業に従事するイノベーション人材を大学で養成するべく、同大学にケースメソッド授業を導入するプロジェクトをスタートさせており、この年の「ケースメソッド教授法」にも同大学から五名の教員が学びに来ていた。彼女はその中でもっとも若かったが、どこからどう見てもプロジェクトの中心人物であり、とにかく活発でガッツのある女性という印象だった。

〈井上さんがディスカッションリードしたクラス〉

井上さんの演習は、二〇〇七年度「ケースメソッド教授法」第三会合の午後に行われた。井上さんが演習に臨むクラスは、前章で紹介した大谷雄二さんがディスカッションリードをしたクラス（二五〇ページ）と同じであ

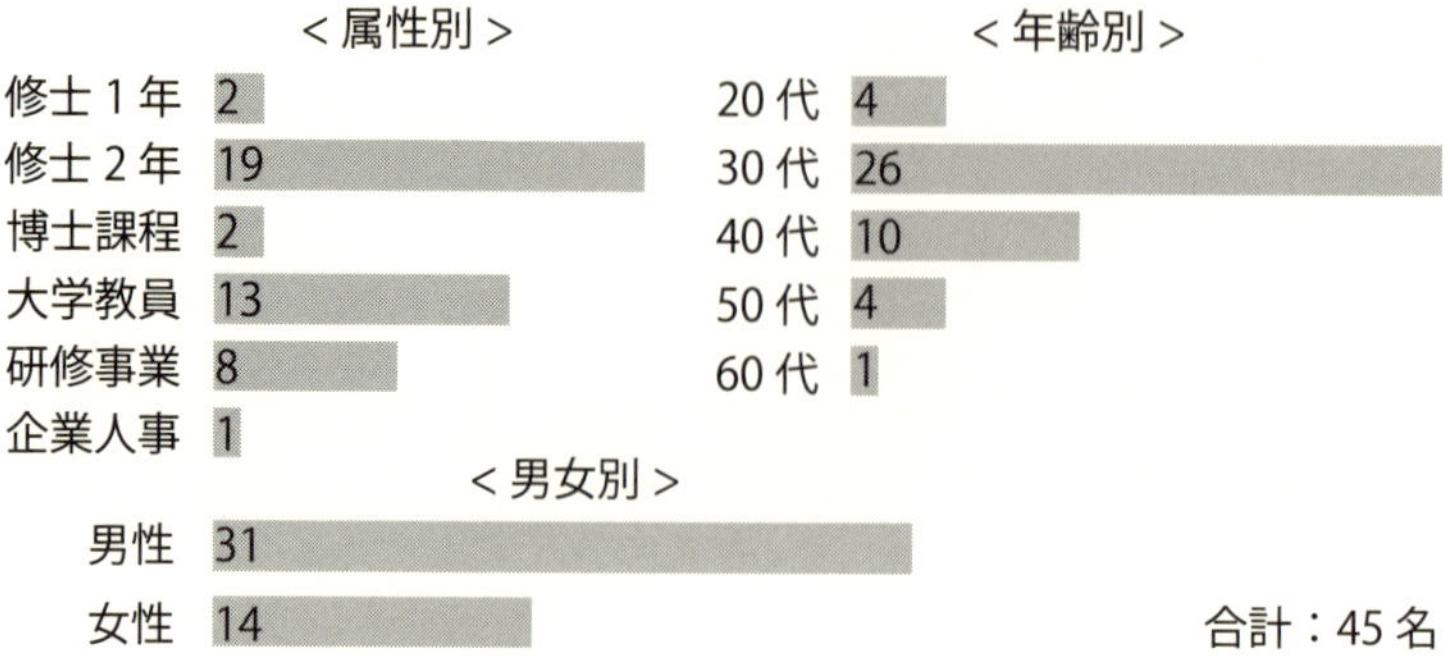

井上さんがディスカッションリードしたクラスの属性

る。この年のクラス参加者は総勢四五名で、この演習授業のときまでに、参加者たちは約一五時間を共にしていた。現職の大学教員が一三名も参加したのは過去最高であったが、多くの教員が自分の大学でケースメソッド導入プロジェクトに関わっていたため、授業方法の習得意欲も非常に高かった。ＭＢＡ学生も二〇名強いて、こちらもたいへん元気だったが、大学教員たちに対してまだ少し構えている様子だった。五〇歳以上の参加者が五名というのも過去最高。年長者の発言回数は多く、しかも話し出すと総じて長い。開講からの約一五時間で、井上さんは自身のキャラクターを周囲に伝えきっており、その存在感にはＭＢＡ学生も一目置いていたはずである。

〈井上さんが最初に作成した計画〉

教育目的

ケースメソッド教育におけるグループ討議の意味を誤って理解している二つの立場（グループ討議の場を自分の意見をまとめる場として利用する立場と、グループ討議に全く価値を見出さない立場）を通して、「学びの共同体」に到達するプロセス、グループ討議の意義について理解を深める。

ディスカッション設問

①あなたが春日准教授であったとしたら、クラス貢献度の中間発表で岩淵・水野の両者にどのような評価をつけますか？　また、その理由も答えてください。
②岩淵と水野の対応には問題がありますか？　あるとしたら、何が問題ですか？
③春日准教授の想い描く理想のクラスのあり方を実践するには、どうすべきだと思いますか？

井上さんの授業計画初稿を一読して、⑴彼女自身はケースに登場する岩淵・水野の姿勢を否定的に捉えているであろうこと、⑵岩淵・水野のように学習活動の足並みが周囲と揃わない学生を、授業者はどのように評価すべきかを考えることに、彼女の関心の中心があること、を筆者はおおまかに推測した。井上さんは、より広範に論点を検討したはずだが、文字として授業計画に強く表出したのは主にこの二点であった。

井上さんが掲げた「教育目的」には「学びの共同体の到達点に達成するプロセス」や「グループ討議の意義」と確かに書かれている。また、設問の構成は、設問①「高く評価し難い状況への対症療法」↓設問②「問題の所在」↓設問③「抜本的対因療法」と進めていくものになっている。設問③では、さまざまな対応方法やその考え方について、思考の裾野を広げて議論したいと井上さんは考えているようだが、前後の記述を見る限り、成績評価という事柄に拘束されている感があり、井上さんの頭の中にある問題構造図が十分に広がっていない可能性があった。だとすると、彼女の脳裏では、岩淵・水野に対する制裁的な評価が大なり小なり意図されていて、「教師がそれをどのように理由付けするか」に意識が向かっている可能性もあると推測された。井上さん自身、この状況をどうすべきかという明快な答えは出せていないようだったが、このような傾向が、設問①の文章表現にも端的に表れていた。経験上、設問①は、演習者の思考の入り口を暗示していることが多いので、筆者の推測もそれほど大きくは外れていないだろう。彼女がいちばん議論したいことは、おそらく設問①である。

ケースメソッド授業では、履修者の評価（すなわち成績をつけるという行為）に多くの課題が含まれている。井上さんは授業のアイスブレイクとして、「授業は毎回参加し、一番前で一生懸命聞いているけれど、テストができない学生」の評価と、「授業は欠席がちだけれど、テストの出来は抜群に良い学生」の評価で悩んだことのある教員に意見を求める計画を準備していた。自らの悩みを打ち明けつつ教員間の共感を形成し、それをきっかけに討議を始めようという考えのようだ。教壇に立つようになってまだ経験の浅い大学教員として、ごく自然な問題意識・討議設計である。

今年のこのクラスの履修者には現職の大学教員が多いので、彼らの日常課題である「成績評価」を「ケースメソッド授業」という文脈で議論することは有意義であろうし、たいへん興味深い。特にこの年の学外履修者は他大学の教員が多く、教員の視点から「成績評価」という論点で議論を深める大きなチャンスなのだから、筆者としても当然それを生かしたい。一方、履修者にはKBSの現役MBA学生も十分に多く、岩淵や水野の授業姿勢に批判的なMBA学生が圧倒的多数を占めることも予想できる。したがって、彼らの脳裏にも潜んでいる「岩淵と水野に成績で制裁を加えて欲しい」という願望に対して、現職教員がどのように応えるかをMBA学生が知るということも、教育的に意義深い。

しかし、「ケースメソッド教授法」という科目の中盤で、このケース教材が学生の成績評価のあり方のみを考える題材として用いられるのは、少々寂しい。ケース作成者である筆者は、前述した「学びの共同体の理想と現実」という課題を強く意識しているからだ。そこで筆者は、井上さんにいくつかの刺激を与えることにした。幸いにして、井上さんの授業計画の第一稿には、「討議参加者の状況解釈に関する想定」として、成績評価と直接関係しない事項もいくつか列挙されていた。参考までに紹介すると、第一稿で井上さんが考慮していた点は次の五つであり、彼女にとって重要度の高いものから並んでいると思われる。

・成績評価のあり方
・ディスカッションリーダーの役割（十分／不十分）
・岩淵の授業参加姿勢（肯定／否定）
・水野の授業参加姿勢（肯定／否定）
・グループ討議の意味

筆者はこのリストの順序が修正され、議論の抽象度をもう一段階高めた「学びの共同体の実現」というような趣旨の新項目が最終的に追加されることを祈りつつ、井上さんへのフィードバックを企てることにした。

〈授業計画改善のためのコミュニケーション〉

成績評価を唯一の論点としないよう促すために、筆者は井上さんに二つの刺激を与えた。

一つは、「社会人大学院における学生の評価とは、そのすべてが『教員がつける成績』によって表現されなければならないだろうか」という問いかけである。こうした視点を得る一助として、このケースで演習を行うセッションの事前に読んでおくべき資料として、「議論を通して得た仲間」（リーディング1・五八ページ）を使用した。このリーディングは、ビジネススクールでの討議を介して理解したお互いの人間像を頼りに、卒業後もクラスメート間の人間関係が豊かに継続・発展していく様子を描いている。このリーディングの中心メッセージは、ケースメソッドで学ぶ教育機関では、クラスメートの相互理解の基盤は討議時間中の発言にあり、そこで得た理解が長期にわたって、その後の人脈形成に寄与することである。このリーディングをよく読むように助言することで、井上さんが考慮しておくべき事項のリストの追加と再構成をねらった。

もう一つは、「設問順序の修正が必要かどうかを検討するように」という助言である。設問①と②のつながりを考える際の大原則は、設問①での議論が、設問②の議論に生きることである。その意味では、このケース教材に登場する岩渕、水野、クラス、春日、そして学校に内在する諸問題を検討することがまず先にあって、しかる後に岩渕、水野の評価を考えるほうが望ましい。この指摘は、一般的には「正論」でもあるのだが、筆者はこれを「成績評価」という論点が前面に出過ぎることを牽制するために用いた。設問順は討議計画に重要な影響をもたらすので、設問①「問題の所在」→設問②「成績評価を主軸にした問題対応方法の検討」→設問③「成績評価以外にも視点を広げての問題対応方法を検討」という討議の展開構造が形成されることを期待した。

これに対して井上さんは、「(筆者の）アドバイスの中に、受講生の就職後のことが触れられていて、『はっ!?』とした」というメールをくれた。一つ目の問いかけに対して、彼女はすぐに気づいてくれたのだ。時をほぼ同じくして、『日本経済新聞』の特集記事で「ＫＢＳの人脈」が取り上げられたのだが、井上さんはこのことにも触れ、「これが何から培われたものか」を自分なりに考え、筆者に話してくれた。また、井上さんは次回会合のテーマ「参加者を理解する」とこのケースを結びつけて考え始めていた。つまり、「共同体構築よりも利己的な学習姿勢で授業に参加する学生の成績評価」という論点から一歩進めて、教師の立場からそのような「参加者を理解する」ところに思考が向かっていた。そうなると、「岩渕・水野への教育可能性」という次の論点が見えてくる。この点についての井上さんからのメールには「利己主義参加者の反省を促すためには、確かに、もうひと踏ん張り必要だと感じた次第です。早めに先生にアドバイスをいただいてよかったです。軌道修正をいたします」とあった。

また、細かな注意点として、アイスブレイクプランを再検討するよう助言した。井上さんは授業冒頭で「(答えにくいと思うので手を挙げなくてもよいが) グループ討議で岩淵や水野のような立場の人と同じグループになったことがある人や、両者の立場に実際に立ったことがある人もいるはずなので、そのときの気持ちを思い起こして考えてください」と語りかけることを予定していた。

この年の教室にはKBSのMBA学生が約二〇名いたが、前述したとおり、このケースが示している問題は彼らにとって日常のことなので、彼らを刺激すれば、岩淵・水野への否定意見も引き出せる一方、利己的な学習姿勢を持った参加者もほぼ確実にクラスにいると考えておくべきだ。このとき、岩淵・水野に否定的な意見を持つ側は早々に発言するだろうが、否定されている側の「隠れ岩淵&水野」は声を出しにくい。そんな彼らをこの授業でどのように配慮し、どのように発言させるかは、なかなかデリケートな問題であり授業者の配慮能力の見せどころでもある。

井上さんのプランだと、「手は挙げなくてよい」としつつも、「隠れ岩淵&水野」に対して最初から竹刀で面を打つことになる。井上さんらしいやり方と言えばそれに尽きるし、やり方の正解があるわけではないが、「隠れ岩淵&水野」が安全に討議に参加できる場作りに留意し、勇気を出して発言した学生を、授業者が援助しつつも学ばせる方途を考えておくよう助言した。

〈井上さんが完成させた計画〉

教育目的

ケースメソッド教育におけるグループ討議の意味を誤って理解している二つの立場 (グループ討議の場を自分の意見をまとめる場として利用する立場と、グループ討議に全く価値を見出さない立場) を通して、(1)「学びの共同体」

に到達するプロセス、⑵グループ討議の意義、⑶ケースメソッド教育から得られる二つのアウトプット（学習成果物そのものと、学習プロセスに伴って現れる間接的な効果）について理解を深める。

ディスカッション設問

①岩淵と水野の対応には問題がありますか？　あるとしたら、何が問題ですか？

運営方針　まず、岩淵がグループ討議の場を「利用する」ことと、水野がグループ討議に加わらないことの問題点を整理し、二人の立場の本質的な問題点が浮かび上がるようリードする。この点を踏まえた上で、次の設問である事前に学生に示した評価をめぐる「契約」をどのように履行・遵守するのかを考える足がかりとする。

②あなたが春日准教授だったとしたら、クラス貢献度の中間発表で岩淵・水野の両者にどのような評価をつけますか？　また、その理由も答えてください。

運営方針　いかなる状況が発生しても、学生との「契約」として中間テストの成績とクラスの貢献度を記した評価はつけなければならない。自分だったらその評価をどのようにつけるか？　さまざまな評価基準・評価方法が導き出せるようリードする。また、両者への評価に対して、「理想」と「現実」の狭間に立つ春日准教授の心情に触れることで、③の設問にスムーズに移行できるようリードする。

③春日准教授はなぜ、自身の想い描く「理想のクラス」のあり方に大きなこだわりを示しているのでしょうか？　そして、彼の理想のクラスを実現するためには、彼自身は、何をすべきでしょうか？

運営方針　評価は評価としてつけないといけない。一方で、春日准教授は、評価とは別の視点から雑然とした気持ちを抱えている。彼の頭の中では、ケースメソッド教育から得られるアウトプット（恩恵）が二種類あった。学習成果そのものと、学習プロセス（時間の経過）で発生する間接的な成果（場の協創効果）である。春日准教授は、米国のビジネススクールでの経験から、「学びの共同体」を形成することの重要性を認識している。ただし、彼は講師の立場からクラス討議・クラス運営・クラスにおける自分自身の役割を考えなければならない。また、彼がグループ討議の場での協創にどこまで関与すべきなのかを考える機会となるようリードする。

井上さんが「成績評価」という論点に拘束されている度合いは、かなり小さくなったようでもあり、依然として強く残っているようでもあったが、いずれにしても彼女は演習準備にかなりの時間を費やし、入念な準備をしてくれた。授業計画の初稿と最終稿を比べてみると、それほど大きく変わっていないようにも見えるが、井上さんの思考が日々刻々と前進し、何回転もしていることを理解して読むと、彼女の意識下にある計画は大きく変わっている。最終稿を眺めていて、すぐに気づいた変更点は次の二点である。

- 教育目的に、「⑶ケースメソッド教育から得られる二つのアウトプット（学習成果物そのものと、学習プロセスに伴って現れる間接的な効果）について理解を深める」が加わったこと。
- 設問③の文章表現の前半に、「春日准教授はなぜ、自身の想い描く「理想のクラス」のあり方に大きなこだわりを示しているのでしょうか？」が加わったこと。

教育目的の⑶からは、成績評価という論点から離脱して、ケースメソッド教育の副次的教育効果（第2章参照）

の実現方法を広く見直していく討議が期待され、設問③に追加された表現からは、春日准教授が掲げている授業の理想像が、彼が運営する現実の授業にどのように影響を及ぼすかという論点での討議が期待された。設問③については、授業計画書の説明文を読むと、井上さんの意図がうまく汲み取れるのだが、設問文単体からは意図が見えにくい。参加者は設問①、②についてはスムーズに考え、発言を準備するだろうが、設問③で少し引っかかるかもしれない。しかし、井上さんにはすでにたくさんの修正を促しているので、あとは「細かなこと」として筆者の心に留めておくことにした。初めてのディスカッションリードに臨む者への親切の一つは、計画の修正作業から早めに解放することである。計画を自分の体に染み込ませるための時間や、計画外の対応を含み持つための時間も必要だからである。

井上さんの授業計画書の最終稿では、考慮事項のリストも一つ増え、

- 成績評価のあり方
- ディスカッションリーダーの役割（十分／不十分）
- 岩淵の授業参加姿勢（肯定／否定）
- 水野の授業参加姿勢（肯定／否定）
- グループ討議の意味
- 授業への参加姿勢が卒業後のキャリアや人生に与える影響

となった。これにより、本ケースで春日准教授が直面している問題について、成績評価という論点を経由しつつ、そこから離脱して、本質的な対策へと討議が進んでいく準備は整った。あとは、クラスが本当にそこに向かおう

とするかどうか、また授業を運営する井上さんがどのようにしてクラスをそこに向かわせるかである。

〈実際に行われた討議〉

「隠れ岩淵＆水野」を不要に刺激するスタートは避け、現職教員が抱える成績評価課題の共有を進めるアイスブレイクから討議は始まった。設問①は岩淵と水野を批判する立場と容認する立場からの意見が対比的に飛び交い、わずか一〇分強で終了。議論された内容の輪郭はやや小さめの印象も受けたが、設問①に時間が取られ過ぎるという初歩的なミスは回避され、設問②以降の議論の深みに期待できる進行となった。

設問②では、予想していたことだったが、現職教員の発言数が大きく伸びた。討議は、教員たちの発言に対して、現役学生が質問を投げかけ、教員がそれに回答すると、他の教員がそれにコメントするというパターンで進んだ。教員間の激論もときおり見られ、時間の経過とともにディスカッションリーダーの出る幕が減っていった。また、教員たちが岩淵・水野以外の架空の問題学生も積極的に想起し、特徴ある学生像の何パターンかを挙げた上で、彼らの成績序列がどうあるべきかが入念に議論されたことは、過去に例を見ない特徴だった。現職教員の履修者数がここまで多いクラスは筆者も初めてであり、その討議内容はたいへん興味深く、現役学生にとって成績をつける側の内面世界を垣間見る好機にもなった。加えて、大いに救われたのは、現職教員同士の議論でも、教員たちが現役MBA学生を置き去りにすることなく、彼らを巻き込んで議論してくれたことである。

設問③では、議論の中盤で再び教員同士の激論となったが、ある教員が「このケースの問題の本質は成績評価のあり方なのか、違うだろう」と発言したことがきっかけで場の流れが変わり、「社会人大学院生はよい成績を修めるために学んでいるのではない」と主張するMBA学生と、それでも成績評価という仕事から解放はされない教員との間で、よりよいクラス形成のあり方が議論され始めた。このとき討議時間はすでに五〇分を迎えていたが、議論がこのような方向に向かい始めていることを生かしたく、「禁じ手」ながら、授業者である筆者の独断で演習時間（授業時間）を延長した。そのことを気にしてか、井上さんはラップアップの時間を明確には取らず、「学びの共同体構築と成績評価をどうするか」という課題にだけ触れて、彼女の演習を結んだ。

この授業の討議時間五八分。三八名の参加者のうち一五名が発言。発言総数は四七（うち教員の発言数は一八）である。発言者比率は一五／三八名で三九％なので、必ずしも多いとは言えない。

〈この演習からの収穫〉

井上さんの討議運営上の特徴は、ディスカッションリーダーの主導権を控えめにしたことに尽きる。前述したとおり、井上さんは授業の準備を相当入念に行っている。したがって、彼女の頭の中には、たとえメインプランから逸れても、サブプランで運営する準備はあったはずだ。しかし、井上さんはそれをせず、討議の自律的進行をクラスに委ねた。結果的に、参加者は話したいことを自由に話し、それがこの日の討議文脈を形成し、次の発言が誘発された。討議の文脈を参加者が作ったという点が最大の特徴と言える。

実は井上さんの演習は午後の部で行われたのだが、この日の午前中の演習では、ディスカッションリーダー主導型の討議運営が行われたことで、発言総数が伸びなかった。井上さんはこの正反対のパターンを試したいと考え、あれほど準備してきたプランを隠し、参加者主導型の討議運営に切り替えたのだった。討議中は参加者が井上さんの指名を待たずに話し始める場面も散見され、参加者が「ここで文脈を切り替えてよいか」と井上さんに問う場面でも、彼女は「はい、お任せします」と応えていた。井上さんの性格を考えれば、このような非主導的対応は彼女本来の姿ではなく、できることなら討議を仕切りたかったはずである。でも仕切れない。仕切ってしまうとこの授業は動きが悪くなることを、井上さんは身をもって感じていた。仕切らないとどこに向かうかは分からないが、仕切るという対応も現実的でない。そうこうしているうちに、「下手なことはしゃべれなくなった」というのが、正直な気持ちではなかっただろうか。

このようなわけで、この日の演習は井上さんにとっても、またクラスにとっても大いなる学びの機会となった。筆者は、井上さんへのフィードバックの最後に、討議文脈のコントロールに熱心なディスカッションリードと、それを参加者に委ねるディスカッションリードの良し悪しと状況対応のあり方について、クラスに尋ねてみた。全体の傾向としては、より主体的に参加できるディスカッションリードのほうが好まれたものの、授業者の意図が分からないことへの不安感や、主導権とともに目標達成責任も手放してしまうと、それは教育とは言えなくなることなどが指摘された。

かくして、この日のクラスでは「ただ単に参加者主導にすればよい」のではないが、「参加者主導は自律学習のための基本要件である」ことが確認できた。参加者に主導権を譲りっぱなしにせずに、どこかで取り戻して教育目的を達成するにはどのようにすればよいか。クラスは次の問いに向かい始めた。

最後に、次のことにも触れておきたい。井上さんの演習を指導する立場にあった筆者の脳裏には、「井上さんが自分の大学にケースメソッド教育を広げていこうとしているキーパーソンである」という特別な情報がいつもあった。教員組織に向けて授業方法の導入を行うというのは大仕事である。井上さんとともにKBSに学びに来てくれた彼女の先輩教員たちの目に、井上さんのディスカッションリードがどう映るのか。また、自分たちの大学でもケースメソッド教育が実践できそうだと映るのか。心配事は山のようにあったが、それでも井上さん本人が一歩一歩登り進んでいくしかないのである。結局、筆者の立場からは、特別なことは何もできなかった。「もう少し何かできたのではないか」と思えてならない。

〈授業終了直後の井上さんの声〉

設問の順番が大事だと思った。問題は何か、評価をどうするか、金田の理想は適切なのか。議論したいことはたくさんあったが、実際に議論できることは限られるという実感を持った。教員同士の議論が活発になっていたので「任せたほうがいいかな」と途中で思った。

こちらには進め方の筋書きはあったけれど、それにこだわらないで任せてみようと。躊躇もあったが最後にはそう思った。貴重な経験を得たことに感謝したい。

〈その後の井上さん〉

今では井上さんは、大学学部教育におけるケースメソッド教育の先駆的実践者の一人になっている。彼女が勤務している大学におけるケースメソッド教育プロジェクトでは、強いリーダーシップを発揮し、大学全体で三年間に一〇〇ものケース教材とティーチングノートを完成させる陣頭指揮を執った。教員向けあるいは産業界向けのケースメソッド関連シンポジウムやワークショップも、彼女が中心となって多数開催されており、今では筆者のほうがお世話になっている。

3　演習事例④　演習者・武藤慎司さん（仮名）の授業計画とその実践

〈武藤慎司さんのプロフィール〉

履修当時四八歳の男性。ノースウエスタン大学ケロッグビジネススクール修士課程を修了し、博士課程はＫＢ

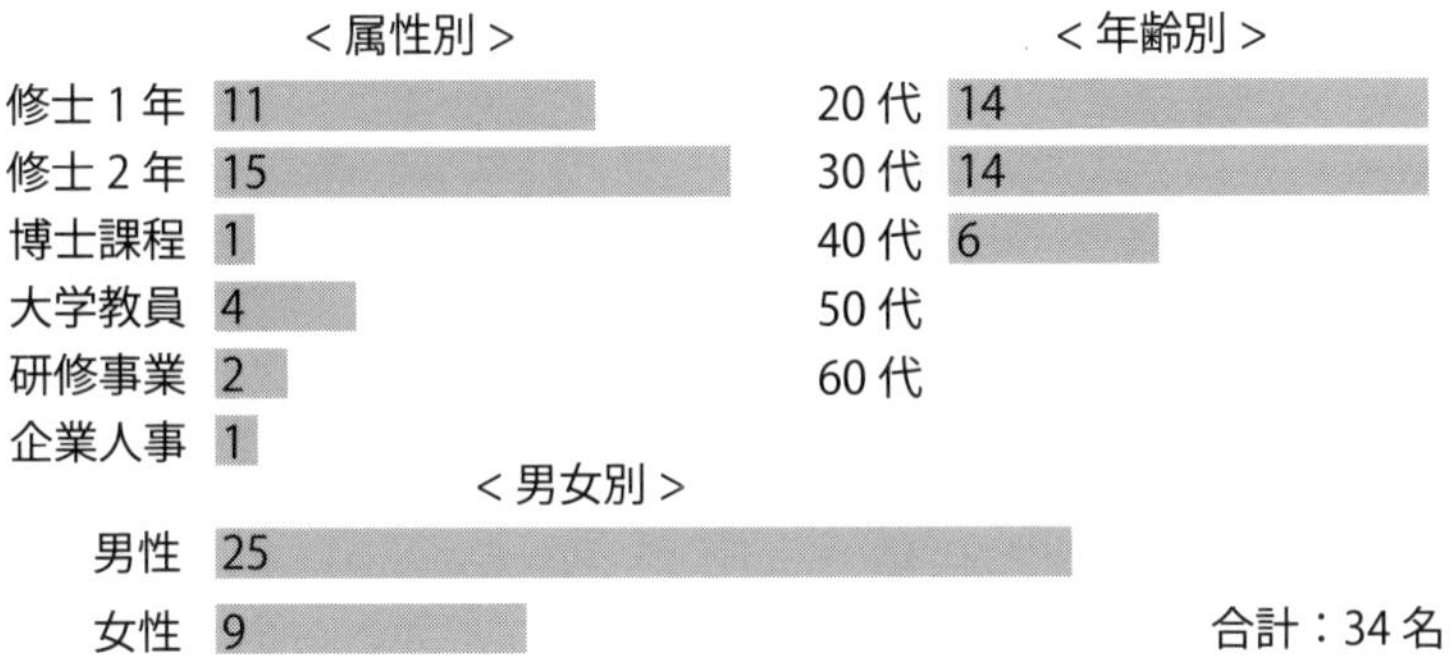

武藤さんがディスカッションリードしたクラスの属性

Sに進んだ。コンサルティング会社を中心に永年の実務キャリアを持つ。この年の「ケースメソッド教授法」履修者の中では最年長であった。寡黙で、感情をあまり表に出さず、理知的な印象。しかし、話し出せば語彙が豊かで論旨も明快。KBSへの在学は博士課程だけなので、MBAプログラムにおけるケースメソッド授業体験は持たずに、授業見学程度。しかし、社会人の学習や能力形成についての洞察は深い。学内生ではあるが、これまでMBA学生との接点はほとんどなかった模様である。

〈武藤さんが討議リードしたクラス〉

武藤さんの演習は、二〇〇九年度「ケースメソッド教授法」第三会合の午前に行われた。武藤さんが演習に臨むクラスは、前章で紹介した桂木真由さんがディスカッションリードをしたクラス（二六二ページ参照）と同じである。総勢三四名のこのクラスは、すでに約一二時間を共にしていた。クラスの特徴をポイントだけ記すと、(1)現職大学教員がわずか四名と少ない、(2)MBA学生は総勢二六名と多い、(3)研修事業従事者および企業の人事担当者もMBA取得者、(4)四〇代以上の年長者が少ない、である。

その中で武藤さんは数少ない年長者であり、三〇代のMBA学生から見れば会社での上司に当たる年齢である。これまでの会合における武藤さんの発言は、どちらかと言えば少なめではあったが、ＭＢＡ学生たちへの影響力は大きかったようだ。その意味では、武藤さんは、ＭＢＡ学生とはある種別格の存在であったに違いない。

〈武藤さんが最初に作成した計画〉

教育目的

学生に対する評価が公正なものでなければならないのは当然である。しかし、このケースで考えられる「公正さ」とは一体何か？　グループ討議・クラス討議の全体を通した学びの共同体への貢献度を測定しようとするのか（配分的公正）。あるいは教師からみた各学生の貢献度の観察可能性から考えて、あくまでクラス討議での行動の貢献度だけで評価するべきなのか（手続き的公正）。これらの概念の対立について理解し、ケースメソッド授業での公正な評価のあり方について考えを深めることを目的とする。

ディスカッション設問

①このディスカッション授業では、何が問題となっているでしょうか？
②春日准教授は、今回のクラスにどのような評価方針で臨むべきでしょうか。また、次学期以降の授業で今回の経験を生かすとしたら、どのような対処が望ましいでしょうか？

授業計画の初稿を一読して、武藤さんが「公正」という概念に着目し、それを多面的に掘り下げたいという気持ちを強く持っていることを筆者は理解した。武藤さんが綴った「教育目的」にも、彼の初期的な分析の枠組みが姿を現している。参加者の大半が、本ケースにおけるあるべき「公正」を掘り下げて議論したいと欲するならば、ディスカッションリーダーの強い関心と相まって、成績評価における「公正論」の探求に向かい、記念すべきディスカッションになる可能性がある。参加者さえ乗ってくれれば、武藤さんなら嬉々としてやりきるだろう。筆者としても、たいへん興味深い展開であり、ぜひ一度やってみたいというのが本音だ。しかし、参加者の問題認識や興味はそう簡単にコントロールできるものではない。悩ましいところである。

授業者である筆者は、履修者だけが毎年変わっていくこの科目の授業の中で、まだ実現されたことのない論点のうち、その年にもっとも実現可能性が高い討議を目指したくなる。過去の年には果たし得なかった、その年ならではの意義を最大にしたい。しかし、この考え方は、筆者の知的好奇心を満たそうとしているに過ぎないという点で履修者本位とは言い難く、授業者の倫理観が問われかねない。一方で、授業者の知的好奇心が満たされ視野が広がれば、それは巡り巡って筆者から学ぶ履修者にとってもプラスになるはずであり、「授業者の幸せは履修者の幸せ」という考えも一理ある。前者を選べば「自分は腰が引けていないか」と気になり、後者を選ぶと「自分の傲慢さ」が疑われることに加えて、武藤さんをはじめ多くの参加者を巻き込んでの討議を成功させる必要があるので、何よりも勇気が要る。いずれにしても悩ましい。

武藤さんに対して、速やかに何かをフィードバックすべき立場にいる筆者は、こうして二者択一を迫られた。一つは、武藤さんに初志貫徹してもらい、参加者の興味を「公正」に向けていくための仕掛けを授業プランに組み込むべく支援していく進め方、もう一つは、参加者の関心をありのままに扱い、授業計画を大方の参加者が好むであろうものに引き寄せていくやり方である。前者に突き進む場合は、武藤さんと筆者とが丁寧に合意を形成する必要があり、後者の場合は、良くも悪くも無難な授業計画にならないよう留意する必要がある。

かくして筆者は、無難な計画にならないよう配慮しつつも、武藤さんに折れてもらう方向に少し傾けた返事を送ることにした。

〈授業計画改善のためのコミュニケーション〉

筆者が武藤さんにまず伝えたことは、彼の教育目的の実現可能性を本年度の参加者構成との兼ね合いから再考すべきことだった。「ケースメソッド教授法」は本来、教師側に立つ人間が教授方法を探求するクラスなので、教える側の成績評価のあり方に焦点を当てて討議を設計するのがもっとも自然である。そのときに「公正」という概念は、もちろん必ず生きる。しかし、今年度のクラス構成は三四名中、成績をつけることに現実感を持っているのはわずか四名の現職教員だけで、あとはすべてＭＢＡ学生か教員以外の社会人履修者であった。また、この年に学外履修していた教員以外の社会人たちは、学生時代には高い成績を得ていたはずの論客揃いだった。したがって、「あなたをどう評価するか」という問いを抱える教員の立場よりも、「私をどう評価してくれるのか」と求める学生の立場のほうが、数的にも優勢になる。

また、「無難な授業計画にならないよう留意」する意味で、筆者としてはこのクラスでは初めてとなる提案を試みた。それは【ダブルターゲット×ダブルゴール】の授業計画である。話を単純化するために、クラスを学生グループと教員グループに二分すると、今年度のクラスでは、履修人数の構成上、学生グループが圧倒的多数となる。したがって、多数派に討議の主導権を握らせざるを得ない。しかし、少数派の教員たちには討議型授業における成績評価という課題について考えてもらわなければ困る。筆者の頭の中には、おぼろげにではあるが、多数派が自発的に議論を引っ張り、それが少数派の深い学びのきっかけとなっていく図が描かれつつあった。しかし、それはそれとして横に置き、武藤さんには自由に考えてもらうために、「ＭＢＡ学生たちの議論も収容しやすい討議設計となるようにひと工夫しつつ、現職教員がケースメソッド授業の成績評価についての考え方とやり方を自分のものにするための授業として準備できるとベスト」と求めた。

このような筆者のコメントを受けて、武藤さんは「ケース教材のイシューを考えるだけでなく、参加者の構成を考慮して授業計画を立てるという観点について、たいへん勉強になった」と早速の返事をくれたので、「あとは武藤さんに任せられる」と判断し、これ以降、武藤さんとのやりとりでは筆者は主に聞き手に回るのみであった。結論を言うと、準備された、たいへん緻密な授業計画である。そのもっとも秀逸な点は、【ダブルターゲット×ダブルゴール】の授業計画を完成させてくれた。入念に計算され、準備された、たいへん緻密な授業計画である。そのもっとも秀逸な点は、【ダブルターゲット×ダブルゴール】を実現するための設問構造にあった。次項に載せた完成版の計画で、それを確認して欲しい。

また、前出の井上さんにも伝えたことだが、このケースが示している状況は、ＫＢＳのＭＢＡ学生にとっては日常のことである。そこで筆者は以下の四点を武藤さんに伝えた。その四点とは、(1)ＭＢＡ学生を刺激すれば、岩淵と水野への否定的意見はいくらでも引き出せること、(2)その一方で、クラスには、岩淵や水野に立場が近い、利己的な学習姿勢を持った参加者もほぼ確実にいること、(3)岩淵と水野を否定する側は授業の冒頭から胸を張って発言できるが、否定される側はそうはいかない。(4)しかし、否定される側が安全に発言できないと、クラスとしてのよい議論にはならないこと、を伝えた。

この助言は、設問①の文章表現と討議運営方針に反映されたようだ。

〈武藤さんが完成させた計画〉

武藤さんの改善点を概説すると、

(1)「公正」という概念への拘束が緩やかになった。

(2)「一つの学びの共同体に、多様な学習行動のスタイルを収容しつつ、共同体水準の向上をいかに進めるか」という論点を十分に扱い得る計画になった。
(3)多様性の収容可能性を学生グループ主導で検討した後に、それを生かして、教員グループが教育的視点からクラス運営や成績評価を検討するという、論点の連続構造が際立つ計画になった。

総括すると、視野がふた回りくらい広く、かつ柔軟な運営が可能な討議計画になった。

教育目的

ケースメソッド授業という学びの共同体においては、「正しい学びの姿勢」のあり方について一定レベル以上のコンセンサスと規範が求められるであろう。しかしその一方で、個々人の学びのスタイルの多様性や得意・不得意といった要素については、できるだけ懐深く許容・吸収されるべきであるのも確かである。この授業では、学びの共同体における「正しさ」の規範形成の重要性（教師からの評価基準という形での定義、およびクラスのダイナミズムの中での共通認識づくり）と、個人の多様性の尊重によるさまざまな「正しさ」の受容、という一見相容れないニーズをどのように学びの場で成立させていくか、について検討することを最終目標とする。それに付随して、ディスカッションリーダーとしての教師が、(1)いかにして学びの「正しさ」意識の形成に関与すべきか、(2)いかにして「公正な」評価を成立させるべきか、についての現実的な問題への気づきをも目標とする。

ディスカッション設問

①岩淵・水野の行動について、問題があると考えますか、それとも必ずしも問題があるとは言えない、と考えますか？　できれば両方の側面からそれぞれの考えの背景を検討してください。

討議に入る前に、「みなさんのうち多くの方は、両面それぞれについて支持する気持ちをいくらかずつ持っているのではないかと思います。そこで、ここでは糾弾派対擁護派といった議論の対決でなく、両方の考え方について意見を少しずつ出し合ってみたいと思います」とコメントし、両方の立場からの発言が出やすいようにする。

ここでは参加者に学生の立場に立ってもらい、広くこのケースの論点探索を行う。ケースメソッド授業が本来目指すべき「学びの共同体」構想から考えて、岩淵・水野の貢献態度には問題があると思われる（発問：「グループ討議への参加の不足・欠如がどうして問題となるのでしょうか」）。しかし、教師の立場から学生の貢献度を観察することの限界、公正な手続きによる評価という視点に立つと、グループ討議の微細にわたるまでの観察・評価は現実には困難であり、クラス討議での貢献を主眼とした評価も一概に不適当とは言いきれない。また、岩淵や水野のような貢献のスタイルや彼らの能力を率直にプラス評価するという広い考え方も可能であろう。このような議論で「何が『正しい』のか」を問うていくと、共同体としての「正しさ」の共通認識の必要性と、「正しさ」の個人差・多様性を受け容れるフトコロ深さの必要性との両面が浮上し、気づきとなるはずである。さらには春日准教授のケースメソッド授業における「貢献」の定義の不備に触れ、設問②につながる公正な評価がどうあるべきかに関するディスカッションへと展開していく。

②春日准教授は、今回のクラスにどのような評価方針で臨むべきでしょうか。また、次学期以降の授業で今回の経験を生かすとしたら、どのような対処が望ましいでしょうか。

ここでは参加者にディスカッションリーダー（評価者・教師）の立場に立ってもらい、学生評価の「公正性」とは何か、およびケースメソッド授業が目指す「理想」と運用可能な形での公正な評価方法の適用という「現実問題」の兼ね合いについて検討を加える。

最初に、岩淵・水野に対する評価のつけ方と、それがクラス全体に及ぼす影響について考察することにより、まず戦術レベルでの授業運営のさばき方について考察する。そこから徐々に、春日が望むような学びの姿勢を学生に動機づけるためには、そもそもどのようにケースメソッド授業の意義付けや評価基準の設定が行われるべきか、という根本的なケースメソッド授業運営の知恵に接近する。

まとめ　学生から見た学びの姿勢の「正しさ」とは一体何か、についての議論のプロセスを整理する。また評価者としては、「公正な」評価を下す必要性、およびケースメソッド授業の本来の目的に合致しており、かつ現実的な評価手法のあり方を検討する上での難しさについて、議論がどのように展開したのかを確認する。

授業計画案の文面には、武藤さんが当初力点を置いていた「公正」という言葉が少なからず残ってはいるものの、他ならぬ「公正」について掘り下げるための討議計画とは一線を画するものになった。筆者は、「公正」について掘り下げる討議にもかなり魅力を感じていたので、まことに勝手な言い分ではあるが、失われてしまうと寂しさも残る。期待すべくは、この演習授業を準備するプロセスで、武藤さん自身がケースメソッド授業の評価における「公正」について思考を深めた結果、いくつもの洞察を得ていることである。それさえあれば、武藤さんの討議運営にそれらの洞察が自然と生きる。討議授業においては、授業者の洞察が必ずしも明示的に表れている必要はなく、漂っているだけでもよい。「思考を深める」の主語は参加者各自であるべきなので、各自の思考が深まりやすい環境をクラスに作ることこそが、授業演習者であれ、経験を積んだ授業者であれ、その重要な役割になるのだと筆者は確信する。

まったくの主観だが、この演習準備の過程で、武藤さんはとても穏やかになった。準備前が険しかったという含意はないのだが、時を経るにつれて、柔らかく穏やかな授業計画になったことは事実である。

〈実際に行われた討議〉

演習の当日、武藤さんは上下黒ずくめで教壇に現れた。「このあと法要があるわけではないのですが、今日はなるべく黒子でいたいと思い、上も下も黒を着てみました」と切り出したのである。これはアイスブレイクとしても効果十分であったが、武藤さんの討議運営姿勢がにじみ出たメッセージとしてもたいへん有効だった。

このクラスの参加者は岩淵と水野のそれぞれに対して、否定する気持ちと擁護する気持ちを持ち合わせているが、武藤さんも授業計画の中で書いているように、例年は「岩淵と水野への糾弾派対擁護派の対決」になっていた。こうなると擁護派はもちろん優勢にはなれず、糾弾派から考え方の見直しのみを迫られる展開になるのだが、今年の履修者は「岩淵さんや水野さんは私の中にもいる」と口々に発し、一人の人間の中にある二つの動機が丁寧に探索された。その上で、参加者の多様性を認め合うためには、クラスが形成する規範の外側で自己主張しようとする人は、規範の内側にいる人たちを深く理解するよう尽力すべきだが、クラスが成長し、成熟していればいるほど、規範のボーダーライン上にいるような参加者への許容力が高まり、岩淵・水野タイプの参加者を交じえて共同体を形成できそうなことが、非明示的にではあるが十分に議論された。

ところで、この演習授業では、クラス履修者は発言の都度、武藤さんから「発言の意味するところ」をより詳しく話すよう求められた。武藤さんの意図としては、参加者の発言内容をあいまいにしないで、きちんと理解

（武藤さん自身が、そしてクラスが）した上で討議に組み込むようにしたかったのだろう。発言者は武藤さんに自分の意図をきちんと伝えなければならなかったので、必然的に一発話が長くなり、結果的に発言総数は伸びなかった。数字を見ると、約五〇分の授業時間で発言総数が四二、一方、発言者比率は二二／三〇名で七五％と比較的高い。これは、参加者がまんべんなく発言し、一回の発言は長めであったことの証である。このことをどのように考えるべきか。次項で詳述しよう。

〈この演習からの収穫〉

授業終了後の武藤さんへのフィードバックの際に、筆者が参加者に「今日は一回の発言がいつもより長めだったのではないか」と問いかけてみたところ、参加者の大半がうなずいた。その理由を尋ねると、「武藤さんの求めていることに正確に合わせるために、発言が長くなっていった」「武藤さんの求めに、自分の発言が合っているかどうかが不安になり、知らず知らずのうちに言葉を重ねていったため、結果的に発言が長くなった」などの答えが返ってきた。

また、武藤さんは指名のコントロールが厳格だった。コントロールのポリシーは「発言機会の平等」であったと思われる。直近者の発言を受けて「それならば私は」と創発的な挙手があっても、その人が発言回数の多い人だと、武藤さんから即座に指名されるということはまずなかった。武藤さんは必ず全員を見わたし、優先すべき人を判断して指名した。「発言機会の平等」は授業者が維持すべき重要ポイントであるが、フィードバックのときにある参加者が「めったに指されないので、指されたときにはあれも言おうこれも言おうと詰め込むことになり、一つの発言がますます長くなる。そうすると先生から指される頻度はさらに小さくなる」と述べた。相互に発話し合う知的検討の場での、一発話の適切な長さをどのように考えればよいのか、という問いが立った。

細かい話はさておき、討議の前半では、参加者の発言を厳しく躾《しつ》け、討議文脈の維持にも熱心だった武藤さんだったが、後半に入るとそれらが緩まり、参加者は心地よく発言できるようになった。発言の連鎖による文脈も、過度に介入することは避け、参加者に譲るようになった。これが意図的なものであったのか、それとも単なる疲れによるものだったのかは分からないが、途中から縛りを緩めたことが今日の討議展開には功を奏している。ただし、縛りをゆるめればよいかというと、そんなに単純な話ではない。教育目的の達成と自発的な討議の両立という課題は、この演習授業においても、いくらか残った。

今回の授業計画は、前述したとおり、【ダブルターゲット×ダブルゴール】であったが、そのことが参加者に理解されたのは、演習後に武藤さんの授業計画が配布されてからであった。設問①でMBA学生間の議論を先行させ、設問②で現職教員にバトンを渡すシナリオだったのだが、設問②に入っても現職教員の発言が出てこなかった。MBA学生と現職教員のそれぞれに既定の役割を期待した討議計画が凝りすぎていたのか、役割を伝え、合意を得るプロセスを丁寧に行う余地があるのか、課題として残った。

その他、武藤さんの板書の字の大きさが安定しないことも指摘された。「自信がなくなると字が小さくなるのでは」「小さい字で書かれると、発言したことが貧弱だったのではないかと疑心暗鬼になる」などの声が聞かれた。

一方、筆者が今になって思うことは、武藤さんがやりたかった評価上の「公正」について掘り下げていく討議の実現可能性がなかったのかどうか、ということである。本稿を結果オーライのように書いているが、運営者の関心にまっすぐ応え、かつ多くの参加者が討議に加われるような適切な助言を重ね、少しでも安全に冒険ができるようにするための支援はできなかったのか。本音を書けば、筆者の利己的なニーズであった「今年ならではの討議チャンスとその達成」に対して、果敢にチャレンジできないでいることが少し悲しくもあった。

〈授業終了直後の武藤さんの声〉

計画した討議内容に対して、明らかに時間が不足していたため、時間配分に苦しんだ。設問①に関しては、ひと通り議論できたのではないかと振り返っているが、その代償として、時間不足となった。

〈その後の武藤さん〉

武藤さんはいまもＫＢＳの博士課程に在籍し、博士論文の作成を進めている。ティーチングアシスタント（ＴＡ）として教壇に立つこともある武藤さんは、授業者としての自分について、「以前はＪＲ山手線の運転手だったけれども、いまでは山岳ガイドの気分です」と後に話してくれた。筆者はその言葉を頼りに、武藤さんの近況をあれこれ想像し、「言い得て妙だ」と感じるとともに、武藤さんはディスカッションリードの道を深く理解し始めてくれていると思った。

ディスカッションリードを実践しないと見えてこないもの――第Ⅲ部の終わりに

本書をここまで読んでくれた読者は、KBSで開講する「ケースメソッド教授法」の大半のプログラムを紙上で体験したことになる。よって次の訓練は、他の演習者が汗をかきながらディスカッションリードする姿を直接見ること、あるいはその代替として、授業映像を見たりすることである。実際の様子を見ることで、観察学習が成立する。そのために本書には二枚のDVDを添付したので、ぜひ見ていただきたい。

しかし、DVDを見ても、本人は一切身体を動かしていないし、フィードバックも受けていないので、やはり代理学習に留まる。代理学習は有効だが、それだけではケースメソッドで教えるための十分な備えにはならない。

ケースメソッド授業のディスカッションリードは、見ていると「できそうなイメージ」が膨らんでくる。しかし、やってみると「できない」のである。見るとやるとでは大違いであり、やらないと分からないが、やれば少しずつ分かる。自分でディスカッション授業を運営してみないと見通せないことはいくつもあり、それを思いつくままに書き出してみると、次のようなリストになる。

- ・ディスカッションリードは想像以上に身体を酷使すること（聞く、理解する、書く、考える、話す、そして、話させる、考えさせる、を一人で同時に行う）
- ・自律主体集団の活発な動きの前では、指示的言動がいかに無力かということ

・それでも丁寧に条件を整えれば、自律主体集団を御することも可能であるということ
・ディスカッションリードのスキルは、必ずしも講義スキルの延長上にはないこと
・参加者が発言してくれるということは「実にありがたい」ということ
・自分の不用意なひと言が、参加者の自発的学習に水を差してしまう瞬間があること
・発言の連鎖を追うようにして教師が口走ったほんのひと言が、討議に勢いと深みを与えるきっかけとなり得ること
・考えながら、発言しながら、「フッ」と気づきを得ていく討議参加者のその表情の美しさと尊さ

未経験と経験一回目の違いは大きい。一度経験すれば、それがよい思い出になっても、そうでなくても、もう一度やってみようと思える。「そのときには○○を改善したい」という具体的な目標もできる。三回もやれば、ずいぶん楽になる。一回目のときに経験した、精神的余裕もなく、ただただ疲れるばかりのティーチングからは、プラス二回の経験で相当前進する。これは「下位技能の自動化」（中原、二〇〇六）のなせる技である。だから、とにかくまずは清水の舞台から飛び降りてみることが大事だ。そしてできることなら、治療に時間のかかる大怪我を負わないように、一回目は安全に飛び降りたい。KBSで開講している「ケースメソッド教授法」は、比較的しっかりと安全管理を行っている降下訓練場である。それでも実際に降下してみるわけだから、一〇〇％無事故であるとも言えない。

教壇で体験する降下訓練にうまく耐えられた人は、この授業方法で二回、三回と繰り返し教壇に立つとよい。そうすることで、参加者による討議によって学びの共同体が出現し、討議参加者の知的好奇心が深く満たされる授業の成立条件を、身体が自然と体得していくのである。

そんな授業を五～六回もやれば、ちょっとやそっとのことでは怯《ひる》まないディスカッションリーダーになれる。教材と参加者を結びつけて行う適切な準備と、基本的な技術を押さえて行う運営さえできれば、参加者も教師も楽しめるケースメソッド授業がそう遠くない将来に実践できるようになる。

ＫＢＳが開講する「ケースメソッド教授法」は、これからケースメソッドで教えようという教師に向けて、「安全かつ良質なディスカッションリード体験」の機会を提供する。また、受講をきっかけにして少しずつプロフェッショナル・ティーチング（それは言うまでもなく「非指示的な教え方」でなされるべきである）への道のりを示すこともできる。

しかし、ケースメソッド教授法をものにするために真に必要なのは、教えることへの意欲、誠実さ、不断の努力、そして恥をかきながら覚えていく場数である。その結果、手に入る果実は、人間が人間と真摯に向き合いながら何かを教えようとする旅では、必ず重宝するはずである。

また、教える営みが「旅」だとすると、次のようなことも言えるだろう。第Ⅱ部で繰り返し述べたことではあるが、ケースメソッド授業の価値は、一義的には教育目的の価値であった。その達成のために討議準備や運営の技法があるのであって、教育目的価値の薄さを教師の授業運営技術が補うことはない。教育目的を設定すること自体も技術ではあるが、それは教師が積んできた知的研鑽を元手に行われる。その意味で、ケースメソッド授業の運営は教師による「全人格的な営み」とも言える。

経営におけるマネジメント職のような高度実践者を対象とする教育は、本質的には、人間的成長をなおざりにしては語れない長期の教育であり、かつ表面的な技法の伝授に終わらない深みを持った教育に自ずと向かう。そのような教育目的を見据え、ねらっている次元の自己変革教育にまで踏み込むためには、従来の講義形式の授業では不十分である。そこで、討議に秘められた教育可能性に期待が集まる。討議による教育可能性を教師の側の教育努力によって最大化しようではないか、というのが本書を通した筆者のいちばんの主張である。

ここで言う「教師の教育努力」とは、「伝授する」という発想を改め、学生を学ぶ主体に据えて、教育行為を再構築・再構成することである。こうした努力を教師に必ず、そして大きく求めるケースメソッド授業は、教える側には負担の大きい教育行為である。しかし、このような苦労を経て運営されたケースメソッド授業は、講義型授業よりはるかに大きく、「社会人学生を学ばせた」という実感を教える側にもたらす。もちろん、そのような授業を運営できる教師の条件は一朝一夕には整わないので、不十分であってもケースメソッド授業を準備し、実践することで自らの成長を図ることが、遠回りに見えて、いちばんの近道なのである。

あとがき——ディスカッション授業の運営能力の獲得には訓練が必要であり、その訓練は可能である

企業内研修部門に従事していた筆者が会社を離れ、ＭＢＡ学生として監修者である髙木晴夫教授の研究室の門をたたいてから、早いもので間もなく八年になる。ビジネススクールの卒業生は、そこで磨き上げられた経営管理能力をキャリアアップに生かすべく、マネジャーとしての道を歩むのが普通だが、筆者はＭＢＡの学位取得を機に、ケースメソッド教育を説明し実践する教育者としての道に舵を切り、この奥深くも難解な教育方法の探究に突き進んだ。本書には、この八年間に筆者の頭の中で概念化されたケースメソッド教育のエッセンスを、ひと通り詰め込んでいる。その多くは高木の教えをきっかけにして得たものだが、中には自分の手でゼロから概念化したアイデアも含まれる。幸いなことに筆者はビジネスマン時代から恵まれていたが、四〇歳に近づいてから幸運にも築くことができた髙木との師弟関係において、筆者は格別な恩恵に与《あずか》り、今日に至っていることに感謝せずにはいられない。

髙木との計り知れない量の議論や実践を通して、筆者が確かに発見したことは「ケースメソッドで教えるスキルの獲得には訓練が必要であり、その訓練は可能であること」だ。（自分で言うのも気恥ずかしいのだが）何と言っても、それなりの時間は要しているが、筆者自身の授業運営スキルが向上している。それと同時に、筆者と切

礎琢磨する関係にあった教員たち、そしてセミナー講師たちの授業運営スキルも大幅に向上した。筆者はいま、「ディスカッション授業の運営能力は訓練可能である」と確信でき、そこに改善の余地は多々あるものの、訓練の方法論もほぼ見通せた。適切かつ十分な量の訓練を積むことで、多くの教師がケースメソッド授業を適切に運営できるようになる。その確信こそが、筆者をして本書を書かせしめた。

これまでのケースメソッド関連書籍の多くは、冒頭に授業法エッセンスを述べ、後続ページはケース集となる体裁が一般的だが、全編を教授法を扱う内容としたことが本書の特徴であり、構成上の難点でもあった。本書の内容についても言えることだが、ケースメソッド教授法の理論は、実証データをほとんど伴っていないという点で、科学性に乏しいという批判があるかもしれない。トップジャーナルに掲載されるようなケースメソッド教育関連の学術論文も世には少なく、ケースメソッド教授法を主題とした博士学位論文も筆者の知る限り、少なくともわが国にはまだ存在していない。経験豊かな教育者たちのエッセイを頼りに約八〇年間、ケースメソッド教育は引き継がれてきたというのが実情である。

本書は、researcher（研究者）としてよりもむしろ、practitioner（実践者）としての立場から記述したものなので、真の意味での学術書にはなり得ていないが、表面的なテクニック集には終わらないように努めたつもりである。現段階で書き出せるものは、ほぼ書き尽くしたという自負はあるので、あとは読者からの建設的な批判により、さらに前進していきたい。そして、ケースメソッド教授法を、二一世紀以降の大学教育従事者に手渡していくために必要となる科学性を、この授業方法に伴わせていくことが、筆者らの次の仕事になる。

最後になるが、執筆にあたって多くの方々にご協力いただいたことを深く感謝している。監修者の髙木晴夫教授は言うに及ばず、筆者らが担当する「ケースメソッド教授法」を履修してくれた歴代履修者諸氏に、まずお礼を申し上げたい。そして、授業法の研究と実践において、日々数多くの議論をさせていただいている大先輩教員をはじめ、ケースメソッド授業を通してつながることのできた老若男女の大学教員の方々、ＭＢＡ学生諸君、官公庁、企業、自治体、その他での研修でお世話になっている人材育成担当者諸氏、ＤＶＤ作成にご協力をいただいた多くの方々に感謝を申し上げたい。

本書の結びに代えて、本書が世に出るまで筆者を温かく励まし続けていただき、数多くの尽力をいただいた、慶應義塾大学出版会第一出版部の木内鉄也、同喜多村直之の両氏に、そして、研究室での莫大な量の口述筆記に始まり、図表の作成や校正に至るまで、足掛け二年にわたり本書の執筆を最後まで全面的に支援してくれた河井純子さんに、こころからの感謝の意を表す。

平成二二年九月

竹内伸一

参考文献

【ケースメソッド教育】

Barnes, Louis B., C. Roland Christensen and Abby J. Hansen, *Teaching and the Casemethod*, third edition, Harvard Business School Press, 1994（邦訳『ケース・メソッド教授法』高木晴夫訳、ダイヤモンド社、二〇一〇）

Barnes, Louis B., C. Roland Christensen and Abby J. Hansen, *-Instructor's Guide -Teaching and the Casemethod*, third edition, Harvard Business School Press, 1994

Ellet, William, *THE CASEMETHOD HANDBOOK*, Harvard Business School Press, 2007（邦訳『入門ケース・メソッド学習法』斎藤聖美訳、ダイヤモンド社、二〇一〇）

Erskine, James A., Michel R. Leenders, Louise A and Mauffette-Leenders, *Teaching With Cases*, third edition, Ivey Publishing, 2003

百海正一『ケースメソッドによる学習』学文社、二〇〇九

百海正一「研究ノートケース・メソッド教育」『商経論叢』第三八巻第一号、七一―一一一頁、神奈川大学商経学会、二〇〇二

百海正一「論説 インターナショナル・ティーチャーズ・プログラム――ケーススタディ」『経済貿易研究 研究所年報』二一、三一―五八頁、神奈川大学経済貿易研究所、一九九五

Leenders, Michel R., Louise A. Mauffette-Leenders and James A. Erskine, *Writing With Cases*, fourth edition, Ivey Publishing, 2001

Mauffette-Leenders, Louise A., James A. Erskine and Michel R. Leenders, *Learning With Cases*, third edition, Ivey Publishing, 2005

McNair, Malcolm P., *The Casemethod at the Harvard Business School*, McGrow-Hill, 1954（邦訳『ケースメソッドの理論と実際』慶應義塾大学ビジネス・スクール訳、東洋経済新報社、一九九七）

高木晴夫「ケース・スタディ学習法」『Diamond ハーバード・ビジネス・レビュー』二〇〇二年一一月号、四二―五〇頁、ダイヤモ

ンド社
高木晴夫『KBSにおけるケースメソッドの考え方』慶應義塾大学ビジネス・スクール「ケースメソッド教育法」セミナー資料、一九九四
高木晴夫『ケースメソッドによる経営能力の育成』慶應義塾大学ビジネス・スクール、ケース、二〇〇三（本文に掲載）
高木晴夫『ケースメソッドについて』慶應義塾大学ビジネス・スクール、ケース、二〇〇〇
高木晴夫『ケースメソッドによる討論授業――価値観とスキル』慶應義塾大学ビジネス・スクール、ケース、二〇〇〇
高木晴夫・竹内伸一『ケースメソッド教育ハンドブック』慶應義塾大学ビジネススクール・ケースメソッド授業法研究普及室、二〇〇六
高木晴夫・竹内伸一『実践！日本型ケースメソッド教育』ダイヤモンド社、二〇〇六
竹内伸一「ケースメソッドとは何か――ケース教材は実践さながら 討議を通じ実践力を伸ばす」『検証 ビジネススクール』一一〇―一一四頁、慶應義塾大学出版会、二〇〇九
竹内伸一「実践力を磨く『ケースメソッド』」『Business Risk Management』一三（一）、二〇〇八年一月号、四二―四五頁、ビジネスエデュケーションセンター
竹内伸一『続・ケースメソッドによる経営能力の育成』慶應義塾大学ビジネススクール・ケース、二〇〇四
竹内伸一『ディスカッションリーダーの育成方法に関する研究――ケースメソッド教育の確立と普及のための予備研究として』二〇〇三年度慶應義塾大学大学院経営管理研究科修士学位論文、二〇〇四

【教授法研究】

安藤輝次「学校ケースメソッドの理論」『教育実践総合センター研究紀要』第一七号、七五―八四頁、奈良教育大学教育実践総合センター、二〇〇八
小林洋一郎「学習指導体制の研究――発問による授業分析」『教育科学』第二七巻第二号、四三九―四五〇頁、鳥取大学教育学部研究報告、一九八五
工藤市兵衛・尾藤信「経営管理教育におけるケース・メソッドの本質と問題点」『愛知工業大学研究報告B　専門関係論文集』第一

六号、一三七―一四二頁、愛知工業大学、一九八一
丸山恭司・坂越正樹・曽余田浩史「教職倫理をケースメソッドで教える」『日本教育学会大會研究発表要項』第六四号、一三〇―一三一頁、日本教育学会、二〇〇五
水野由香里「学士課程におけるケースメソッド教育の実践」『西武文理大学サービス経営学部研究紀要』第一六号、四一―五一頁、西武文理大学サービス経営学部、二〇一〇
水野由香里「ケースメソッド教育方法を導入する際の学部生教育効果の検討」『西武文理大学サービス経営学部研究紀要』第一三号、六七―七八頁、西武文理大学サービス経営学部、二〇〇八
西尾範博「ケース・メソッド授業研究――受容の視点からの考察」『流通科学大学教育高度化推進センター紀要』第四号、三一―四六頁、流通科学大学、二〇〇七
鈴江一恵「大学におけるパーソナル・ファイナンス教育に関する一考察――ケースメソッドの有効性の検討」『高松大学紀要』第五〇巻、三一―六七頁、高松大学、二〇〇八
竹内伸一「ケースメソッド授業法を扱うFDプログラムの開発と運営のための予備的考察――履修者の構成、履修目標設定、達成度評価に焦点を当てて」『大学研究』第三四号、九七―一一五頁、筑波大学大学研究センター、二〇〇七

【討議・コミュニケーション】
福澤一吉『議論のレッスン』日本放送出版協会、二〇〇二
小笠原喜康『議論のウソ』講談社、二〇〇五
Rabow, Jerome, Michelle A. Charness, Johanna Kipperman and Susan Radcliffe-Vasile, *William Fawcett Hill's Learning thorough Discussion*, Sage Publications, 1994（邦訳『討論で学習を深めるには』丸野俊一・安永悟訳、ナカニシヤ出版、一九九六）
Rogers, Carl R. and Frits J. Roethlisberger「『評価・説得する』より『理解力を持って聴く』」『Diamond ハーバード・ビジネス』一九九一年・一一―一二月、八一―八九頁、ダイヤモンド社
高木晴夫「協働活動のための創造的コミュニケーション」『慶應経営論集』第一一巻第二号、四三―六二頁、一九九四
生方正也「議論の質を高める思考技術」『グロービス・マネジメント・レビュー』二〇〇三・六、三〇―四四頁、ダイヤモンド社

吉岡友治『だまされない〈議論力〉』講談社、二〇〇六

【ファシリテーション・アクションラーニング】

堀公俊『問題解決ファシリテーター』東洋経済新報社、二〇〇三

Marquardt, Michael J., *Optimizing the Power of Action Learning*, Davies-Black Publishing, 2004（邦訳『実践アクションラーニング入門』清宮普美代・堀本麻由子訳、ダイヤモンド社、二〇〇四）

Schwarz, Roger, *The Skilled Facilitator: A Comprehensive Resource for Consultants, Facilitators, Managers, Trainers, and Coaches*, New Revised Edition, John Wiley & Sons, 2005（邦訳『ファシリテーター完全教本』寺村真美・松浦良高訳、日本経済新聞社、二〇〇五）

生方正也「ファシリテーターの思考技術　論点をつくる」『グロービス・マネジメント・レビュー』二〇〇三・九、二〇―三一頁、ダイヤモンド社

【複雑系・アフォーダンス・設計科学・リーダーシップ】

Axelrod, Robert and Michael D. Cohen, *Harnessing Complexity*, The Free Press, 1999（邦訳『複雑系組織論』髙木晴夫監訳、寺野隆雄訳、ダイヤモンド社、二〇〇三）

DIAMOND ハーバード・ビジネス・レビュー編集部編訳『人材育成の戦略――評価、教育、動機づけのサイクルを回す』ダイヤモンド社、二〇〇七

井上宏生＋アーク・コミュニケーションズ『視点を変える 複雑系の思考法』日本実業出版社、一九九八

松本幸夫『「複雑系とは何か」よく分かる本』日新報道、一九九七

中村量空『複雑系の意匠』中公新書、一九九八

佐々木正人『アフォーダンス――新しい認知の理論』岩波書店、一九九四

佐々木正人『知性はどこに生まれるか』講談社、一九九六

髙木晴夫・出口弘・木嶋恭一・畝見達夫・奥田栄『マルチメディア時代の人間と社会』日科技連出版社、一九九五

髙木晴夫『ネットワーク・リーダーシップ』日科技連出版社、一九九五
竹内伸一『もののけ姫　宮崎駿と鈴木敏夫』慶應義塾大学ビジネス・スクール、ケース、二〇〇四
吉田民人「21世紀の科学――大文字の第2次科学革命」『組織科学』第三二巻第三号、四―二六頁、組織学会、一九九九
吉永良正『「複雑系」とは何か』講談社、一九九六

【教育学アプローチ】
安藤輝次『学校ケースメソッドで参加・体験型の教員研修』図書文化社、二〇〇九
平山満義 編著『質的研究法による授業研究』北大路書房、一九九七
加藤幸次『授業のパターン分析』明治図書出版、一九九七
佐藤学『教師というアポリア――反省的実践へ』世織書房、一九九八
堤宇一編著、青山征彦・久保田享著『はじめての教育効果測定――教育研修の質を高めるために』日科技連出版社、二〇〇七

【経営学アプローチ】
Becker, Brian E., Mark A. Huselid and Dave Ulrich, *The HR Scorecard: Linking People, Strategy, and Performance*, Harvard Business School Press, 2001（邦訳『HRスコアカード』菊田良治訳、日経BP社、二〇〇二）
遠田雄志『ポストモダン経営学』文眞堂、二〇〇二
遠田雄志「いま、なぜ、ワイクなのか？」『経営志林』三二巻 第二号、一一―二三頁、法政大学経営学会、一九九五
小池和男『仕事の経済学』東洋経済新報社、二〇〇五
Kaplan, Robert S. and David P. Norton, *The Execution Premium: Linking Strategy to Operations for Competitive Advantage*, Harvard Business School Press, 2008（邦訳『バランスト・スコアカードによる戦略実行のプレミアム』櫻井通晴・伊藤和憲監訳、東洋経済新報社、二〇〇九）
宮田矢八郎『経営学100年の思想』ダイヤモンド社、二〇〇一
中村圭介・石田光男編『ホワイトカラーの仕事と成果』東洋経済新報社、二〇〇五

大藪毅『長期雇用制組織の研究――日本的人材マネジメントの構造』中央経済社、二〇〇九
Robbins, Stephen P., *Essentials of Organizational Behavior*, fifth edition, Prentice-Hall, 1997（邦訳『組織行動のマネジメント』髙木晴夫監訳、ダイヤモンド社、一九九七）
Roethlisberger, Frits J., *Management and Morale*, Harvard University Press, 1941（邦訳『経営と勤労意欲』野田一夫・川村欣也訳、ダイヤモンド社、一九六五）
辻村宏和『経営者育成の理論的基盤』文眞堂、二〇〇一

【人材育成・キャリア】

DIAMOND ハーバード・ビジネス・レビュー編集部編訳『人材育成の戦略――評価、教育、動機づけのサイクルを回す』ダイヤモンド社、二〇〇七
小池和男・猪木武徳編著『ホワイトカラーの人材形成』東洋経済新報社、二〇〇二
中原淳編著、荒木淳子・北村士朗・長岡健・橋本諭著『企業内人材育成入門』ダイヤモンド社、二〇〇六
酒井穣『「日本で最も人材を育成する会社」のテキスト』光文社、二〇一〇
和田充夫『MBAアメリカのビジネス・エリート』講談社、一九九一

【成人教育論】

Knowles, Malcolm S., *The Modern Practice of Adult Education: From Pedagogy to Andragogy*, Englewood Cliffs, 1980（邦訳『成人教育の現代的実践――ペダゴジーからアンドラゴジーへ』堀薫夫・三輪建二監訳、鳳書房、二〇〇二）
Kolb, David A., *Experimental Learning: Experience as the Source of Learning and Development*, Prentice-Hall, 1984
Lindeman Eduard C., *The Meaning of Adult Education*, New Republic, 1926（邦訳『成人教育の意味』堀薫夫訳、学文社、一九九六）
Mezirow, Jack, *Transformative Dimensions of Adult Learning*, Jossey-Bass, 1991
日本社会教育学会編『成人の学習』東洋館出版社、二〇〇四
佐野享子「職業人を対象としたケース・メソッド授業における学習過程の理念モデル――D．コルブの経験学習論を手がかりとし

て」『筑波大学教育学系論集』第二九号、三九―五一頁、筑波大学、二〇〇五
佐野享子「大学院における高度専門職業人養成のための経営教育の授業法に関する実証的研究――ケースメソッド授業がめざす経営能力の育成とその方法に焦点を当てて」『大学研究』第二六号、九三―一一六頁、筑波大学大学研究センター、二〇〇三

【社会的学習理論】

Bandura, Albert, *Social Learning Theory*, General Learning Press, 1971（邦訳『人間行動の形成と自己制御――新しい社会的学習理論』原野広太郎・福島脩美共訳、金子書房、一九七四）
Bandura, Albert, *Psychological Modeling: Conflicting Theories*, Aldine-Atherton, 1971（邦訳『モデリングの心理学――観察学習の理論と方法』原野広太郎・福島脩美共訳、金子書房、一九七五）
Bandura, Albert, *Social Learning Theory*, Prentice-Hall, 1977（邦訳『社会的学習理論――人間理解と教育の基礎』原野広太郎監訳、金子書房、一九七九）
Bandura, Albert, *Self-Efficacy in Changing Societies*, Cambridge University Press, 1995（邦訳『激動の時代の中の自己効力』本明寛・野口京子監訳、金子書房、一九九七）
Bandura, Albert, *Social Foundations of Thought and Action: A Social Cognitive Theory*, Prentice-Hall, 1986

【ケースブック】

Harvard Business Review 編、DIAMOND ハーバード・ビジネス・レビュー編集部訳『人材育成のジレンマ』ダイヤモンド社、二〇〇四
Harvard Business Review 編、DIAMOND ハーバード・ビジネス・レビュー編集部訳『組織変革のジレンマ』ダイヤモンド社、二〇〇四
Harvard Business Review 編、DIAMOND ハーバード・ビジネス・レビュー編集部訳『マーケティングのジレンマ』ダイヤモンド社、二〇〇四
一橋ビジネスレビュー編『ビジネスケースブック No.1』東洋経済新報社、二〇〇三

一橋ビジネスレビュー編『ビジネスケースブックNo.2』東洋経済新報社、二〇〇三
一橋ビジネスレビュー編『ビジネスケースブックNo.3』東洋経済新報社、二〇〇四
石田英夫・星野裕志・大久保隆弘編著『ケースブックⅠ ケース・メソッド入門』慶應義塾大学出版会、二〇〇七
坂井正廣『経営学教育の理論と実践』文眞堂、一九九六
坂井正廣・吉田優治監修、ケース・メソッド研究会著『創造するマネジャー――ケースメソッド学習法』白桃書房、一九九七

【ケースメソッド教育実践情報】

秋野成人「山陰法科大学院における教育手法について――ソクラテスメソッドによるプロフェッショナル養成」『島根大学生涯学習教育研究センター研究紀要』第一号、島根大学生涯学習教育研究センター、二〇〇二
髙木晴夫『慶應ビジネススクール髙木晴夫教授のMBA授業Live［マネジメント論］』中経出版、二〇〇二
髙木晴夫『慶應ビジネススクール髙木晴夫教授のMBA授業Live［リーダーシップ論］』中経出版、二〇〇二

【ケースメソッド教育を実践している大学による報告書】

千葉大学教育学部 ケースメソッド教育カリキュラム開発プロジェクトチーム編『平成20年度教員研修モデルカリキュラム開発プログラム報告書――教員のためのケースメソッド教育』千葉大学、二〇〇九
広島大学大学院教育学研究科編『Ed.D型大学院プログラムの開発と実践――教職課程担当教員の組織的養成』（最終報告書）広島大学、二〇一〇
水野由香里「サービス・イノベーション人材育成プログラム最終報告」『西武文理大学研究紀要』第一六号、九五―一一三頁、西武文理大学、二〇一〇
水野由香里「ケースメソッド教授法導入に関する中間報告」『西武文理大学研究紀要』第一三号、五五―六六頁、西武文理大学、二〇〇八
水野由香里・高瀬浩「サービス・イノベーション人材育成プログラム最終報告会――パネルディスカッション報告」『西武文理大学研究紀要』第一六号、一一五―一二二頁、西武文理大学、二〇一〇

長岡大学イノベーション人材センター編『長岡大学イノベーション人材養成講座 平成21年度成果報告書』長岡大学、二〇一〇
日本福祉大学大学院 医療・福祉マネジメント研究科・社会福祉学研究科 社会福祉学専攻（通信教育）編『文部科学省「大学院教育改革支援プログラム」活動報告集（平成19〜21年）――高度な専門性を備えた福祉現場の人材養成――全国・地域の人材養成拠点大学へのチャレンジ』日本福祉大学、二〇一〇
大阪教育大学教育経営学研究会編『学校改革とスクールリーダー――教育改革の実践的研究』大阪教育大学、二〇一〇
大阪教育大学教育経営学研究会編『スクールリーダーの実践的研究――理論知と実践知の交流』大阪教育大学、二〇一〇
西武文理大学サービス経営学部編『ケースメソッド教育でイノベーション人材を育成する――新たな学部生教育』西武文理大学、二〇一〇
東京海洋大学大学院海洋科学技術研究科編『ケースメソッド授業ガイドブック』東京海洋大学、二〇一〇

にある「自分のためにケースを作成する」（P.477）が参考になる。ケースとして提出されたものは次年度以降の授業で活用することも想定している。

提出場所は協生館 2F 日吉学生部のレポート提出ボックス。提出期限は 12 月第 2 週（火）16:00 予定。当日までに配達されたものに限り、郵送による提出でも受け付ける。（提出期限は変更の可能性あり。）受理を確実にできないので、電子メールへの添付での提出は認めていない。必ず紙に印刷されたものを提出すること。

11．このコースに関する問い合わせ先

コースの内容に関する問い合わせ、履修上の相談：

竹内伸一　TEL：045-564-2441（ダイヤルイン）

学外履修者の履修手続きに関する問い合わせ：

慶應義塾大学大学院経営管理研究科事務室 学事担当

TEL：045-564-2441（ダイヤルイン）FAX：045-562-3502

お願い

本科目の授業は、ディスカッションリード演習の教師役をされた参加者へのフィードバック、および授業内容の改善を第一目的に、常時録画をしている。また、録画された映像は、ケースメソッド授業法に関する研究および教員教育の目的に限って使用することがある。上記につき、履修者には理解と協力をお願いしたい。

また、授業内容および使用教材の詳細について変更がある場合は、下記 URL 上にあるシラバスを都度更新するので、定期的にウォッチされたい。

URL は　http://www.kbs.keio.ac.jp/mba/credit.html

以上

に後者を重視したい理由を以下に述べる。

現実の授業運営では、学習者の意欲、準備量、発言量が十分ではない状況での、教師の悪戦苦闘が予想される。そのような状況下にあってもケースメソッド授業を運営していくためには、どこかで理想に近い体験をしておくことが望ましい。本科目が理想的原体験の場になるよう、科目担当者は全力を尽くすので、履修者にも協力をして欲しい。その貢献努力に成績で報いることを、本科目の基本的なグレーディング・ポリシーとする。

授業の場作りに向けた具体的な貢献として、まず授業に参加するための事前準備を求める。第1～5会合で行う「ディスカッションリード演習」および「ディスカッション授業デモ（第1会合）」に参加するための準備ノートを毎回の会合終了時に提出すること。授業準備ノートは10項に説明した通り。第5会合終了までに全9ケース分が提出されていれば、成績として「B」を保証する。

成績を「B」以上に上積みするためには、次の三つの方法のうち、履修者にとって貢献しやすい方法を選んでもらえればよい。

第一は、授業中の積極的な発言、質問、問題提起である。このような姿勢が顕著に見られた履修者には、成績を上積みする。

第二は、ディスカッションリード演習で教師役を務めることである。立候補者数が8人以上になった場合は、ディスカッションリード演習にチャレンジする意思があってもそれが叶わないこともあるが、相当量に及ぶ事前準備と当日の労をねぎらう意味で、この演習を実施した履修者に、科目担当者からのギフトとして成績を上積みする。

第三は、期末レポートの提出による。期末レポートが提出された場合も成績に必ず上積みされる。

以上の三つはいずれも成績を上積みするための登山道であり、すべてを満たすことを求めるものではなく、どの登山道からでも山頂に近づけると理解して欲しい。

〈レポートの作成・提出要領〉

期末レポートとしては、教科書に掲載されているケースのような、授業の様子を描いたケース（教師あるいは受講生として、実際に経験した授業の様子を記述する）を作成して提出してもよいし、この授業で学んだことについてA4・3枚程度にまとめて提出してもよい。ケースを書く際には、教科書第Ⅲ部でリーディングアサイメントとしていない部分に関してもぜひ目を通していただきたい。

参考書：「実践！日本型ケースメソッド教育」
高木晴夫・竹内伸一、ダイヤモンド社、2006

9. 必要な準備とワークロード

6項の授業内容にある「ディスカッションリード演習」について必要になる事前準備は、ディスカッションリードを行う教師役と、教師役のディスカッションリードにより議論をする参加者役とで異なる。

第1会合の最後に、以後のディスカッションリード演習8回分のディスカッションリーダー（教師役）8名を決める。ディスカッションリーダーになった者は指定されたケースにつき、授業で討議する設問を作成して、十分の余裕日数を持って他の参加者に知らせる。このために活用するメーリングリストを第1会合で作成する。

ディスカッションリーダーを担当することになった者は、その設問を作成した意図、その設問を使ってケースを討議することのねらい、討議をすることでどのような学びをクラスに形成しようとするのか、「ディスカッションリード演習」のクラス討議時間をどのように使うか、などを授業準備ノートとして作成する。

また、受講者役として討議に参加する者は、教師役から事前に与えられた設問をもとにケースを読み、クラス討議で自分が発言する内容を授業準備ノートとして準備する。授業準備ノートは手書きのラフなものでかまわないし、分量的にもA4・1枚程度でよい。これに、日付、ケース名、氏名を明記して、各回の授業終了時に教室で提出する。なお、第1会合では、参加者による「ディスカッションリード演習」ではなく、科目担当者による「ディスカッション授業デモ」が行われるが、授業準備ノートは同様に提出することが必要。

これに加えて、各会合に割り当てられたリーディング教材と、教科書の指定箇所を一読しておくことが必要である。

10. 成績（学内履修者・学外履修者共通）

本科目の成績評価は、履修者個人の知識の増加量や授業運営能力の向上幅よりもむしろ、ケースメソッド授業の場作りのための貢献努力の度合いに焦点を当てて行いたい。前者と後者は決して相反するものではないが、本科目でとく

2）授業の事前に内容を熟読しておくべきもの
・リーディング「非指示的に教えるということ」※
3）授業の事前に内容にざっと目を通しておけばよいもの
・リーディング「ブレヒトの教育劇」※
・教科書コピー「ケース・メソッド教授法」P495 〜 P509

〈閉講後配布資料〉 ※は KBS ケース仕様の教材
・リーディング「ケースメソッド教育ハンドブックⅠ」※「ケースメソッド教育ハンドブックⅡ」※

使用する教材のうち、事前配布分については、学内履修者にはメールボックスに配付し、学外履修者には郵送する。当日配布分は授業中に配布する。授業を休んだ場合は、次の会合に出席したときに授業担当 TA から手渡す。

7. 授業が行われる場所

慶應義塾大学大学院経営管理研究科 階段教室 4
日吉キャンパス 協生館 4F（神奈川県横浜市日吉）
交通：東急東横線日吉駅下車徒歩 3 分
キャンパス地図 URL：http://www.keio.ac.jp/access/hiyoshi.html
協生館 URL：http://campus.hc.keio.ac.jp/kyoseikan/

8. 教科書および参考図書情報

教科書：「ケース・メソッド教授法」
L. B. バーンズ他著、髙木晴夫訳、ダイヤモンド社、2010
※この教科書について
約 530 ページからなるこの教科書は全体が 3 部構成になっていて、第Ⅰ部と第Ⅲ部がいわゆる教科書的な記述であり、第Ⅱ部がケース集・リーディング集になっている。授業に参加するための事前リーディング箇所には、第Ⅰ部と第Ⅲ部だけを指定した。しかし、この教科書の本質的なよさは量・質ともに豊かな第Ⅱ部にあり、それが「ケースメソッド授業法をケースメソッドで学ぶ」という本書のコンセプトを支えている。内容的に示唆に富むリーディングも多いので、本科目

第5会合　12月第1週（土）10:30 — 17:00

最終日のテーマは「非指示的に教える」。このやや難解なテーマを本科目で最後となるショートレクチャーで扱い、討議を通して教えることの深淵に臨んだ後、5日間に渡って育んできた「学びの共同体」の仕上げを行う。「ディスカッションリード演習」では思い出に残るディスカッション作りにチャレンジし、場の名残惜しさを噛み締めつつ閉講したい。

〈当日スケジュールと使用教材〉　※はKBSケース仕様の教材

10:30〜10:35　オリエンテーション

10:35〜11:20　レクチャー&ディスカッション：非指示的に教える

・リーディング「非指示的に教えるということ」※

11:20〜13:20　ディスカッションリード演習⑦（担当：　　　　）

・ケース「この授業は難しすぎます」※

— 11:20〜11:50　グループ討議　— 11:55〜12:40　クラス討議

— 12:45〜13:15　フィードバック

13:20〜14:20　昼食

14:20〜16:20　ディスカッションリード演習⑧（担当：　　　　）

・ケース「未定」（授業期間中に参加者が選択する）

— 14:20〜14:50　グループ討議　— 14:55〜15:45　クラス討議

— 15:45〜16:15　フィードバック

16:20〜16:30　休憩

16:30〜17:00　ビデオ&スタディ、Q&A、全体フィードバック

・ケース「ベンチャー電子工業株式会社」※

〈予習要領〉　※はKBSケース仕様の教材

1）授業の事前に内容を熟読し、設問に対する自分の回答を書き出しておくべきもの

・ケース「この授業は難しすぎます」※【授業準備ノート要提出】

・ケース「未定」（授業期間中に参加者が選択する）【授業準備ノート要提出】

ディスカッション設問は、このケースを担当するディスカッションリーダーから追って指示されます。準備要領は、P10（9. 必要な準備とワークロード）をご参照下さい。

ビジネス場面で発揮するリーダーシップとの接続を試みる。参加者による「ディスカッションリード演習」もこの頃には十分に安定しているはずなので、楽しく豊かな時間が過ごせているだろう。

〈当日スケジュールと使用教材〉　※はKBSケース仕様の教材

10:30～10:35　オリエンテーション
10:35～11:20　レクチャー＆ディスカッション：学びの共同体を築く
11:20～13:20　ディスカッションリード演習⑤（担当：　　　　）
・ケース「あの人が話し出すと授業が止まる」※
—11:20～11:50　グループ討議　—11:55～12:45　クラス討議
—12:45～13:15　フィードバック
13:20～14:20　昼食
14:20～16:20　ディスカッションリード演習⑥（担当：　　　　）
・ケース「鳴門経営塾」
—14:20～14:50　グループ討議　—14:55～15:45　クラス討議
—15:45～16:15　フィードバック
16:20～16:30　休憩
16:30～17:00　ビデオ＆スタディ、Q＆A、全体フィードバック
・ケース「ベンチャー電子工業株式会社」※

〈予習要領〉　※はKBSケース仕様の教材

1）授業の事前に内容を熟読し、設問に対する自分の回答を書き出しておくべきもの
・ケース「あの人が話し出すと授業が止まる」※【授業準備ノート要提出】
・ケース「鳴門経営塾」【授業準備ノート要提出】
ディスカッション設問は、このケースを担当するディスカッションリーダーから追って指示されます。準備要領は、P10（9. 必要な準備とワークロード）をご参照下さい。
2）授業の事前に内容にざっと目を通しておけばよいもの
・リーディング「ケースメソッド講師になること」※
・教科書コピー「ケース・メソッド教授法」P47～P62

・ハンドアウト「Know your students & Less is more」（当日配布）

11:20～13:20　ディスカッションリード演習③（担当：　　　　）

・ケース「日本人留学生　田中功一」※

―11:20～11:50　グループ討議　―11:55～12:45　クラス討議

―12:45～13:15　フィードバック

13:20～14:20　昼食

14:20～16:20　ディスカッションリード演習④（担当：　　　　）

・ケース「クラス発言の裏事情」※

―14:20～14:50　グループ討議　―14:55～15:45　クラス討議

―15:45～16:15　フィードバック

・ケース「どんなギャップが出てくるのか楽しみです」※（当日配布）

16:20～16:30　休憩

16:30～17:00　ビデオ＆スタディ、Q & A、全体フィードバック

・ケース「ベンチャー電子工業株式会社」※

〈予習要領〉　※はKBSケース仕様の教材

1）授業の事前に内容を熟読し、設問に対する自分の回答を書き出しておくべきもの

・ケース「日本人留学生　田中功一」※【授業準備ノート要提出】

・ケース「クラス発言の裏事情」※【授業準備ノート要提出】

ディスカッション設問は、このケースを担当するディスカッションリーダーから追って指示されます。準備要領は、P10（9. 必要な準備とワークロード）をご参照下さい。

2）授業の事前に内容にざっと目を通しておけばよいもの

・リーディング「ゼネラルマネジメント育成とケースメソッド」※「ディスカッション授業参加者の期待と不安」※

・教科書コピー「ケース・メソッド教授法」P35～P46

第4会合　11月第3週（土）10:30―17:00

この日のテーマは「学びの共同体を築く」。このことを主題としたショートレクチャーを行い、学習装置としてのクラスの構築方法について議論することで、

13:20 ～ 14:20　昼食
14:20 ～ 16:20　ディスカッションリード演習②（担当：　　　　）
・ケース「今日の授業に失望しています！新任講師田中恵（A）」※
　―14:20 ～ 14:50　グループ討議　―14:55 ～ 15:45　クラス討議
　―15:45 ～ 16:15　フィードバック
16:20 ～ 16:30　休憩
16:30 ～ 17:00　ビデオ＆スタディ、Q ＆ A、全体フィードバック
・ケース「ベンチャー電子工業株式会社」※

〈予習要領〉　※は KBS ケース仕様の教材

1）授業の事前に内容を熟読し、設問に対する自分の回答を書き出しておくべきもの
・ケース「噛み砕いて教えてもらえる場」【授業準備ノート要提出】
・ケース「今日の授業に失望しています！新任講師田中恵（A）」※【授業準備ノート要提出】
ディスカッション設問は、このケースを担当するディスカッションリーダーから追って指示されます。準備要領は、P10（9. 必要な準備とワークロード）をご参照下さい。
2）授業の事前に内容にざっと目を通しておけばよいもの
・リーディング「気づいてみたら身についていたもの」※「議論を通して得た仲間」※
・教科書コピー「ケース・メソッド教授法」P15 ～ P34

第 3 会合　11 月第 1 週（土）10:30 ― 17:00

この日のテーマは「参加者を理解する」。このことを主題としたショートレクチャーを行った後、参加者による「ディスカッションリード演習」に進む。開講後 11 時間が経過しているので、参加者間の協働水準を上向けつつ、参加者による「ディスカッションリード演習」の実践水準も少しずつ向上させていく。

〈当日スケジュールと使用教材〉　※は KBS ケース仕様の教材

10:30 ～ 10:35　オリエンテーション
10:35 ～ 11:20　レクチャー＆ディスカッション：参加者を理解する

れ以後どのように改めるべきか

準備要領は、P10（9. 必要な準備とワークロード）をご参照下さい。

2）授業の事前に内容にざっと目を通しておけばよいもの

・本シラバス

・ハンドアウト「ケースメソッド教授法」の個人情報保護ポリシー

・ハンドアウト「演習で使用するケース教材のあらすじ」

・リーディング「ケースメソッドによる経営能力の育成」※「理論知識と実践知識」※

・ハンドアウト「ソクラテスメソッド」「ふたつのマインドセット」

・ケース「ベンチャー電子工業株式会社」※（第1会合～第5会合共通）

・教科書コピー「ケース・メソッド教授法」P iii～P xv、P3～P11

3）当日に向けての特段の予習は不要

・PPT資料「ケースメソッド教授法」

4）この授業が終わるまでに目を通しておくとよいもの

・リーディング「ケースメソッドによる討論授業—価値観とスキル—」※「ケースメソッド教授法での討論の振り付け」※「初めてディスカッションリードを行う教師の胸中」※

・リーディング「続・ケースメソッドによる経営能力の育成」※（当日配布）

第2会合　10月第3週（土）10:30—17:00

この日のテーマは「討議から学ぶことの価値を考える」。このことを主題としたショートレクチャーを行った後、参加者による「ディスカッションリード演習」を起動し、「グループ討議」「クラス討議」「演習者へのフィードバック」という本科目の基本サイクルを確立する。

〈当日スケジュールと使用教材〉　　※はKBSケース仕様の教材

10:30～10:35　オリエンテーション

10:35～11:20　レクチャー＆ディスカッション：討議から学ぶことの価値を考える

11:20～13:20　ディスカッションリード演習①（担当：　　　　）

・ケース「噛み砕いて教えてもらえる場」

—11:20～11:50　グループ討議　—11:55～12:45　クラス討議

—12:45～13:15　フィードバック

〈当日スケジュールと使用教材〉　※は KBS ケース仕様の教材

10:30 〜 11:00　オリエンテーション
・本シラバス
・ハンドアウト「ケースメソッド教授法」の個人情報保護ポリシー

11:00 〜 13:00　レクチャー＆ディスカッション：ケースメソッドを理解する
・PPT 資料「ケースメソッド教授法」【必ず持参すること】
・ハンドアウト「ソクラテスメソッド」「ふたつのマインドセット」

13:00 〜 14:00　昼食

14:00 〜 15:30　ディスカッションリード・デモ（担当：竹内）
・ケース「動くはずなのに動かない授業」
— 14:00 〜 14:30　グループ討議　— 14:40 〜 15:30　クラス討議

15:30 〜 16:00　ディスカッションリード計画の作成方法
・授業計画「動くはずなのに動かない授業」（当日配布）
・ハンドアウト「討議運営のための 3 つのスキル要素」（当日配布）

16:00 〜 16:10　休憩

16:10 〜 16:30　ディスカッションリード演習への挑戦者を決定する
・ハンドアウト「演習で使用するケース教材のあらすじ」

16:30 〜 17:00　ビデオ＆スタディ：ディスカッションをスタートさせる・終わらせる
・ケース「ベンチャー電子工業株式会社」※

〈予習要領〉　※は KBS ケース仕様の教材

1）授業の事前に内容を熟読し、設問に対する自分の回答を書き出しておくべきもの

・ケース「動くはずなのに動かない授業」【授業準備ノート要提出】
設問 1：金田准教授の期待と現実のズレはどこから生じているか
設問 2：金田准教授は、初回の授業に向けた授業の準備とその運営を、こ

業後にその学びのメカニズムを企業等で再現したいと考える人である。本科目で扱う内容は、直接的には教育研修場面での活用性に富むだろうが、ディスカッションリードのスキルとは、前述のとおりビジネスリーダーとしての資質と共通する。本科目では、授業の内容をリーダーシップに転用する文脈を重視している。したがってビジネスリーダーを目指す学外履修者も、MBA 学生とまったく同様に歓迎する。

第四に、ケースメソッドで教える教育を企画・推進・維持する立場にいる人である。ケースメソッド授業で可能になる学びと、その作動の原理、水先案内人となるディスカッションリーダーの役割や、その育成のプロセスはもとより、研修企画者が必要としている研修計画や外部講師とのコミュニケーションのポイントのいくつかが、本科目により概観できるだろう。その意味では、教育ビジネス従事者に限らず、あらゆる経営組織の人事教育担当者に履修していただくことが可能である。

近年、国の補助金による FD 活動や人材育成事業にケースメソッドが活用される機会が増えてきている。予算と推進体制を得てケースメソッド授業の導入を計画中の大学教員の参加（同じ大学からの複数名での参加も含めて）を歓迎する。本科目には、他の参加者から有益なアドバイスをもらえるチャンスも多いし、我々ともぜひ議論させて欲しい。

本セミナーで使用するケース教材は、ケースメソッド授業が進行する教室の状況を題材としたものを中心に扱うので、参加者の専門領域が経営学や教育学と縁遠くても、また多様であっても問題にはならない。

---

6. 日程と授業内容

第 1 会合　10 月第 1 週（土）10:30 — 17:00

ケースメソッド教育の概略を理解するとともに、本科目の根幹を成す「ディスカッションリード演習」を次回から行うための準備を整える。そのために、科目担当者である竹内がディスカッションリードのデモを行った後に、自らのディスカッションリード計画を公開して、その作り方を学ぶ。一日の最後には、全 8 回分のディスカッションリード演習者を決定する。

習得を支えるための知識を向上させながら、ディスカッションリーダーとしての姿勢・態度を育むことを目指す。

4. 授業の内容構成

本科目の中心には「ディスカッションリード演習」が置かれる。これを繰り返すことにより、ケースメソッドによる授業運営に必要な実践知と身体能力が獲得される。この中核的訓練を支えるために、ケースメソッド教育に関する理論知識や周辺知識を整理する「レクチャー」の時間も毎会合設ける。また、「ビデオ＆スタディ」と呼ぶセッションでは、ディスカッションリードのケーススタディ映像から学ぶトレーニングを行う。

このように複数のプログラムを織り交ぜながら、授業運営スキルの高まりに合わせて、参加者間で議論しておくべきイシューについて、順次議論していく場が用意されている。毎回の授業進行の基本パターンと時間配分はおおむね次のとおり。ただし、いくつかの会合では変則スケジュールで運営される。

10:30～11:20	レクチャー
11:20～13:20	ディスカッションリード演習（AMの部）
13:20～14:20	昼休み
14:20～16:20	ディスカッションリード演習（PMの部）
16:20～17:00	その日のまとめ

5. 履修対象者

本科目の履修対象者として、授業提供側が主に想定している履修者像は次の通りである。

第一に、経営教育をケースメソッドで行うための準備が必要な人である。経営管理研究科ではケースメソッドを授業方法の中核に据えているため、博士課程修了者が教壇に立つ場合、ごく自然にケースメソッドで教えることが期待される。

第二に、大学をはじめとする教育機関で教える教員、およびセミナー等で教える講師である。本科目では、学外で教育活動に尽力されている方々の履修をこころから歓迎する。教室では、現職の大学教員と修士／博士課程学生がともに学ぶことの豊かさが、毎年再現されている。

第三に、経営管理研究科の修士（MBA）課程をケースメソッドで学び、卒要です。しかしそれだけで教師として真になすべきことのすべてをしたことにはなりません。講義した知識が、学生の主体性と積極性によって彼らの叡智となるようにすることこそ、本来のものです。ケースメソッドによる討論形式の授業は、これを目指しています。ケースメソッドでは、教師も学生も『学びの共同体』をつくるのであり、自ら考え、責任ある発言をし、討論することで単なる知識を高度な叡智として獲得しようとします。」

本科目では、教師として「真になすべきこと」を遂行するために必要な授業方法とその導入技術の獲得、ならびにその向上を第一目的としている。しかし、この目的を追っていくと、日常の職務の中にある会議やミーティングでの討議の場面で適切にリーダーシップを発揮するセンスも磨かれるはずであり、クラスを構築し運営することがプロジェクト・マネジメントに通じていることにも自然と気づかれよう。本科目では、実践的授業方法の獲得のみならず、組織におけるリーダーシップ開発の一助とすることまでを、目的として捉えている。私見ではあるが、ケースメソッド授業の運営と、組織におけるミドルクラス以上のマネジャーが発揮すべきリーダー行動の共通点は、「メンバーの主体性を尊重し、その能力の発揮を真に願い、自発的な行動を全力で支援して促しつつ、それらを束ねて、全体の動きを方向付けていく」ところにある。このことを開講後の比較的早期に実感してもらえるよう、本科目を運営していきたい。

3. 本科目の特徴

本科目の特徴は、ケースメソッドで教える：すなわちディスカッションリードの「場数を踏む」ための機会を最大限に設けていることである。幸いにして本科目には、例年、ケースメソッドによるディスカッション授業の運営スキルを身につけたいと望む履修者が、学内外から数多く集ってくれる。履修者はときに自らがディスカッションリーダーとなり、練習相手を務めてくれる仲間によって磨かれていく。本科目では、日ごろディスカッション授業に接する機会が少ない学外履修者であっても、ケースメソッド授業を多く経験している学内履修者とともにディスカッションリードの訓練ができる。一方、学内履修者にとってはケースメソッドを広く学外で活用されようとする学外履修者の視野や視点に触れることで、これまでよりも一段高い位置からケースメソッドを理解できるようになる。

本科目は志を同じくした履修者たちが同じ場所に集うからこそ成立する。この教室で実践知としてのディスカッションリード技術を積み上げ、同時にその

資料

慶應義塾大学大学院経営管理研究科

ケースメソッド教授法
～ディスカッション・リーダーシップ～
授業シラバス

教授　高木　晴夫
特別研究講師　竹内　伸一

1. 概要

本科目の参加者が目指すゴールは、ケースメソッド教育を理解し、実践のための第一歩を踏み出せるようになることである。具体的には、ケースメソッド授業の特徴である双方向性、創発性、協働性、内省促進性を十分に引き出し、学習者の実践力を育むための、教材選択、授業設計、授業運営、ふりかえりが適切に行えるようになることが求められている。

本科目は、経営管理研究科博士課程・修士課程併設科目（自由科目）の履修生と、学外からの聴講生（科目等履修生）でクラスを構成する。本シラバスでは、これ以降、便宜的に前者を「学内履修者」、後者を「学外履修者」と呼び分ける。

本科目を修了すれば、学外履修者にも慶應義塾大学大学院経営管理研究科から単位取得の証明書が発行される。ただし、その発行には本人からの申請が必要である。証明書には成績（A／B／C／D）が記載される。成績については10項で説明する。

2. 授業で重視する価値観と目的

慶應義塾の鳥居泰彦前塾長はケースメソッドによる討論形式の授業の重要性について次のように述べている。「教育は受け身であってはなりません。学生は自ら学ぶのであって、教育は自分でするものです。自ら積極的な意思を持って、自らの個性を見いだし、確立し、自分に一番必要な生き方を見定めていく作業が必要になります。これは他人まかせの受け身ではできません。だから、教育は自分でするものです。では、自分で学ばねばならない学生に向けて、教師は何をすべきでしょうか。学者として研鑽した知識を学生に授けることは重

高木 晴夫（たかぎ　はるお）
名古屋商科大学ビジネススクール（大学院マネジメント研究科）教授
慶應義塾大学名誉教授
1973年慶應義塾大学工学部卒業、75年同大学院工学研究科修士課程、78年同博士課程単位取得退学、84年ハーバード大学経営大学院（ビジネス・スクール）博士課程修了、同大学より経営学博士号を授与される。1978年慶應義塾大学大学院経営管理研究科（ビジネス・スクール）助手、85年助教授、94年教授、2014年名誉教授、同年法政大学経営大学院イノベーション・マネジメント研究科教授を経て、2018年より現職。専門は組織行動学、組織とリーダーシップ。
主要著作：『マネジメント入門』（訳、ダイヤモンド社、2014）、『プロフェッショナルマネジャーの仕事はたった1つ』（かんき出版、2013）、『ケース・メソッド教授法』（訳、ダイヤモンド社、2010）、『新版 組織行動のマネジメント』（監訳、ダイヤモンド社、2009）、『トヨタはどうやってレクサスを創ったのか』（ダイヤモンド社、2007）、『実践！日本型ケースメソッド教育』（共著、ダイヤモンド社、2006）、『組織の経営学』（訳、ダイヤモンド社、2002）、『慶應ビジネス・スクール高木晴夫教授のMBA授業Live〈リーダーシップ論〉』（中経出版、2002）。

竹内 伸一（たけうち　しんいち）
名古屋商科大学ビジネススクール（大学院マネジメント研究科）教授
日本ケースセンター 所長
1988年早稲田大学教育学部卒業、マツダ株式会社を経て、2004年慶應義塾大学大学院経営管理研究科修士課程修了（修士（経営学））、2011年同商学研究科博士後期課程単位取得退学、2015年広島大学大学院教育学研究科博士課程後期修了（博士（教育学））。2004年ケースメソッド教育研究所代表、2007年株式会社ケースメソッド教育研究所代表取締役。2006年慶應義塾大学大学院経営管理研究科（ビジネス・スクール）特別研究助手、2007年同講師、2011年特任准教授、2016年徳島文理大学人間生活学部教授を経て、2018年より現職。専門はケースメソッド教育。
主要著作：『探究的な学び×ケースメソッド』（共著、学事出版、2022）、『討論授業が中学校の授業を変える―ケースメソッドによる土佐市の学校改革』（監修・編著、学事出版、2015）、『次世代スクールリーダーのためのケースメソッド入門』（共著、花書院、2014）、『地域と社会を変えた起業家たち』（共著、慶應義塾大学出版会、2014）、『教師のためのケースメソッド教育』（共著、少年写真新聞社、2011）、『実践！日本型ケースメソッド教育』（共著、ダイヤモンド社、2006）。

ケースメソッド教授法入門
――理論・技法・演習・ココロ

2010年11月5日　初版第1刷発行
2022年12月20日　初版第6刷発行

監修者――――髙木晴夫
著　者――――竹内伸一
発行者――――依田俊之
発行所――――慶應義塾大学出版会株式会社
〒108-8346　東京都港区三田2-19-30
TEL〔編集部〕03-3451-0931
〔営業部〕03-3451-3584〈ご注文〉
〔　〃　〕03-3451-6926
FAX〔営業部〕03-3451-3122
振替　00190-8-155497
http://www.keio-up.co.jp/
装　丁――――後藤トシノブ
印刷・製本――萩原印刷株式会社
カバー印刷――株式会社太平印刷社

Printed in Japan　ISBN 978-4-7664-1787-6